DIGITALIZED MANAGEMENT

数字化管理

温　强◎主　编
刘　成◎副主编

经济管理出版社
ECONOMY & MANAGEMENT PUBLISHING HOUSE

图书在版编目（CIP）数据

数字化管理/温强主编；刘成副主编．—北京：经济管理出版社，2024.3
ISBN 978-7-5096-9651-4

Ⅰ．①数…　Ⅱ．①温…　②刘…　Ⅲ．①数字技术—应用—企业管理—教材　Ⅳ．①F272.7

中国国家版本馆 CIP 数据核字(2024)第 064560 号

组稿编辑：丁慧敏
责任编辑：董杉珊
责任印制：许　艳
责任校对：陈　颖

出版发行：经济管理出版社
（北京市海淀区北蜂窝 8 号中雅大厦 A 座 11 层　100038）
网　　址：www. E-mp. com. cn
电　　话：（010）51915602
印　　刷：唐山昊达印刷有限公司
经　　销：新华书店
开　　本：720mm×1000mm/16
印　　张：18.25
字　　数：348 千字
版　　次：2024 年 3 月第 1 版　　2024 年 3 月第 1 次印刷
书　　号：ISBN978-7-5096-9651-4
定　　价：98.00 元

联系地址：北京市海淀区北蜂窝 8 号中雅大厦 11 层
电话：（010）68022974　　邮编：100038

前　　言

人类正在大踏步地迈向数字时代，各种新技术层出不穷，这其中尤其以数字技术为代表的新一代信息通信技术的迭代创新和快速扩散最为突出，吸引着世人的惊叹和关注。另外，新一代信息通信技术的应用越来越广，覆盖了生活、工作、学习、休闲等几乎人类生活的所有方面。每个人、每个机构、每个组织都被它“卷”入其中，主动也好，被动也罢，都在不断适应、改变自己的行为，试图跟上甚至把握时代。总之，数字技术使人类社会正在发生不同于以往的深刻变化。

这种新变化带来的新问题、新现象，反映到管理学领域，一言以蔽之，就是数字化管理时代的到来。对数字化管理的思考、记录和小结、探索，正是本书的初衷。

本书具有以下特点：

首先，基于数字化管理明显的技术和管理深度交互、互相影响的实践特征，本书将一部分技术，主要是信息通信技术的内容纳入其中。这部分内容以技术原理、技术特征和应用场景等形式呈现出来，其目的不是探讨技术本身，而是展示技术如何在企业中得到应用，以及技术如何改变了人的行为、企业的行为，为数字化管理奠定基础。因为管理的一个特征就是和同时代的技术“相得益彰”，尽管很多时候人们在谈论管理时对技术闭口不谈，但技术和管理在任何时候都是如影随形的。

其次，新一代信息通信技术使中外企业站在了同一起跑线，数字时代给了中国企业和国外企业同台竞争的机会。因此，本书使用了许多国内典型企业在数字化转型过程中的实践案例，尽量展现中国企业在经历了几十年的奋起直追后，在数字时代到来的“门口”，面对新的技术、新的市场、新的用户，不断探索，持续改进，迎头追赶，创新变革的现实。

最后，新一代信息通信技术的快速创新和扩散应用，也表明数字时代人、机构、组织还在剧烈的变动中。组织和机构的数字化转型是一个漫长的、复杂的过程，充满了探索的艰辛和实践的反复。转型实践中蕴含的数字化管理的知识也在不断糅合、沉淀和更新中。因此，随着企业数字化转型的不断推进，会有新的管理知识不断被创造和发掘出来，这注定了本书是对数字时代数字化管理的一种探索。

囿于笔者的水平，书中难免有疏漏之处，敬请读者批评指正。

编　者

2023 年 6 月于北京

目　录

第一章　绪论 …… 1

第一节　数字化管理（管理中的数据和信息）…… 3

一、管理和管理学的发展与演进 …… 3

二、传统管理中的数据和信息 …… 7

三、数字化管理的概念 …… 11

第二节　数字化管理相关的理论和思想 …… 16

一、离散主义 …… 16

二、系统论 …… 18

三、系统动力学 …… 25

第二章　基本概念 …… 29

第一节　数据 …… 31

一、“数据”的字典释义 …… 32

二、数据的现代含义 …… 32

三、数据的分类 …… 34

四、结构化数据 …… 35

五、非结构化数据 …… 36

六、结构化数据和非结构化数据比较 …… 38

七、与数据相关的概念 …… 38

第二节　信息 …… 39

一、有关信息概念的探索 …… 39

二、信息的含义 …… 40

三、信息的存在形态 …… 41
四、信息的一般属性 …… 42
五、信息与数据的关系 …… 43
第三节 知识 …… 44
一、知识 …… 44
二、和知识有关的概念 …… 45
三、知识与数据、信息的关系 …… 47
第四节 智能 …… 49
一、智能的定义 …… 49
二、智能的主要属性 …… 51
三、智能的构成要素 …… 52
四、人工智能 …… 54
第五节 其他相关概念 …… 58
一、数据化、信息化和数字化 …… 58
二、算法 …… 60
三、颗粒度（粒度） …… 61
四、场景 …… 62
五、碎片化 …… 64

第三章 现代信息技术 …… 65

第一节 云计算 …… 68
一、云计算的历史 …… 68
二、云计算的概念 …… 69
三、云计算的关键技术 …… 69
四、云计算的特点 …… 70
五、云计算平台与传统服务平台的区别 …… 71
六、云计算的优势 …… 72
七、云计算的应用 …… 73
第二节 大数据 …… 74
一、大数据的发端与发展 …… 74
二、大数据的概念 …… 75
三、大数据的来源 …… 76

四、大数据的特点 …… 77
五、大数据的应用 …… 77
第三节 物联网 …… 78
一、什么是物联网 …… 78
二、物联网技术的发展历程 …… 79
三、物联网的实现及关键步骤 …… 80
四、物联网的应用实例 …… 81
五、物联网数据的工业用途 …… 82
第四节 人工智能 …… 83
一、人工智能的发展历程 …… 83
二、人工智能的概念 …… 84
三、人工智能的应用 …… 85
第五节 其他 …… 86
一、区块链 …… 86
二、虚拟现实和增强现实 …… 89
第四章 数字化管理中的决策 …… 92
第一节 传统决策 …… 94
一、决策理论发展过程简述 …… 94
二、决策概念 …… 95
三、决策的类型 …… 96
四、决策要素 …… 97
五、决策程序 …… 98
六、决策的方法 …… 100
第二节 基于数字技术的决策 …… 103
一、大数据环境下决策范式概述 …… 103
二、跨域转变 …… 104
三、主体转变 …… 105
四、假设转变 …… 107
五、流程转变 …… 108
第三节 大数据决策带来的创新 …… 109
一、行为洞察 …… 110

二、风险预见 …… 111
三、模式创新 …… 112
第四节　数据驱动决策的流程 …… 114
一、根据特征确定问题类型 …… 114
二、决策程序 …… 115
三、决策的数据方面 …… 115

第五章　数字化管理中的战略与商业模式 …… 118

第一节　战略管理和商业模式理论概述 …… 121
一、战略管理理论概述 …… 121
二、商业模式理论概述 …… 127
第二节　基于数字技术的战略管理和商业模式 …… 131
一、数字时代战略管理和商业模式概述 …… 131
二、零售业的商业模式 …… 140
三、制造业的商业模式 …… 143
四、互联网企业的商业模式 …… 147

第六章　数字化管理中的组织 …… 151

第一节　传统组织 …… 154
一、组织的基本概念 …… 154
二、传统的组织结构 …… 157
三、金字塔型组织的演变 …… 162
四、金字塔型组织的变革 …… 163
五、金字塔型组织的弊端 …… 167
第二节　数字化管理中的组织 …… 169
一、互联网时代数字环境下组织变革线索 …… 170
二、平台型组织的基本概念 …… 171
三、平台型组织的形态结构 …… 172
四、平台型组织与金字塔型组织的关系 …… 174
第三节　如何转型为平台型组织 …… 175
一、重塑组织结构 …… 176
二、重塑激励机制 …… 178

三、重塑赋能机制 …… 180

第七章 数字化管理中的运营 …… 184

第一节 运营管理概述 …… 186
一、企业运营 …… 186
二、运营管理 …… 187
三、传统运营 …… 188
第二节 数字化运营 …… 191
一、数字化运营的背景和概念 …… 191
二、数字化运营特征 …… 194
三、数字化运营框架 …… 196
四、数字化运营能力构建 …… 198
第三节 用户运营与产品运营 …… 199
一、用户运营 …… 199
二、产品运营 …… 205

第八章 企业的数字化转型 …… 215

第一节 数字化管理思想的建立 …… 216
一、数据价值观的建立 …… 216
二、数据的价值 …… 217
三、基于数据进行管理的思想 …… 218
第二节 数字化转型的思路与阶段 …… 221
一、数字化转型中的基本矛盾 …… 221
二、解决矛盾的两种思路 …… 223
三、数字化转型的两个阶段 …… 223
第三节 数字化转型的策略 …… 227
一、数字化转型战略：业务导向，数据驱动 …… 228
二、数字化基础设施与能力：实现数据资产全生命周期赋能 …… 230
三、业务系统推进企业数字化转型，优化生态体系的价值创造 …… 235

第九章 数字化企业模型 …… 246

第一节 企业模型概述 …… 248

一、模型概述 …… 248
二、企业模型 …… 252
第二节　传统企业模型 …… 256
一、商业模型 …… 256
二、决策模型 …… 258
三、结构模型 …… 261
四、运营模型 …… 265
五、财务模型 …… 265
第三节　基于 DT 的数字企业模型 …… 268
一、决策模型 …… 269
二、结构模型（正三角→倒三角；行政权威制→市场投资制） …… 269
三、运营模型 …… 273
四、财务模型 …… 274
参考文献 …… 275

第一章 绪论

社会经济系统是不确定和非连续的。面对不确定，我们一方面要坚守使命和基本价值观，另一方面需贴近顾客，与顾客共同变化。

——彼得·德鲁克

【学习目标】

1. 了解管理思想、管理实践和管理学科的渊源
2. 了解管理学科出现的时代背景
3. 掌握管理活动与实践、管理思想、管理学、数字化管理等概念
4. 了解和数字化管理相关的理论和思想

【章首案例】

管理进入了数字时代

随着科技的不断进步和数字化革命的到来，管理已经进入了数字时代。这个时代不再仅仅是组织和协调人力资源，它更侧重于数据分析、技术创新和数字化转型。以下是一些案例和引用，凸显了这一观点。

数字化转型的驱动力

在数字时代，组织的成功不再仅仅依赖于传统的管理技巧，而更需要适应数字技术的快速演进。谷歌公司前首席执行官埃里克·施密特曾指出："数字时代不是即将到来的时代，而是已经到来的时代。"这一观点强调了数字技术已经渗透到各个行业，并对管理方式产生了深刻影响。

亚马逊的数据驱动决策

亚马逊是数字时代的杰出代表之一，它的创始人杰夫·贝索斯曾强调了数据在公司成功背后的重要性，他说："我们的成功秘诀之一是我们始终坚持数据驱动的决策。"亚马逊通过大数据分析和个性化推荐算法来改进用户体验和销售策略，这使它们能够更好地了解顾客需求，优化供应链，并推出更有吸引力的产品。

特斯拉的数字化创新

特斯拉是汽车行业的"革命者"，其创始人埃隆·马斯克认为数字技术在汽车制造中至关重要。特斯拉汽车充满了数字化技术，如自动驾驶、远程软件更新和智能驾驶辅助系统。这些技术不仅提高了汽车的性能和安全性，还改变了汽车产业的竞争格局。

金融科技的崛起

金融科技（Fintech）公司是数字时代的代表之一。它们通过数字技术和创新性的金融服务改变了传统银行和金融机构的业务模式。PayPal、Square 和 Stripe 等公司为用户提供便捷的支付解决方案，借贷平台如 LendingClub 和 Prosper 使个人和企业更容易获得贷款。这些变革突出了数字技术在金融领域的重要性。

数字化转型的必然趋势

数字技术提供了更多的数据和洞察力，使组织能够更好地了解市场、客户和竞争对手。数据分析和人工智能技术为决策制定提供了更多的支持，使管理者能够做出更明智、更精确的决策。数字技术对管理方式产生了深远影响，管理正在进入数字时代，数字化转型成为企业和组织成功的关键。

（资料来源：根据网络资料汇总。）

第一节 数字化管理（管理中的数据和信息）

一、管理和管理学的发展与演进

（一）管理活动、管理思想和管理学的发展与演进

人类为了抵御危险、征服自然，为了实现个人力量所无法实现的各种目标，形成了“组织”。简单来说，组织是由两个或两个以上的个人为了实现既定的组织目标而结成的有机整体。组织虽然由个体组成，但不是个体的简单相加，而是通过有序安排，实现不同于个体的形态、行为、功能和目标。个体组织起来要想实现大于个体功能之和的功能，就需要管理。自人类开始组成群体来实现个人无法达到的目标以来，管理活动和实践就是推动社会发展的因素和力量。在人类漫长的历史长河中，许多重大事件、宏伟工程的背后无一不存在精心的策划和有效的管理活动和实践。

管理活动和管理实践，就是人们在社会生产实践过程中，为实现组织的目标，而进行的指挥、计划、分工、监督等的具体活动。

管理思想就是人们在社会实践中对管理活动的思考所形成的观点、想法和见解的总称。它是人们对管理实践中种种社会关系及其矛盾活动自觉的和系统的反映。

管理思想是在管理实践基础上逐渐形成发展起来的，它经历了从思想萌芽、思想形成到不断系统与深化的发展过程。在古代社会的长期历史进程中，人们对管理实践的思考处在不自觉的状态中，对管理的具体问题与具体环节、方法等方面，提出了很多见解，记录下了许多成功的管理经验和方法，从而形成了丰富的古代管理思想遗产。然而，这些管理思想是分散零碎的，缺乏理论的分析和概括，更谈不上思想体系。直到 19 世纪后期，在社会生产力高度发展与科学技术飞跃进步的推动之下，管理问题得到重视和关注，对管理实践的观察研究和总结不断发展，使人们对管理的认识不断系统与深入，管理思想逐渐形成一个独立的思想体系，进而使管理成为一门学科。

管理学、管理理论，是一门研究人类社会管理活动中各种现象及规律的学科，是在近代社会化大生产条件下和自然科学与社会科学日益发展的基础上形成的。管理活动自有人群出现便有之，与此同时管理思想也就逐步产生。事实上，无论是在东方还是在西方，均可以找到古代哲人在管理思想方面的精彩论述。现代管理学的诞生是以弗雷德里克·温斯洛·泰勒的名著《科学管理原理》（1911年）以及法约尔的名著《工业管理和一般管理》（1916 年）为标志的。管理学、管理理论的产生，使管理思想的发展进入了一个崭新的境界。

综上所述，管理活动和管理实践在人们结成群体，从事集体活动的过程中就出现了。管理思想是在前述活动和实践的过程中，对管理的观点和看法。而管理学、管理理论则是一百多年前经泰勒等人把管理思想系统化、学科化以后形成的理论体系。

（二）泰勒制、福特制与丰田制

在管理实践的发展和演进过程中，在管理思想演化与创新的过程中，留下浓墨重彩之笔的企业有伯利恒钢铁公司、福特汽车公司和丰田汽车公司。其中，伯利恒钢铁公司的管理创新实践被概括为“泰勒制”，福特汽车公司“贡献”了“福特制”，丰田汽车公司则“贡献”了“丰田制”。

泰勒制、福特制和丰田制是整个 20 世纪管理实践创新和思想演化的一条基本线索，展现了管理理论由分工原则到合作原则，由分析思维到整体思维演变的基本规律和特征。

1. 泰勒制（Taylorism）

1898~1901 年的美国伯利恒钢铁公司，工程师泰勒在此进行钢铁搬运试验，对工人的每项劳动过程进行动作分解和秒表测试。1911 年泰勒所著《科学管理原理》中，在企业生产管理过程中导入了亚当·斯密的“经济人”假设和分工原则，将理性控制思维根植于企业组织之中，从而开创科学管理理论（即泰勒制）。

泰勒制的原理是将劳动分解为若干运动进程，这些进程是以时间和空间维度衡量的若干精细化的单位，然后按照降低生产成本、提高生产效率的原则将这些单位重新组合起来。泰勒制的出现标志着管理从经验层面上升到科学层面，现代意义的管理学得以产生，随后西方国家出现追求效率至上的科学管理运动。

2. 福特制（Fordism）

20 世纪二三十年代，随着资本主义市场的扩大及生产技术的提高，在汽车、铁路、通信等领域，泰勒制的升级版本——福特制出现了。福特制是“一战”后美国福特汽车公司推行的以“泰勒制+流水线生产”为主要内容的生产组织方式和管理模式，是“一战”后至 20 世纪 70 年代西方大型制造企业的主要生产组织形式。

福特制摆脱了泰勒制严密分隔的生产工序，而与规模生产结合，改变了原来单个产品独立生产的格局，形成了一条条完整的生产流水线，极大地提高了生产效率，推动了管理进入规模经济时代。以大规模生产见长的福特制生产方式带来的规模经济效应，使大量生产和集中分配的作业按照纵向一体化模式向一家公司集聚，最终形成多职能事业部的 M 形组织结构。

3. 丰田制（Toyotaism）

20 世纪七八十年代，丰田制也称后福特制（Post-Fcrdism）发轫于日本的丰田汽车公司，其核心思想是精益生产，即工人、技术人员和管理者实施团队合作，各管理主体不再固守传统僵化的劳动分工，而是通过柔性制造随时随地解决“无库存生产方式”中出现的各种问题。

与福特制相反，丰田制强调团队合作和顾客导向，通常与更小型、更灵活的生产单位相关，这种生产单位能够满足更大范围以及特定消费者的个性化需求。丰田制对美欧管理思潮产生深远影响，它的出现使 20 世纪后三十年的世界掀起学习和研究日本管理模式的高潮，威廉·大内的《Z 理论》等经典理论均产生于这一时期。

4. 三种管理模式的比较

纵向比较三种管理模式（见表 1-1）可以发现，泰勒制与福特制在理论上同属一种管理范式，丰田制则是管理思想史上一次里程碑式的范式创新。

表 1-1 泰勒制、福特制和丰田制比较

	泰勒制	福特制	丰田制
形成时间	1911 年	20 世纪二三十年代	20 世纪七八十年代
产生公司	美国伯利恒钢铁公司	美国福特汽车公司	日本丰田汽车公司

续表

	泰勒制	福特制	丰田制
市场需求	低价+单品种	低价+单品种	低价+多品种
生产方式	单品种小件生产	单品种大批量生产	多品种大批量生产
生产组织	标准化+分工（生产工序分割）	标准化+流水线（生产工序串联）	精益生产+持续改进（生产工序局部集成）
管理原则	等级管理	等级管理	团队协作
组织结构	科层制	科层制	科层制+工作团队
员工价值	高工资	高工资	参与权
激励方式	经济报酬	经济报酬	高福利+情感认同
人性假设	经济人	经济人	社会人
企业环境	高确定、高稳定	稳定、统一	不确定、高竞争
时代特征	工业社会和经济	工业社会和经济	信息社会和知识经济

泰勒制与福特制拥有诸多共同的理论内核，它们共同塑造了大规模制造的高效率模式。两者都以追求物质报酬最大化的“经济人”作为最基本的人性假设，对企业的基本预设都是在稳定、统一的市场环境中生产和销售产品的效率系统，将分工、标准化、等级化作为管理的基本原则。所不同的是，福特制体现了大规模生产和规模经济的特征，对泰勒制中分割的生产工序进行串联从而产生更加高效的流水线。泰勒制与福特制都是工业时代与相对稳定的工业经济相适应的经典生产组织形式与管理思想。

丰田制是福特制之后管理思想演化的重要里程碑，它创造了持续改善的产品零缺陷模式。丰田制契合了丹尼尔·贝尔的“信息社会”（后工业社会）以及德鲁克的“知识经济”的时代特征，将和谐、合作、信任等东方思维植入组织管理之中，标志着日本管理模式的产生。丰田制挑战了泰勒制、福特制关于人性假设、企业本质、时代属性、员工价值、管理原则等理论硬核，并在组织结构、激励方式、控制途径等各个领域生成了高度聚焦的“理论保护带”，标志着一个新管理范式的产生。

丰田制的兴起与日本企业的崛起息息相关。20 世纪 70 年代，日本一跃成为世界第二大经济体和最大债权国，它的汽车、电子、电器等产品在世界市场上取得超越美国的竞争优势。以美国为代表的西方社会密切关注日本经济奇迹背后的管理因素。随后，威廉·大内的《Z 理论：美国企业界怎样迎接日本的挑战》、理查德·帕斯卡尔和安东尼·阿索斯的《日本企业管理艺术》、艾伦·肯尼迪和特伦斯·迪尔的《企业文化：企业生活中的礼仪与仪式》、汤姆·彼得斯和罗伯特·沃特曼的《追求卓越——美国最成功公司的经验》四部企业文化理论的经典著作陆续出版，人的社会属性尤其是情感归属、文化信念在管理理论中得以充分彰显，丰田制推动着组织管理理论进入了一个新时代。

然而，以丰田制为代表的日本管理理论依然存在内生痼疾，其片面强调高福利和情感认同，导致员工唯尊者是从、唯上级是从，重视资历和权威，在增加运营成本的同时削弱了企业内部竞争动力和外部市场反应能力；此外，丰田制的运行依然建立在科层制组织结构之上，团队协作只是提高了部分员工的工作热情，整个组织仍旧在部门分割和等级序列下进行资源配置，柔性制造也只是在生产过程中通过掌握顾客需求对市场进行有限的变通，而分析差异化的市场需求需要大量的成本。

总之，在丰田制中，员工是受到关怀的被控制者，依然未能“解放”自身，顾客在这一管理体系中依然是消极被动的存在者和分析对象，科层组织的固有刚性限制着它进一步提升效率的空间。

二、传统管理中的数据和信息

伴随着科学、技术和工程的快速发展、市场的不断扩大，第一次、第二次工业革命轰轰烈烈地展开，发端于“草根”、由技术人员和富裕商人组成的群体，成了举办和发展现代工厂型企业的主力。工厂成为这一时代企业的主要组织形式。因此，传统管理更多指的是这一时期工厂、生产型工业公司的管理。

传统管理中的数据和信息，也主要指的是这些工厂、生产型工业公司在管理实践和探索中所用到的数据和信息，包括企业的会计数据、财务数据，企业的运营数据以及其他一些数据。

（一）会计数据或财务数据

传统管理中最重要的数据当数会计数据，或称财务数据。马克思在《资本论》中说，生产“过程越是按社会的规模进行，越是失去纯粹私人的性质，作为对过程的监督和观念上的总结的簿记就越是必要；因此，簿记对资本主义生产，比对手工业和农民的分散生产更为必要”。[①]

① 卡尔·马克思．资本论（第2卷）[M]．北京：人民出版社，2004：152.

1. 复式簿记的出现

会计数据是记录下来的会计业务，是产生会计信息的源泉。会计记账方法可以以复式簿记的出现界分为两个阶段：在复式簿记出现前，是单式记账阶段；复式簿记出现和被广泛采用后，是复式记账阶段。

自从人类开始从事交换活动、贸易起，亏损和盈利的问题就是整个商业活动的核心。而且，因为涉及不同人、群体的切身利益，所以一项商业活动是否盈利或亏损、盈亏能否获得大家的一致认可，必须要靠客观的证据来证明，而最客观的就是数字、数据，即需要靠数据来证明。而在人类商业活动的早期，由于人们对商业活动背后规律认识的匮乏，长期使用单式记账法记录商业活动，由此得到的数据很难表达清楚所从事商业活动的盈亏。可以说，当时，依靠单式记账法获得的会计数据，让商人们“无论盈亏都糊里糊涂”：看似盈利的买卖可能并不赚钱，而看似亏损的生意也不一定就赔钱。

复式记账法，又叫借贷记账法，是目前世界上大部分国家（地区）（包括中国）的通用记账方法，是现代会计学的奠基理论，它主导了现代会计学的发展。

最早发明复式簿记的威尼斯和热那亚，是当时欧洲航海的贸易中心，航海贸易不但风险远高于传统工商业，其产权与经营也复杂得多。一艘货船出海，途中要经过数次货物倒手，单式记账法远不能“胜任”。也有人认为，最早的复式记账法是与阿拉伯数字一同，由阿拉伯世界传入欧洲的。

在那个时代，借贷记账法相当于我们今天谈到的“大数据”工具。但其最大的价值，不仅是能清晰追踪资金来源与去向、反映资本回报率，更是其资产等于负债加所有者权益的平衡式。正是由于借贷记账法的逐渐推广，财务领域中“资本”这个概念才开始被广泛接受。

1494年，帕乔利（Luca Pacioli）的《算术、几何、比及比例概要》一书出版，被规范后的复式记账法开始逐渐被欧洲各商业组织所接受。帕乔利系统地阐述了复式记账法的会计恒等式、财产清算方法、账目登记方法及试算平衡方法。借贷记账法即因为他所提出的“借”“贷”符号而得名，也成为复式记账法的代称。

2. 会计数据的特点

马克斯·韦伯在他的很多著作中都提到了提供会计数据的复式簿记的作用，在现代企业的会计工作中，从不同的来源和渠道取得的各种原始会计资料、原始凭证及记账凭证等都被称为会计数据，如某日仓库的进货量、金额，某日某产品的产量、费用等。

会计数据是在会计事项处理中，以“单、证、账、表”等形式表现的各种未曾加工的数字、字母与特殊符号的集合。在会计数据处理中，会计数据主要包括伴随生产经营活动或计划执行过程中产生而引起资金增减变动的原始数据，也包括并不引起资金增减变动但需要在会计核算中记录和反映的客观事实。

会计数据来源广泛，数据繁多，具有系统性、周期性、连续性和多重利用性等特点。根据加工处理流程，会计数据可以分为三类，分别是原始会计数据、中间会计数据和会计信息、发布的会计信息。

财务数据与会计数据有所不同，财务数据指的是反映企业财务状况与经营成果的内容。主要包括以下内容：

一是财务账簿数据及报表数据，该类财务数据是根据真实的企业经营财务信息统计核算，然后进行登记的数据。报表数据主要包括资产负债表数据、损益表数据、现金流量表数据等，属于企业的基础财务数据。

二是企业的各项指标分析数据，该类数据是通过数学模型或对应的公式所计算得出的数据，如用于企业各部门的责任考核数据、用于分析企业各项指标的财务管理数据以及用于投资决策的决策分析数据等。

3. 新记账系统产生的数据推动了商业和企业发展

铁路公司是第一次工业革命中涌现出来、最早的和最具有代表性的现代工商企业。

铁路公司的管理者们通过运营铁路，深刻地了解了企业内部信息的不断沟通对于像铁路公司这些新型大企业的有效经营至关重要。由于对精确信息的需要日益迫切，因而收集、整理和分析企业日常作业中所产生的大量各种各样的数据的方法也得到大大的改进，并从而出现了会计数据记录和分析系统——会计制度的改革。

铁路公司新的会计数据分为三大类：财务会计数据、固定资本核算数据和成本会计数据。财务会计数据包括对铁路线上每日发生的数以百计的财务交易所形成的数据的逐日记录、编列、整理和审计等。将这些数据加以整合即能提供编制铁路资产负债表与评审公司财务状况的信息。

这些数据（其中包括会计数据、运营数据）忠实地记录了铁路运营的全貌，完整地反映了铁路公司运营过程，清晰地展示了当时铁路公司的利润（或亏损）的来源。这些数据和在此基础上经由分析得出的新数据，及其所提供的信息，有力地推动了铁路公司改进管理和运营，提升业绩和竞争力。

（二）运营数据

经由第一次工业革命所兴起的早期现代工厂企业，在其经营过程中，是不区分会计数据和运营数据的。因为当时企业在运营过程中用到的技术及其复杂度相对简单、设备的数量相对较少，运营环节相对较少，运营活动相对比较清晰。现在所讲的运营数据的概念，是在后来经由学者们在研究的基础上，所提出的反映企业管理和运作的概念之一。

为了更为深入、准确地描述企业运作和运营过程，现代管理学、财务学等相关学科对财务会计数据和运营数据的概念进行了区分。所谓运营数据，是指企业在运转、运作的过程中，即企业进行市场研究、产品和服务的设计研发、产品和服务的批量交付、建立和维护与用户和客户的关系实现销售等，所发生的、产生的、除了财务数据以外的其他数据。

运营数据的一个重要特征就是它的非财务性，即它是非财务数据，是财务数据之外的、描述企业运营状态和过程的数据。在企业实践过程中，运营数据通常也被称为业务数据。

例如，对于第一个现代企业——铁路公司而言，早在19世纪中叶，其运营数据包括这几大类：客运火车、货运火车的调度数据，铁路路基、路轨、附属设施的保养数据，机车和车辆的保养和维修数据，机车和车辆燃料消耗、损耗和使用状态数据。在这些大类数据下面，又细致地分列了很多细目和子目，形成了一个数量众多、类别众多、分层交叉的运营数据“谱系”。除个别数据可以由简单的仪表提供外，这些数据中的绝大多数要靠手工抄写记录、纸质保存、手工分析和纸质的邮寄等手段来处理和加以应用。

而对于数字时代一些随互联网普及而出现的新行业、新企业而言，受益于技术的发展带来的数据可获得性的提高，运营数据的种类变得更多，能够从更多角度和侧面反映企业状况，从而也更加全面和细致地反映企业运作状态和过程。例如，对于一个互联网游戏公司而言，它的运营数据就包括（但不限于）：平均同时在线人数（Average Concurrent Users，ACU），最高同时在线人数（Peak Concurrent Users，PCU），充值金额（RMB），每付费用户平均收益（Average Revenue Per Paying User，ARPPU），平均生命周期，每日注册并登录的用户数（Daily New Users，DNU），新登用户中只有一次会话的用户（Daily One Session Users，DOSU），每日登录过游戏的用户数（Daily Active Users，DAU），七天内登录过游戏的用户数（Weekly Active Users，WAU），月流失率，周流失率/日流失率等。

当然，无论是会计数据、财务数据，还是运营数据，由于它们都是描述企业的运作状态和过程的，它们之间具有很密切的联系（见图 1-1）。

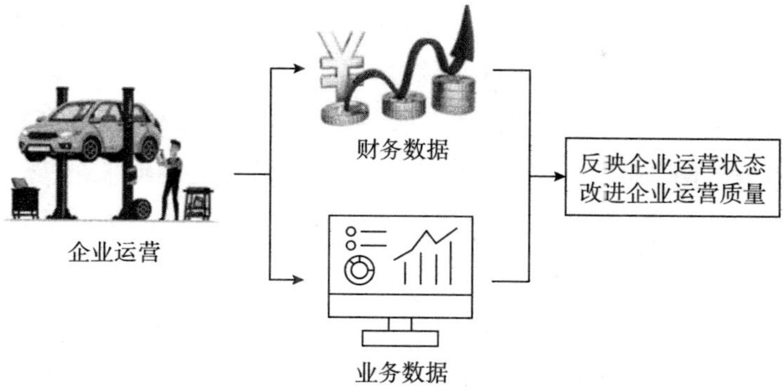

图 1-1　财务数据和业务数据与企业运营的关系

资料来源：笔者根据内容绘制。

（三）其他数据

企业运营和管理中的其他数据，包括除了上述会计数据、财务数据和运营数据之外的，和企业运营和管理有关的其他领域的数据，如技术数据、环境数据等。

这些数据的基本特点是不和企业运营直接发生联系，而是通过影响和企业运营和管理有关的数据，进而影响企业的运营和管理，如环境方面的数据、政策法规方面的数据、经济水平的数据等。

三、数字化管理的概念

（一）数字化管理的出现

1. 计算机和网络技术推动人类进入数字时代

20 世纪 40 年代中期，电子计算机的发明标志着人类开始走向信息社会。其后，大型计算机进入科学计算领域，并开始向商业领域扩展。20 世纪 70 年代中后期，随着大规模、超大规模集成电路为基础发展起来的微处理器技术的快速发展，微型计算机出现，并开始迅速走入家庭、企业，成为普通人都能使用的信息工具，计算机进入 PC 时代，社会真正进入信息时代。20 世纪 60 年代末，互联网的发明和快速得到大规模的应用，则使人类开始走向互联互通的数字时代。

在 21 世纪，随着新一代信息通信技术，如移动互联、云计算、大数据、物联网、区块链、人工智能等的出现、创新和快速扩散，人类以越来越快的步伐走进数字时代。数字时代的到来，标志着数字化技术的发展越来越快，越来越多的新兴技术应用于日常生活，全面提高了各行业的生产力，改善了人们的生产生活，促进了社会经济文化发展。

数字技术的新产品与新技术，如 5G、物联网、云计算、3D 打印等，不仅推动着传统行业的技术升级，更新换代，而且极大提升了各种互联网应用的便捷性与便利性。例如，智能家居由于应用了物联网技术，人们可以远程控制家里的电器设备，不仅提高了生活质量，还有效节约了能源；而云计算技术更是极大方便了企业的运营，给用户带来了更优质的在线体验。

另外，大数据技术让人类对宏观运行规律有了更准确的把握，便于实现合理的经济政策，更好地解决国家、企业在发展过程中面临的难题和挑战；机器学习技术的出现则使智能化水平得到大幅提高，让人们的生活变得更加丰富多彩。

总而言之，数字化技术的发展，深刻改变了人类生活形态，使社会经济文化出现了急剧的变化。

所谓数字化是指，信号以“1”和“0”这种我们所熟悉的计算机语言数字形式来传送；而数字时代是指一个信息的存在方式正在越来越趋向于数字形式，以数字技术为运作规则的时代。

2. 数字时代的特征

根据学者们的研究，数字时代具有以下一些特征：

永久性。数字化时代的到来，使越来越多的数据被产生出来和储存起来，各种信息通信技术的发展和扩散会继续这个过程。人们正在建立一个信息能够被无限量储存的环境。

可复制性。数字化能让数据能够得到指数级的复制，就像一首歌曲或一部电影可以存储在无数人的设备中。

即时性。数据本身不仅能即时产生和被设备接收，还需要即时处理和得到解读。就像现在的智能手表、手环，能实时记录并看到很多数据，而未来的设备则将兼具数据记录、分析和提出建议等功能。

高效性。随着数据技术的发展，数据从产生到得以分析利用的全过程的效率在不断提高，数据正在不断地用更好、更快速的方式来解读和传播。

倾向秩序性。数据的循环本质：混沌生秩序，秩序生混沌，如此循环往复。在出现海量数据的同时，一定会出现并建立新的秩序方式，然后不断地循环。

动态性。随着环境变化，数据的“值”即内容会变化，数据本身的含义也会变化，数据之间的关系也会变化，数据始终处在一个变化的过程中。有人将其称为数据的游移。数据每次传递方式的变化都在加速信息的流动与交换。

无限可分性。数据是无限可分的，既可以被打包在一起，也可以拆分，且被分成更细小的部分。

数字时代的变革引起的是人们生活方式的颠覆，同时需求的变化又继续推进着数字时代的发展。其中，数字时代的需求呈现四个特点：多样化、综合化、个性化、互动化。所以，任一事物想要在数字时代下发展和前行，就必须在关注需求的前提下，以数字时代的新模式为切入点，以合适的“姿态”在数字时代中前进。

数字技术的应用催生了一个全新的数字时代。在数字时代，数字信息技术广泛应用于人们生活的各个领域，并促使社会不断发展变化。数字时代的总特征是数字技术在生产、生活、经济、社会、科技、文化、教育等各个领域的应用不断扩大并改变这些领域的活动方式。同样，数字时代也改变了管理的方方面面，管理也从之前的“传统管理”开始进入到“数字化管理”。

（二）数字化管理的概念

数字时代出现的新问题，需要管理“数字化”来加以应对。但无论学术界和企业，目前对数字化管理的概念，都没有一个统一的说法。

国内学者曾祥基（2001）认为，数字化管理是指利用计算机、通信、网络、人工智能等技术，量化管理对象与管理行为，实现计划、组织、协调、服务、创新等职能的管理活动和管理方法的总称。他根据当时世界经济新潮流和新趋势，把数字化管理概括为两层含义：一是企业管理活动的实现是基于网络，即企业的知识资源、信息资源和财富可数字化；二是运用量化管理技术来解决企业的管理问题，即管理的可计算化。①

---

① 曾祥基．数字化管理述论［J］．成都大学学报（自然科学版），2001（3）．

国内学者钟锋和郭晓军（2005）认为，数字化管理（Digital Management，DM）是以管理科学学派和决策理论学派的理论为基础，采纳这两个学派的决策模式、模型与方法，在吸收系统科学的思想、方法和行为科学中关于个人与组织行为的思想基础上，充分运用计算机、通信、网络、人工智能等领域的各种最新技术，量化管理对象与管理行为，实现计划、组织、协调、服务、创新等职能的管理活动和管理方法的总称。

国内学者夏杰长（2021）在《未来组织数字化发展评估报告》中谈到组织的数字化发展时，认为从组织管理的在线化、移动化、扁平化、柔性化变革，再到全链路、全流程、全要素的数字化、智能化，最后迈向供应链和产业链的高效协同，数字技术能够切实地提升组织的生命力与发展动力，实现新业态和新模式的创新发展，推动产业生产方式的根本性变革。

阿里云研究院院长肖利华在报告中提出，数字化组织需提高对用户需求和市场变化的响应速度，构建弹性自主的工作方式，最大限度地激发员工的活力与创造力，打破组织边界与壁垒，进行零距离、无边界的即时沟通、高效协同，更重要的是通过组织内外的网络化协同实现资源分配优化，实现产业与生态的共赢。通过数字化、智能化的方式建立内外部的协同连接，充分释放生态资源的协同价值，加速全链路数智化转型升级，提升消费者体验，开源、节流、提效、创新；这在本质上决定了未来一个组织的能力边界，也是数智化时代组织竞争力的核心差异所在。

有学者从企业运作角度出发，认为在企业数字化管理过程中，管理者以数字化技术为手段，以企业发展战略为方向，针对企业的产业资源、人力资源、技术资源、市场资源设置及运作现状，以计算机网络技术为基础，以管理应用软件开发为核心，建立企业的管理信息系统。这个过程被称为数字化管理。

也有观点认为，数字化管理，即利用数字化相关技术和工具，将企业的业务量化后，通过管理数字进行内部管理。它将企业内的各个部门、组织都联系起来，改变了传统的组织工作形式，打破了企业内部的“数据孤岛”，使各部门实现真正的协同办公。

有国外学者认为，数字化管理是指以支持组织目标的方式监督和组织数字技术、数据和信息系统的过程。这包括制定和实施技术战略、保护数字资产以及使用数据为决策提供信息等活动。

数字化管理的目标是确保组织的技术和信息资源得到有效和高效的使用，以支持业务运营并实现预期结果。这需要跨部门的协调与协作，包括信息技术、营销、财务和运营。

随着组织越来越依赖技术和数字数据来支持其运营和接触客户，数字化管理变得越来越重要。它需要对数字方面的技术和业务有深刻的理解，并有能力在组织的需求与不断发展的数字环境之间取得平衡。

（三）数字化管理和传统管理的关系

数字化管理的概念是为了反映企业在数字时代的环境特征、管理问题，进而对身处数字时代的企业管理进行研究而提出的。因此，数字化管理的概念，是和企业在数字时代面临的新的管理问题联系在一起的。为了加以区分和便于研究分析，我们将之前的管理称为传统管理，将数字时代的管理称为数字化管理。但从企业成长和发展的现实角度，以及企业连续运营的角度，是无所谓传统管理、数字化管理的。因为作为企业，其发展就像一条永远流淌的河流，是连续的、不间断的，不管身处哪个时代，不管面临什么问题，企业都要想方设法加以应对，解决问题，适应不同的环境，获得发展机会。

数字化管理和传统管理最大的区别是二者所处的时代不同。具体而言，包括以下不同：

企业运营中所需的技术支持不同。传统管理所处的时代，虽然经历了人类的第一次、第二次工业革命，虽然人类在冶金、机械、电子、能源、化工、生物、医药等领域都取得了非凡的成就，但这些技术主要还处于“实体”领域，或者说这些领域中技术的实现和体现都需要做出一些有形的东西来，如机器、材料等。而目前人类所处的数字时代，随着信息通信技术的“快道”迭代创新，人们则几乎可以摆脱实体的“束缚”，在网络中重新塑造一个“新”的世界。数字时代依靠的技术包括：互联网、大数据、云计算、芯片、物联网、区块链，以及人工智能等。

企业运作所处环境的复杂度不同。新一代信息通信技术的迭代创新和快速扩散，使信息传递的速度、容量、即时性和覆盖性等较以往发生了天翻地覆的变化。毫不夸张地说，现在的时代是一个人人都是信息枢纽、人人皆可成为媒体的时代。这使社会的网络性特征越来越突出，而社会从原来的扁平、“原子化”形态向立体的、互联的网络化形态快速转变，相应地使整个社会环境的复杂度以指数的量级急剧升高，而这又极大地提高了每个企业所面对的环境的复杂性。很多企业都有同样的感受：市场、用户、员工等变得越来越“陌生”“看不懂”“不理解”。

快速迭代的技术、几乎全新的环境，向企业提出了全新的问题，也倒逼着企业的管理从传统管理转向数字化管理。

第二节　数字化管理相关的理论和思想

随着云计算、物联网、5G、边缘计算、元宇宙等新一代信息通信技术的迭代创新和快速扩散，全球的数据将保持持续快速激增的状态。人类正在从数据相对“匮乏”的时代，进入海量数据时代。IDC Global Data Sphere 显示，2021 年，全球数据总量达到了 84. 5ZB，预计到 2026 年，全球结构化与非结构化数据总量将达到 221. 2ZB。

在企业层面，海量数据的出现、取得，为企业发掘事物和现象背后所蕴含的管理问题和规律，提供了潜在的“原料”。数据，被认为是数据时代的“矿藏”，而能否将潜在的“原料”变成管理“成果”，能否从“数字矿藏”中“淘出金”来，则要靠数字化管理。

海量数据的出现，使过去时代未曾出现的现象、过去时代未曾遇到的管理问题浮出水面。要解决这些新问题，需要数字化管理与时俱进，借助新的思想和相关领域的理论，形成新方法、分析新问题、获得新方案。本节就数字化管理所涉及的部分思想和理论做一个简单介绍。

一、离散主义

（一）离散主义的概念

“离散”是“连续”的否定，即“不连续”。“连续”则是事物、数量的一种属性，这种属性使它们容易被分割或结合，并且不会因此而丧失它们原来的本性。“离散”与“连续”是数量关系中一对极为深刻的矛盾，二者互相对立，也互相补充。它们之间的对立统一关系是数学发展的重要动力之一。项链是连续的，珍珠则是离散的；同样，人的行动路线是连续的，但是跨出去的每一步又是离散的。

离散主义思想，就是把连续的生活分为有意义的独立个体。根据上面的比喻，生活的每个方面都在追求一个又一个目标。每个人通过把出发点、过程中的关键节点、最终的目标联系在一起，形成不同的路线达到最初的理想。路线，一般是连续的、光滑的，而路径是要一步一步去完成的，每次迈出的步伐，都是单独的、独立的，是一个又一个有意义的个体。以珍珠项链来比喻：穿过各个珍珠、把所有珍珠串联在一起的，是中间的绳子，绳子是连续的、光滑的；串在绳子上的珍珠，是个体的、独立的、不连续的、有限的，也是有意义的。

离散主义思想就是把对“整体”的连续性研究，转化为对“个体”的离散化研究。离散主义就是对整体的解构，从而展示独立的个体，然后通过汇总个体达到对整体的把握。

离散主义就是指，基于离散的角度解构与重构社会经济，在现实与虚拟的离散空间中，分析其社会经济要素相互关系的方法论。

作为现代信息通信技术基础的计算机，其只能处理有限数和有限个数，无论什么问题都必须离散化后才能在计算机上进行数值计算。随着信息通信技术的发展，人们的生活正在被合理地“分割”或“碎片化”，原来表现为一个整体的活动过程，现在被“分割”在不同的环节，在不同的工具上完成；原来必须花一整段时间完成的事情，正在被“碎片化”，被“裁减”到不同的、更小的时段内完成。人们的生活、行为正在被离散。

（二）基于离散主义的离散经济

离散经济是指，从离散化的“个体”出发，研究新经济下以大数据为中心、网络为渠道、平台为载体的产业间的数据模式、信息解构、价值关联的规律，产业内组织结构离散化、空间区域分布无界化的规律，以及研究这些规律的基本方法论。

离散主义方法论主要表现在以下几个方面：

（1）经济社会的解构：基于离散的视角，表达或解释客观世界，即物质世界或客观世界的性质与形态离散式表达。

（2）对经济社会解构之后的基本要素信息的获取和传递，包括对客观世界映射的手段网络化、数字化。

（3）基于价值关联的要素解读与要素重组，包括数字化处理与大数据重构。

（4）研究对象、手段、方法具有离散性，同时结合连续性思维模式或连续性函数建模方式。

这种数字化、离散化结构包含四种：一是对供求关系以及商品的数字化表达；二是对社会或商业空间的数字化表达；三是对信息不对称的数字化表达；四是对社会关系的网络化表达。

二、系统论

（一）系统思想

系统思想古已有之，源远流长，是人类早期认识、解释世界的重要思想和方法之一。中国古代最早的典籍之一《易经》被称为群经之首，它阐述了一种朴素的系统观和系统思维。《易经》的主要思想包括：把世界看作一个由基本要素组成的系统整体；把世界看作一个由基本矛盾关系所规定的多层次系统整体；把世界看作一个动态的循环演化的系统整体。

中国古代发展出来的阴阳五行学说构成了中医的基本理论之一。中医阴阳五行学说的系统思想认为，人体是一个有机的和谐整体，当阴阳失调时人就会生病。中医把人的身体结构看作自然界的一个组成部分，人的养生规律与自然界的规律是密切相关的，因此，中医提出来“天人相应”的医疗原则，主张把生理现象和自然现象相联系起来治疗疾病。

中国古代的道家，其思想集中体现为系统性思维。道家认为，道是万物的本体及本原，恍惚五象，超越形体，无法为人的感官所认识，是超感觉的存在；道家还认为道是确实存在的，可以被用来认识万物，并认为道是运动不息的，是一切运动变化的根源。道家认为，道不仅是对于天气万物的一种整体性的表述，而且是对于天地万物自发生成和发展的一种概括。

中国古代的另一部典籍《孙子兵法》中也全面阐述了系统思想在军事、战争中的表现和应用。《孙子兵法》提出了要从道、天、地、将和法五个方面系统地分析研究战争，而不能“就战争论战争”，因为战争系统只是社会大系统中的一个子系统，它只能是在整个社会诸因素的制约之中发挥作用。《孙子兵法》的前四篇侧重于从整体入手进行战略分析，后九篇则主要侧重于分析战术，并且在分析战术时总是将注意力放在战略布局、站在战略高度来加以分析，通篇注重整体与部分、战略与战术的衔接。《孙子兵法》用动态系统运筹的观点对战争进行了细致的分析，认为系统运筹对于战争的成败至关重要，甚至可以预见战争的成败。《计篇》中写道：“夫未战而庙算胜者，得算多也；未战而庙算不胜者，得算少也。多算胜，少算不胜，而况于无算乎！吾以此观之，胜负见矣。”

在西方传统思维中，特别是近代科学中，分析的方法长期占有突出的地位，但其中也不乏系统思维方法。

古希腊的赫拉克利特认为，世界系统是过程和流变的，是一个过程系统；他认为，如果要认识规律就要“抓住整体的东西和部分的东西，接近的和分离的，和谐的和不和谐的”，并提出了整体和部分的辩证关系问题。德谟克利特是古希腊原子论的创立者，他提出了宇宙系统论。柏拉图认为世界是有层次的，首先是可见世界与可知世界分属两个不同层次，他认为理念也是一个等级系统。亚里士多德设想了一个球层结构的多层次宇宙系统，比较完整地描述了天旋地转的宇宙图景。亚里士多德提出了著名的“整体大于部分之和”的观点，并在其《物理学》中写到，事物期初都是整体的，为了方便分析，需要从具体的整体事物转向它的构成要素。这反映了他对系统整体和部分的关系的思考。

亚里士多德关于整体和部分关系的思考，受到现代系统论思想家的高度赞赏，一般系统论的创立者贝塔朗菲就一再说，亚里士多德关于“整体大于部分之和”的思想至今仍然正确，实际上这就是系统论最基本的思想。

（二）一般系统论

随着19世纪系统性知识的形成，马克思继承前人的系统思想，在创立历史唯物主义的同时形成了系统观，把系统观作为对世界的总的看法，包括在唯物辩证法中，使之成为马克思主义世界观的一个组成部分。马克思是运用系统思想、系统观对世界上最复杂的系统——社会系统进行科学解剖的典范。首先，马克思把社会作为一个有机整体来看待，并把它作为研究社会现象的基点。其次，马克思根据组成社会机体的不同的要素、结构、层次、环境以及作用条件等揭示出这个机体的不同运动规律。他在《政治经济学批判·导言》中把生产、分配交换、消费看作构成有机机体的不同要素，这些“不同要素之间存在着相互作用”。最后，马克思把整个社会形态的发展当作一个有机体的进化过程来加以研究。他指出，社会经济系统的发展过程是一个自然历史过程，因而整个社会系统的发展也是一个自然历史过程。

20世纪的科学技术在近代科学技术的基础上得到了进一步的飞跃发展。20世纪一开始，就出现了持续达30年之久的物理学革命，相对论和量子力学开创了科学的新局面。自然科学全面的空前发展，使之开始形成一个多层次的综合的统一整体。社会科学也有了长足的进步。科学技术的进展，以及与社会科学的结合，推动了科学技术的社会化，也推动了社会的科学技术化，这是科学技术的新的综合时代，也意味着科学技术在理论形态上的新的综合系统思想在 20 世纪科学技术的要求下得到了极大的发展。

贝塔朗菲在 20 世纪 20 年代多次发表文章表达了机体论思想，强调把有机体当作一个整体来考虑，并认为科学的主要目标就在于发现不同层次上的组织原理。他在 1932 年发表的《理论生物学》、1934 年发表的《现代发展理论》中，提出用数学和模型来研究生物学的方法和机体系统论概念。他指出，机械论有三个错误观点：其一是简单相加的观点把有机体分解成要素，并把要素简单地加和来说明有机体的属性；其二是“机械”的观点把生命现象简单地比作机器，认为“动物是机器”，以至于“人是机器”；其三是被动反应的观点，即把有机体看作只有受到刺激时才作出反应，否则就静止不动。贝塔朗菲批判地继承前人的机体论思想，把协调秩序、目的性等概念用于研究有机体，进而形成了自己关于系统的基本观点。

（1）整体观点认为一切有机体都是一个整体，是一种在时空上有限的具有复杂结构的一种自然整体。贝塔朗菲认为，“复杂现象大于因果链的独立属性和简单总和。解释这些现象不仅要通过它们的组成部分，而且要估计它们之间的联系的总和。有联系的事物的总和，可以看成具有特殊的整体水平的功能和属性的系统”。他已经把系统定义为“相互作用的诸要素的复合体”。

（2）动态观点认为一切生命现象本身都处于积极的活动状态；活的东西的基本特征是组织。贝塔朗菲把生命的机体看作一个能保持动态稳定的系统，这种动态稳定的系统能够抵抗环境对于机体的瓦解性的侵犯。他还认为生命是一个开放系统，主要从生物体与环境的相互作用中说明生命的本质，并指出开放系统可以实现异因同果律，从而回答了新活力论的挑战

（3）等级观点认为各种有机体都是按照严格的等级组织起来的，生物系统是分层次的从活的分子到多细胞个体，再到超个体聚合物，形成了层次结构。贝塔朗菲认为传统的方法只是将各部分、各过程进行研究，而没有协调各部分、各过程，因而不能完整地描述活的现象。他提出，生物学的主要任务是发现在生物系统中（在组织的一切等级上）起作用的规律从而建立起一种机体论来取代机械论和活力论。

从以上可以看出，贝塔朗菲已经初步形成了一般系统论思想。他的这一机体论的新思想，尽管得到了一些学者如李约瑟的赞同，但却遭到生物界权威人士的责难。1937 年，他在芝加哥大学的一次哲学讨论会上第一次提出了一般系统论概念，但由于当时的压力而未发表。后来，他在 1945 年的《德国哲学周刊》第

18 期上发表文章《关于一般系统论》，但不幸该杂志刚印出来就毁于战火之中，使他的思想几乎无人知晓。一直到战后，1947—1948 年，他在美国的讲课和专题讲座中多次阐述了他的思想，这才使一般系统论作为一门新兴学科为世人所知。

（三）系统论基本原理

贝塔朗菲在《一般系统论》中提出，当我们讲到“系统”，我们指的是“整体”后的“统一体”。系统具有很多单个物体所没有的独有性质。这些独有的性质构成了系统不同于单个物质、物体的外在表现和运行特征。

1. 整体性和目的性原理

系统整体性原理指的是，系统是由若干要素组成且具有一定新功能的有机整体，各个作为系统子单元的要素一旦组成系统整体，就具有独立要素所不具有的性质和功能，形成了新的系统的质，整体的性质和功能不等于各个要素的性质和功能的简单加和。

系统整体与系统部分之间存在三种关系，即整体大于部分之和，整体等于部分之和，以及整体小于部分之和。“三个臭皮匠，顶个诸葛亮”，这是整体大于部分之和；机械地加和，如一堆沙子、一筐水果，都是整体等于部分和；“一个和尚担水喝，两个和尚抬水喝，三个和尚没水喝”，则是整体小于部分和。当人们在做这样的划分时，所讨论的问题的层次已经发生了转移，所论的问题的一般性已经降低了，在从纯粹的哲学领域逐步地迈向科学的领域，此时是整体大于部分之和，这是普遍性最大的哲学命题，无疑仍然是有效的。而一旦在普遍性上加更多的条件限制时，普遍性也就在向特殊性转化，普遍性命题也就在向特殊性命题过渡。另外，对上面的讨论而言，在相对低一个层次讨论部分和整体的关系时，部分和是否等于或不等于整体，其实质就在于部分之间有没有协同作用。部分之间如果具有协同作用，那么就其有这种协同作用所决定的性质而言，部分和就会大于整体。部分之间如果没有协同作用，即不存在相互作用，仍然是各个相互独立的个体，那么就这种互不相关的性质而言，部分和等于整体。部分之间如果存在着某种相互作用，但这种相互作用不是协同的相互作用，它们没有造成所论方面的整体的优势，例如，三个和尚互相扯皮，其结果就是部分和小于整体。

系统的整体性原理，总是在系统和要素、整体和部分的对立统一中来把握系统的整体性的。

系统目的性原理指的是，组织系统在与环境的相互作用中，在一定的范围内其发展变化不受或少受条件变化或途径、经历的影响，始终表现出某种趋向预先确定的状态的特性。

系统的目的性原理，不仅具有理论上的意义，也不仅是种后验的解释，它还具有重要的实践意义，具有实践上的指导意义。按照系统的目的性原理，一个系统的状态既可以利用其现实的状态来表示，也可以用一定发展阶段的终态来表示，还可以用现实状态与发展终态的差距来表示。因此，人们不仅可以从原因来研究结果（以一定原因来实现一定的结果），而且可以从结果来研究原因（按照一定的预先设想的蓝图即结果来要求一定的原因）。这是因为，从目的性的角度来看，一个系统的发展运动，实际上就是瞄准这个发展终态，使系统的现实状态与发展终态距离之差逐渐缩小直至为零，以实现这个发展阶段的终态。这就为在实践上要制备预先确定目标的系统奠定了方法论的基础，并致力于去设计并制造出相应的反馈机制来实现这样的目标。由此可见，目的性原理也就在一定的意义上体现了人的认识的能动性。这就是说，人的活动的目的性体现着人的认识的能动性，而人的认识的能动性则寓于人的活动的目的性之中。

2. 层次性和开放性原理

系统的层次性原理指的是，由于组成系统的诸要素的种种差异包括结合方式上的差异，从而使系统组织在地位与作用、结构与功能上表现出等级秩序性，形成了具有质的差异性的系统等级。层次概念就反映这种有质的差异性的不同系统等级或系统中的等级差异性。

系统具有层次性，层次性是系统的一个基本特征。系统的层次性犹如俄罗斯的“套娃”。系统和要素、高层次系统和低层次系统具有相对性。高层次系统是由低层次系统构成的，高层次包含着低层次，低层次从属于高层次。高层次和低层次之间的关系，首先是一种整体和部分、系统和要素的关系。

高层次作为整体制约着低层次，又具有低层次所不具有的性质；低层次构成高层次，就会受制于高层次，但也会有自己一定的独立性。例如，有机体由器官组成，各个器官统一受有机整体的制约；但与此同时，各个器官在发挥自己的功能时有着一定的独立性。化学分子也是这样，分子是由原子组成的，分子中的原子受到分子整体的制约，往往会部分丧失自己的独立性；但与此同时，正如活性原子所表现的那样，分子中的原子也有一定的独立性。一个系统，如果没有整体性，系统就崩溃了，不复存在了；如果其中的要素完全丧失了独立性，变成了铁板一块，系统同样也不存在了。

系统的开放性原理指的是，系统具有不断地与外界环境进行物质、能量、信息交换的性质和功能，系统向环境开放是系统得以向上发展的前提，也是系统得以稳定存在的条件。

自然科学早在19世纪就已证明，一个系统如果处于封闭状态，与外界全然没有任何交换，那么这个系统就只会自发地走向混乱无序，或迟或早总会走向“死亡”，即热力学第二定律意义上的均匀无序的热平衡混沌态。这也正是热力学第二定律的熵表述的内容：一个孤立的系统，其熵增不小于零，即只会自发向均匀无序、组织解体方向演化。我们知道，在热力学中，对于系统的开放与否，作了更严格的区分，它把与外界只有能量交换而无物质交换的系统称作封闭系统，而将完全没有物质能量交换的系统称作孤立系统。

薛定谔在讨论“生命究竟是什么”时，接触到这个开放性问题，他提出“生命依赖负熵”的著名论断，要求生命是开放心态。

系统的开放，导致出现了系统和环境的关系问题，才有了影响系统的内因、外因的概念及其辩证关系。对于一个系统的发展变化，内因是变化的根据，外因是变化的条件，外因通过内因起作用。为使外因通过内因而起作用，就需要系统与环境之间、内因与外因之间发生相互联系和相互作用。

系统的开放，既包括系统向环境的开放，也包括系统的低层次和高层次的互相开放，即系统向自己的内部互相开放。只有内部开放，系统内部才可能发生多层次的、多水平的在差异之中的协同作用。

3. 突变性和稳定性原理

系统的突变性原理指的是，系统通过失稳从一种状态进入另一种状态的一种突变过程，它是系统质变的一种基本形式；突变方式多种多样，同时系统发展还存在着分叉，从而有了质变的多样性带来系统发展的丰富多彩。经过突变而发展变化是系统发展变化的一种基本形式。

系统突变通常有两层意义：一层是在系统要素的层次上，另一层是在系统的层次上。生物学中所谓的基因突变就是在系统要素的层次上来谈论突变的。超循环理论认为，达尔文进化选择和进化的基础都是代谢、自复制和突变，这里的突变讲的也是系统要素层次上的突变。

对于系统要素的突变，如果从系统整体上看就可以被看作系统之中的涨落，这里无论是个别要素的结构功能发生了变异，还是个别要素的运动状态显著不同于其他要素，都可以一律看作系统中要素对于系统稳定的总体平均状态的偏离。系统中要素的平衡是相对的，不平衡才是绝对的，系统中要素的突变是时常发生的。突变成为系统发展过程中的非平衡性因素，是稳定之中的不稳定。当同一系统中出现的差异得到其他子系统即要素的响应时，子系统之间的差异进一步扩大，进而提高了系统内的非平衡性；特别是当它得到整个系统的响应时，涨落放大，整体系统一起行动起来，系统发生质变，进入新的状态。这就是自组织理论的一个重要结论：通过涨落达到有序，这时就发生了系统整体的突变，发生了系统层次上的突变。相应地，在系统整体的层次上，突变指的是系统通过失稳从一种组织状态变成另一种组织状态，这实际上是系统整体上的质变。突变论中的突变，一般指的就是系统层次上的即系统整体的突变。

系统的稳定性原理指的是，在外界作用下开放系统具有一定的自我稳定能力，能够在一定范围内自我调节，从而保持和恢复原来的有序状态，保持和恢复原有的结构和功能。

系统的存在就意味着系统有一定的稳定性，系统的发展变化也是在稳定的基础上发展变化的。

我们所面对的世界是具有一定稳定性的大系统。根据我们今天所知道的，各种各样的基本粒子具有一定的稳定性，多种多样的原子具有一定的稳定性，形形色色的分子也具有一定的稳定性，丰富多彩的地面实物同样具有一定的稳定性，生生不息的生命也具有一定的稳定性，满天繁星显然也有其自身的稳定性……总之，我们所面对的整个世界，大到总星系，小到基本粒子，都具有一定程度上的稳定性。一个持续变动不定的世界反而是不可想象的，如果世界真是变动不定、真是毫无稳定可言的话，那么世界就是无法被认识的，实际上，在一个“转瞬即逝”的世界中人也是无法存在的。从根本上讲，我们的世界不可能是全然静止不动的，恰恰相反它总是处于运动之中的，运动具有绝对性，而静止则是相对的，相对静止就体现了稳定性，绝对运动正是通过无数的运动之中的相对稳定表现出来的。系统之所以可以被称为系统，是因为系统具有相对稳定性，它在一定范围内是稳定存在的。一个系统要作为系统而存在，要作为系统被人们所认识，就必须在一定范围内是稳定的。

4. 自组织原理

系统的自组织原理指的是，开放系统在系统内外两方面因素的复杂非线性相互作用下，内部要素的某些偏离系统稳定状态的涨落可能得以被放大，从而在系统中产生更大范围、更强烈的长程相关性，进而自发组织起来，使系统从无序到有序，从低级有序到高级有序。

现实的系统都处在自我运动、自发形成组织结构、自发演化之中。

古代的世界，无论东西方，思想家们都把整个宇宙看成是在永恒的演化中、自组织的发展中。近现代科学、技术和哲学的发展，发现整个宇宙系统，从总星系到基本粒子，一切系统都处于演化之中。

系统的自组织就是系统进化的过程。但是，一般来说，系统的进化主要是指系统发展的趋势，而说系统的自组织时则要进一步指出系统进化的机制。

系统的开放、随机涨落的放大、竞争和协同的相互作用都对系统自组织进化的机制具有决定性重要意义。没有开放，就谈不上系统的发展。系统自组织的发展，总体来说是系统与环境相互作用的结果，可以从系统的环境变化的角度来考察，也可以从系统内部的发展变化来考察。前一个方面以控制参量的变化来说明系统的自组织，后一个方面可以用系统状态参量的变化来说明系统的自组织。从系统内部要素的变化方面来看，系统的要素变化引起系统的自组织，也可以区分出下列几种情况：要素的质变引起自组织；要素数目的变化引起自组织；要素运动量的变化引起自组织；要素排列次序的变化引起自组织。

系统自组织得以实现的内在根据在于系统内部复杂的相互作用，这是一种非线性相互作用。在非线性相互作用下，各种相互作用之间密不可分，相互之间有了竞争，同时也就有了合作，“你中有我，我中有你”，成为有机的整体系统，互相联系、互相牵制，牵一发而动全身，表现出强烈的整体行为。作为个别要素的变化才可能得以被放大为整体的行为，从而引起系统的自组织，使系统合乎规律的运动通过随机性表现出来。系统的自组织进化，本质上体现的是系统符合其目的性的发展。

三、系统动力学

动力系统是数学上的一个概念，是用数学的方法研究事物发展变化的规律。在动力系统中存在一个固定的规则，描述了几何空间中的一个点随时间变化的情况，例如，描述钟摆晃动、管道中水的流动，或者湖中每年春季鱼类的数量，凡此种种的数学模型都是动力系统。在动力系统中有所谓状态的概念，状态是一组可以被确定下来的实数。状态的微小变动对应这组实数的微小变动。这组实数也是一种流形的几何空间坐标。动力系统的演化规则是一组函数的固定规则，它描述的是未来状态如何依赖于当前的状态。这种规则是确定性的，即对于给定的时间间隔内状态只能演化出一个未来的状态。

简单来说，一个动力系统至少包含两个要素：一个状态空间和一个变化的规律。例如，物体的运动，空间可以是物体的位置（位形空间，Configuration Space），也可以是物体的速度，或者位置与速度的乘积空间（相空间，Phase Space）；变化的规律可以是简单的牛顿定律，或者考虑一些更复杂情况下运动的规律。又如，人口的增长，空间就是一个数量的空间，人口数量随着时间的推移按照一定规律变化。

一般来说，任何在变化的事物，都可能成为动力系统研究的对象。通常，空间中的状态是随着时间变化的，从远古时起，人类就被运动着的物体所吸引：鸟儿在天空翱翔、鱼儿在水中优雅地游动、森林里的动物在人靠近的时候会飞速跑开……为了填饱肚子，人类不得不思考如何去捕获运动中的动物以充饥。人类对运动的物体的观察和研究，最早出现在古希腊时期。此后，不同时期的物理学家们开始追逐这个迷人的课题，并且不断取得成果。但动力学真正的“一鸣惊人”，是空前绝后的牛顿的万有引力定律和三定律的提出。以此为标志，牛顿创立了质点力学与万有引力理论，并使两者在开普勒行星运动轨道上统一了起来。在牛顿的三条定律中，第二定律是核心。只要有高中物理学基础的人就知道，它是力与加速度的关系，看起来不起眼，但是它包含了整个动力学的核心思维；在它的世界观里，世界是一张相互作用的大网，而事物运动变化的原因，都可以从这张大网上找出。动力学研究的就是事物运动变化的因果关系。

从 19 世纪开始，动力学的理论开始由机械运动的领域逐步向其他领域扩散，最初是物理领域内的扩散，到 20 世纪以后又开始向物理领域外延伸。一部现代科学发展史，可以看作动力学深入各个学科的历史。

“二战”后，自然科学研究方法在管理领域中广泛应用，管理走向科学化、定量化模型化，成为人们认识管理系统的重要工具。但在应用过程中也碰到了不少问题：

第一，从管理科学研究特点看，如何认识、理解和描述现实系统，如何对现实系统模型化并使模型容易被人们接受和理解，以及如何在模型中引入政策因素和进行政策分析等问题，成为模型化过程中要解决的重要问题。系统动力学提供了一个认识现实系统、描述现实系统，对现实系统模型化，以及进行政策设计和分析的一般思路和方法。

第二，从管理科学与实际管理区别的角度看，实际管理利用一切可利用信息进行决策，强调定性和非线性因素，注重改变现实系统状态；而管理科学则强调模型化，利用定量、确定信息进行决策，强调线性处理问题，注重寻求最优解。这些区别使管理科学与实际管理所关注的系统特性和达成的目标等不尽相同。系统动力学提供了一个理解现实系统、描述现实系统、对系统进行模型化以及对相关政策进行分析和设计的方法，进而缩小实际管理和管理科学之间的距离。

第三，从决策的本质和过程角度看，现代决策理论的发展经历了三个阶段，即理性决策理论、行为决策理论和自然决策理论。

理性决策理论的出发点是运用科学的方法来研究决策问题，要求研究过程具有清晰性和一致性，对决策中的问题、目标约束条件和替代方案都能清晰表达其主要特点，是从后果出发选择行动方案，只考虑管理者现状而不管所经历的过程并认为符合概率论的各种定律。

行为决策理论从人们决策行为的机制出发，描述人们从一组可行方案中选择满意方案的实际过程。但是它仍然保留着理性决策的特色，即忽视现实世界决策者的认知结构，而站在专业人员的立场来替代实际决策者的直觉判断。

自然决策理论从人们的自然决策过程出发，考虑决策主体的认知结构，侧重于决策规则，考虑情境因素，面向过程或结果，力求决策更接近实际。但是，自然决策理论的研究尚未形成一套清晰的类似于期望值效用模型那样可供人们普遍应用的科学方法。

那么，如何描述人们决策行为机制？如何描述人们决策过程？如何使模型化过程更接近自然决策？这是行为决策和自然决策理论的关键问题。系统动力学将提供一个认识现实系统、描述现实决策过程的研究思路和模型化方法，可以使系统建模和分析过程更符合自然决策过程。

第四，从社会经济系统的复杂性角度来看，社会经济系统是动态复杂系统，其行为具有反直观性、非线性、时滞效应、整体与局部的矛盾性等，因此会造成欲速而不达、同样的危机在不同时间和地点一再重演等问题。但是这些复杂的系统行为却来自简单的结构。所以，如何描述复杂系统的行为机制，如何培养系统思考的思维方式，以及如何提炼和整理产生复杂行为的那些简单结构等，成为研究复杂系统的关键问题。系统动力学提供了一个认识复杂系统行为机制的分析方法，可以培养人们从过程和结构层次认识问题、分析问题和解决问题的系统思维方式。

20 世纪 50 年代，美国麻省理工学院斯隆管理学院的福雷斯特（Jay W. Forrester）教授推出了系统动力学（System Dynamics）。系统动力学受到广泛的欢迎，并被应用于解决各种复杂系统的运动、变化和发展问题。系统动力学从创立到现在，经过了 20 世纪 50 年代的奠基阶段、20 世纪 60 年代的理论和方法形成阶段、20 世纪 60 年代末至 80 年代末的应用和发展阶段，以及 20 世纪 80 年代末至今的理论发展和多学科综合应用阶段。

【本章思考】

1. 工业革命的整个过程是如何影响企业管理的？

2. 如何理解管理活动和管理实践、管理思想、管理理论？

3. 数字化管理的主要特点有哪些？

4. 以一两个传统企业和互联网企业为例，试着分析一下它们各自的关键业务数据。

第二章　基本概念

“计算不再只和计算机有关，它将决定我们的生存。”

——《数字化生存》尼葛洛庞帝

【学习目标】

1. 能够理解每个概念，并辨析相近概念间的异同
2. 在适当的场合使用这些概念
3. 了解概念背后的技术缘由、概念形成的背景
4. 了解概念背后反映出的社会、经济等行为的变化

【章首案例】

欲穷千里目，数据显神威

——挖掘机指数揭示基建真相

基本建设作为我国经济活动的重要组成部分，对于促进我国经济增长、改善国家基础设施发展水平、改善民生意义重大。由于涉及的空间范围广（很多都在荒山野岭），涉及的项目众多（有土石方工程、建筑工程、装修工程等），涉及的人员庞杂，涉及的设备众多（包括设备种类多、数量多），且运动状态各不相同，因此如何把基本建设的情况搞清楚，成了一个难题。

就像通过量体温监控发烧一样，能否通过一个数据来揭示、反映基本建设的情况呢？

有！这就是中国三一集团借助大数据和物联网等数字技术，结合基建行业特点创设的一个新数据——挖掘机指数。

挖掘机指数，是指借助大数据和物联网技术，将一台台机械通过机载控制器、传感器和无线通信模块，与一个庞大的网络连接，每挥动一铲、行动一步，都形成数据痕迹。大数据精准描绘出基础建设开工率等情况，成为观察固定资产投资等经济变化的风向标。

三一重工等大型龙头企业基于树根互联的互联网平台创立的挖掘机指数在中国经济中扮演着重要的角色，它能反映出各类工程机械设备的开工率和工作情况，因此被称为“中国经济的晴雨表”。最新的挖掘机指数显示出2023年全国投资建设整体趋向活跃：2月，全国工程机械平均开工率为53.77%，环比增长13.16个百分点，同比增长13.18个百分点。开工先动土，挖掘机运行是工程项目开工的信号。数据显示，2023年2月，挖掘机单月平均开工率为57.47%，超过1月的54.79%，远超去年同期的44.44%。数据显示出全国基础设施建设稳中向好。

挖掘机指数是树根互联和三一重工合作打造的一个经济指标，它利用树根互联的互联网平台，通过采集和分析工程机械的使用数据，反映建筑工地的开工率、土地使用率、建筑行业投资情况等。通过这个指标，我们可以了解到当前建筑行业的发展状况，进而推断出中国宏观经济的发展趋势和宏观调控政策的实施方向。它不仅以海量数据描绘出一幅我国经济社会运行的“数字全息图”，还依托产业链数字化平台，为监测产业链安全、推动产业链高质量发展做出了贡献。

从挖掘机指数来看，2023年以来全国项目工程投资逐渐进入白热化，1～2月中标项目数量较去年同期增长45.5%，表明2023年全国项目投资正开足马力，持续快速推进。国家信息中心大数据分析专家表示：“总体来看，多项高频数据反映出，今年以来，各地全力扩大有效投资，当前我国项目施工热度快速回暖迹象明显。”如此高速增长的背后离不开近年来互联网与工业的融合，加速了工业经济的转型升级。

谈起挖掘机指数的意义，三一重工总裁助理陈爽表示，没想到挖掘机指数竟是从“挖掘机病例”里“长”出来的。

一台北京的挖掘机出了故障怎么办？过去要派出工程师实地勘察，费时费力成本高。通过技术研发、攻关，如今的三一重工，在长沙数据中心就可以对故障进行“确诊”并就近派出维修车。设备是否开工、作业时间多长、工作量是多少、零件磨损和油耗情况怎样……用手机客户端就能看到详细数据，并开展售后服务。通过大数据，三一重工实现了用户的精准服务和成本的精确控制。

数据不断积累产生了奇妙的变化。通过七年多的积累，三一重工形成了5000

多个维度，每天 2 亿条，超过 40TB 的大数据资源。当一台台设备成为屏幕上跳动的亮点时，数据分析师们突然发现，这不就是基础建设行业的活力图吗!

“这是最底层的核心数据。不管宣布多少投资，真正落实和施工量紧密相关。”陈爽说，“三一是行业龙头，一些类别机械国内市场占有率超过 40%，数据代表性远超过统计抽样，具备指数条件。”

国务院有关领导视察三一重工，观看了大数据平台后，要求其每个月报送相关工程机械运营情况数据，目前，报送周期已缩短到半个月一次。

过去，经济供给端的数据主要依靠企业上报给地方政府，地方政府汇总后上报中央，数据在层层报送中容易出现“扭曲”，时效性也严重滞后；而实时数据能真正反映出经济的“晴雨”，让政府的调控更加精准。

（资料来源：上半年“挖掘机指数”透出基建活力［EB/OL］. https：//www. gov. cn/xinwen/2022-07/28/content_5703178. htm）

第一节 数据

“数据”是我们在日常生活中经常听到的一个词，我们每个人每天除了会接触大量数据，还会制造出大量数据。毫不夸张地说，我们生活在数据的汪洋大海中。

中国的运营商每天要记录超过 50 亿通电话，一家大型连锁超市每天的消费记录可以超过 6000 万条，百度每天处理超过 10 亿次的访问请求，而 Facebook 每天上传 3. 5 亿张照片、每小时上传 1458 万张照片、每分钟上传 243000 张照片及每秒 4000 张照片。根据 IBM 几年前的估计，它们每天新产生的数据量达到 2.5×10^{18} 字节。这个数字有多大呢？如果一个汉字占据 2 个字节，把它写在一张纸上需要 1 平方厘米，那么每 3 秒产生的数据，若是打印出来，可以把钓鱼岛严严实实覆盖 1000 次。

那么，数据到底是什么？它与我们通常所说的数字、数值、信息等又有什么区别呢？

实际上，数据的含义是十分广泛的，不仅包括数字，还包括语音、图像、图形、动画、视频、音频等多种表现形式。我们已经进入了大数据时代，可以说在我们的身边，数据无所不在、无所不包。

一、“数据”的字典释义

在字典中，“数（數）”表示数目的意思，用作名词；又引申指计算、量化的符号，如数码、数字。“据（據）”的意思是凭依、倚仗，可以用作证明的事物，如字据、证据、单据、论据、言之有据等。

在汉语词典中，“数据”作为一个整体被解释为：电子计算机加工处理的对象。早期的计算机主要用于科学计算，故加工的对象主要是表示数值的数字；后期的计算机可处理的对象包括数字、文字、字母、符号、文件、图像等。

中文词典里的“数据”，从词源角度主要指从量的方面能作为说明一种事物特点的证明、证据，从应用角度主要指计算机处理的对象。

在英文中，数据表示为“data”，有三个释义，分别是：individual facts，statistics，or items of information（独立的事实，统计数字，或一条条的信息）；digital technology，inclucle information in digital format，as encoded text or numbers，or multimedia images，audio，or video（数字技术，包括数字格式的信息，编码的文本或数字，或多媒体图像、音频或视频）；a body of facts，information（事实的主体，信息）。

可以看出，英文中的“数据”主要指一条（条）独立存在的事实或记录，侧重于关系型数据库中每一个横行所代表的事实和数字技术中表示声音、图像等的符号。

综合来看，在中外词典中，数据大体表示计算机领域中或数字技术中，能为计算机处理的，表达实际发生的事、声、光、电等的符号。

二、数据的现代含义

数据除了具有以上在词典中的含义，还具有在各种应用场合和场景中的含义。这些含义与数据在各个领域的应用有关，并且数据的含义还和信息等相关概念密不可分。所以，我们在说明数据的含义时，也会结合其他概念一起阐述。

信息是指“表征了事物或其属性的特定存在状态”的一种抽象事物（见《论信息的本质》[①]），那么，信息存在的唯一意义也是为了表征事物或其属性的

---

① 可量工作室．论信息的本质［EB/OL］．知乎，2016-09-16. https：//zhuanlan. zhihu. com/p/22463143.

特定存在状态，如果离开事物，信息也无从存在。

客观世界里，信息只能“依附”在具体事物中，提取信息只能从具体事物中提取。抽象事物是在人类思维中产生的，其不具有可观察性，虽然也包含信息，但无法从中提取信息；它的信息必须依附在其他的具体事物中。任何具体事物都是信息载体。从任何具体事物本身必然能提出表征该事物本身存在状态的信息。

当我们无法直接接触并观察事物时，我们将无法直接获得表征该事物或其属性存在状态的信息。这时，如果确定了两个事物属性值之间的映射关系，则可用间接方式从一个事物（事物 A）身上映射出表征另一事物（事物 B）的信息。这时，事物 A 及其属性的存在状态并不是我们真正关心的，我们只是想从其存在状态“推断”出事物 B 的存在状态，事物 B 及其存在状态才是我们真正所关注的，此时我们就只能把事物 A 当成间接获得事物 B 的信息的中介，称其为信息媒体（又称信息媒介、信息载体）。媒体有两层含义：一是承载信息的物体，二是指储存、呈现、处理、传递信息的实体。事物 B 自身也可以当作自身信息的媒体。

信息媒介可以是任何的具体事物（表征抽象事物及其存在状态的信息也必须附载在具体事物中）。信息媒体可有不同的形态，如物理实体、符号等。用符号来当信息媒介进行信息处理，对于人类来说，是最高效的信息处理方式。因此符号（文字、数字、语义符号、图形等）是人类历史上最重要的信息媒介。然而，对于计算机来说，二进制的电位符是其处理信息最高效的媒介。所以，在计算机中，信息主要以比特作为信息媒介，而在人机信息交互中，信息在比特与符号二者间的转化是很常见的。

然而，比特，其实也可以当作一种特殊的符号，一种二进制数字符号；信息在人脑或计算机中的载体都是符号，这种作为信息媒介的符号，称为数据。所以，数据，其实就是一种符号的信息载体，从这种载体中我们能提取出信息。

数据是指对客观事件进行记录并可以鉴别的符号，是对客观事物的性质、状态以及相互关系等进行记载的物理符号或这些物理符号的组合。它是可识别的、抽象的符号。

它不仅指狭义上的数字，还可以是具有一定意义的文字、字母、数字符号的组合、图形、图像、视频、音频等，也是客观事物的属性、数量、位置及其相互关系的抽象表示，如“0、1、2……”，阴、雨、下降、气温，学生的档案记录、货物的运输情况等都是数据。数据经过加工后就成为信息。

在计算机科学中，数据是所有能输入计算机并被计算机程序处理的符号介质的总称，是用于输入电子计算机进行处理且具有一定意义的数字、字母、符号和模拟量等的通称。计算机存储和处理的对象十分广泛，表示这些对象的数据也随之十分复杂。

三、数据的分类

（一）按性质分类

1. 定性数据

定性数据又称软数据，是非统计数据，通常是非结构化数据或半结构化数据，具有描述性和概念性的特点，如表示事物属性、性质、特质的数据（居民地、河流、道路等）可根据特性、属性、标签和其他标识符进行分类。定性数据可以用于解答“为什么”这个问题。定性数据是调查性的，可以对其进行进一步的研究，从定性数据中生成可以用于解释、发展假设和初步理解的数据。

在日常活动中，通常可以通过以下方式生成定性数据：应用商店评论、客服反馈、音视频记录、采访笔录等。

定性数据可以捕获数字无法展示的内容，填补一些重要空白。定性数据的结构通常非常松散，几乎不存在完全由定性数据组成的电子表格。定性数据分析起来很难，但为数据集增加了很多内容。

定性数据的优点是：更好地理解、解释和识别行为模式。

2. 定量数据

定量数据又称硬数据，具有统计性的特点，通常是结构化的，可用数字进行计数、测量和表示，更加严格和明确。定量数据反映事物数量特征，如长度、面积、体积等几何量或重量、速度等物理量。在统计学中，定量数据是数字化的，通过计数或测量获得，并与描述对象属性（但不包含数字的定性数据集）进行对比。定量数据可以用来回答“多少”的问题，生成结论性的信息。

在日常活动中，可以通过以下方式生成定量数据：测试、产品数据指标上报、实验、调查等。

定量数据的优点是：具体、易于沟通、易于处理和分析、高可靠性。

（二）按数据结构或规范化程度分类

数据结构也被称为规范化程度。规范化程度指在计算机数据库理论中，数据能否成为关系型数据库中的一条标准记录；如果可以，称这个数据为结构化数据，反之称为非结构化数据。

按此标准，数据可分为：结构化数据、半结构化数据和非结构化数据。具体见下文介绍。

（三）按表现形式分类

数字数据，如各种统计或量测数据。数字数据在某个区间内是离散的值。

模拟数据，由连续函数组成，是指在某个区间连续变化的物理量，又可以分为图形数据（如点、线、面）、符号数据、文字数据和图像数据等，如声音的大小和温度的变化等。

（四）按记录方式分类

可分为地图、表格、影像、磁带、纸带等。按数字化方式分为矢量数据、格网数据等。在地理信息系统中，数据的选择、类型、数量、采集方法、详细程度、可信度等，取决于系统应用目标、功能、结构和数据处理、管理与分析的要求。

四、结构化数据

（一）结构化数据的概念

结构化数据是高度组织和整齐格式化的数据。结构化数据是可以轻易放入表格和电子表格中的数据类型，例如，使用关系型数据库表示和存储，表现为二维形式的数据。结构化数据的一般特点是：数据以行为单位，一行数据表示一个实体的信息，每一行数据的属性是相同的。

结构化数据的存储和排列很有规律，这对查询和修改等操作很有帮助，在计算机中可以轻松地搜索，但是在日常生活中可能不是人们最容易找到的数据类型。但它的拓展性不好，例如，如果字段不固定，利用关系型数据库就比较困难，如果在需要的时候加个字段，实际运用中每次都反复调整表结构，非常容易导致后台接口从数据库获取数据时出错。与非结构化数据相比，结构化数据无疑是两者中更易于使用但是使用具有局限性的数据类型。

结构化数据也被称为定量数据，能够用数据或统一的结构加以表示，如数字、符号。实际应用中，保存和管理这些数据的通常是关系型数据库，当使用结构化查询语言或 SQL 时，计算机程序很容易搜索这些术语。结构化数据所具有的明确的关系，使这些数据运用起来十分方便；不过在商业上的可挖掘价值方面要差一些。

（二）结构化数据的应用场景

结构化数据有时也被称为关系模型数据，即以关系型数据库形式管理的数据。将其定义为关系模型最为妥善，因为它准确地代表了传统上最为熟悉的企业业务数据。典型场景中的结构化数据包括企业 ERP、财务系统，医疗 HIS 数据库，教育一卡通，政府行政审批，其他核心数据库，等等。

这些应用场景需要的存储服务包括高速存储应用需求、数据备份需求、数据共享需求以及数据容灾需求等。

五、非结构化数据

（一）非结构化数据的概念

相对于结构化数据而言，非结构化数据，其数据结构不规则或不完整，没有预定义的数据模型，不方便用数据库二维逻辑表来表现。它是结构化数据之外的一切数据，其字段长度可变，并且每个字段的记录又可以由可重复或不可重复的字段构成。它不符合任何预定义的模型，因此它存储在非关系型数据库中，并使用 NoSQL 进行查询。它既可能是文本的又可能是非文本的，既可能是人为的又可能是机器生成的。简单说，非结构化数据就是字段可变的数据。

非结构化数据不容易组织或格式化。收集、处理和分析非结构化数据会面临很多困难。非结构化数据构成了网络上绝大多数可用数据，并且每年都在增长。随着更多非结构化数据在网络上生成，找到使用它们的方法已成为许多企业的重要战略。

典型的人为生成的非结构化数据包括：

- 文本文件：文字处理、电子表格、演示文稿、电子邮件、日志。
- 电子邮件：电子邮件由于其元数据的特性且具有一些内部结构，我们有时将其称为半结构化。但是，消息字段是非结构化的，传统的分析工具无法解析它们。

- 社交媒体：来自新浪微博、微信、QQ、Facebook、Twitter、LinkedIn 等平台的数据。
- 网站：YouTube、Instagram 等共享网站。
- 移动数据：短信、定位等。
- 通信：聊天、即时消息、电话录音、协作软件等。
- 媒体：MP3、数码照片、音频文件、视频文件等。
- 业务应用程序：MS Office 文档、生产力应用程序等。

典型的机器生成的非结构化数据包括：

- 卫星图像：天气数据、地形、军事活动等。
- 科学数据：石油和天然气勘探、空间勘探、地震图像、大气数据等。
- 数字监控：监控照片和视频等。
- 传感器数据：交通、天气、海洋等领域传感器。

（二）非结构化数据的特点

首先，非结构化数据是目前增加速度最快、数量最大的数据类型。随着互联网在人们的生活和工作中发挥越来越广泛的作用，非结构化数据在快速增加。前面提到的大数据，大部分是指非结构化数据。这些数据可以在公司内部的邮件信息、聊天记录以及收集到的调查结果中得到，也可以是某人在网站上的评论、对客户关系管理系统中的评论，或者是从个人应用程序中得到的文本字段，还可以是公司外部的社会媒体及来自一些感兴趣的话题的评论。

其次，非结构化数据蕴藏着大量的价值。非结构化数据数量巨大，涉及个人、公司、机构以及社会生活、运营、管理等的方方面面，可以说几乎覆盖了所有的人类活动。很明显，这样的数据蕴含着巨大的信息，因而也蕴藏了巨大的价值。但非结构化数据因其不容易被分析、处理，其蕴含的价值也不容易发挥出来。

在非结构化数据中蕴藏着有用的信息，利用数据可视化工具分析非结构化数据能够帮助企业快速地了解现状、发展趋势并且识别新出现的问题。

定性数据通常被视为非结构化数据或半结构数据。这种数据类型格式松散，结构很少。因此，无法使用传统的方法收集和分析定性数据。

（三）非结构化数据的应用场景

典型场景如邮件系统、WEB 集群、教学资源库、数据挖掘系统、档案系统等。这些应用场景需要的数据服务包括数据存储、数据备份、数据共享以及数据归档等。

六、结构化数据和非结构化数据比较

结构化数据和非结构化数据都可以通过人为或由机器生成，它们之间有明显的区别（见表 2-1）；特别是，非结构化数据的不规则性和模糊行为使传统程序难以解析。随着现代技术的发明和发展，从非结构化数据中分析和获得新的见解变得越来越容易。将非结构化数据转换为结构化数据可以使数据更容易、更有效地被使用、管理、存储和保护。

表 2-1　结构化数据和非结构化数据比较

	结构化数据	非结构化数据
特征	预定义的数据模型	没有预定义的数据模型
	有明确的定义	没有明确的定义
	定量数据	定性数据
	易访问、易分析	难获得、难分析
存在	关系型数据库、数据仓库等	NoSQL 数据库、数据湖等
分析方法	回归、分类、聚类	数据挖掘、自然语言处理、向量搜索
应用场景	在线预订、自动取款机等	语音和图像识别、文本分析等
例子	名字、日期、地址、电话等	电邮、健康记录、图片、音视频等

七、与数据相关的概念

（一）数值

数值指的是用数目表示量的多少；一个量用数目表示出来的多少，叫作这个量的数值。把数字写在某个单位前，用来表示一个具体属性的数量多少，表示一定的数值。例如，我国著名短跑运动员苏炳添在东京奥运会半决赛中，以 32 岁的“高龄”跑出 9.83 秒的成绩，获小组第一，这个成绩高居百米飞人世界排名第八位。这个“9.83 秒”即为数值。

（二）数字

数字是一种用来表示数的书写符号。不同的记数系统可以使用相同的数字，例如，十进制和二进制都会用到数字“0”和“1”。

数字分好几种，阿拉伯数字是最普遍的一种。罗马数字是在希腊数字的基础上形成的记数方法，“Ⅰ”表示“1”，“Ⅴ”表示“5”，“Ⅹ”表示“10”，“C”表示“100”，而“M”表示“1000”。

中文数字是以汉字的形式表示数字，有小写、大写两种。汉字中各个数字的小写是〇、一、二、三、四、五、六、七、八、九、十；对应的汉字大写为零、壹、贰、叁、肆、伍、陆、柒、捌、玖、拾。

第二节　信息

“信息”一词已经渗透到各个方面，但对于今天几乎所有人、所有领域都在使用的、作为信息社会基石的“信息”，还没有达成共识。

一、有关信息概念的探索

近几十年来，基于不同的学术背景，学者对“信息”提出了数百种的定义。其中，对于信息的定义最宽泛的是所谓本体论的定义。《中国大百科全书》对“信息”词条的解释为：信息泛指一切事物运动的状态和运动的方式，包括事物内部结构的状态和方式以及外部联系的状态和方式；从认识论意义上说，信息是关于事物运动状态和运动方式的反映。这个定义覆盖的范围很广，但解释性、规范性都不够严谨。

“影响力”最广泛的定义是将信息看作通信或控制过程消除的不确定性。美国数学家香农（C. E. Shannon）1948 年发表在《贝尔系统技术杂志》的一篇论文中，在讨论通信过程中信源信息量和信道容量的计算方法时，将信息熵定义为“随机不定性之差”，是用于消除随机不定性的东西，在随后的一篇论文《通信的数学理论》中有效地建立了电信系统中信息传输的优化模型。显然，没有包括信息的含义，没有包含其他信息外形的运动方式，香农所指的信息不是信息的恰当定义。

控制论的主要创始人维纳（Nobert Wiener）则认为“信息就是我们适应外部世界，并把这种适应反作用于外部世界的过程中，同外部世界进行交换的内容的名称”。显然，维纳的定义与香农相反，他认为信息的重点在于其意义。

此外还有不少信息的定义，不是只针对特定的信息类型，就是只定义特定的信息运动过程；有的则语焉不详、所指不确定。

二、信息的含义

要想定义信息，至少要满足三个要求：一是解释性，对各种称为信息的实体及其发生和发展具有解释能力，能统一归到这一定义下；二是规范性，满足信息定义的应该是具有共同特征的客观存在；三是等价性，定义的信息要与物质、能量和声明等在概念范畴和实际影响力上具有相似性。

满足上述要求的信息的定义是：信息是由载体与/或外壳所承载并表达的一切客观存在的含义。这里的含义是意义的同义词，对应的英文词是“Meaning”。

对这一定义，有以下几点说明：

第一，信息是含义、是内容，不是物质、能量、生命等任何载体；它的载体，也不是文字、声音、图像、核苷酸、神经元等任何表示它的形式性外壳，但载体和形式性外壳又是信息存在的必要条件。

第二，这里的客观存在包含物质、能量、生命和信息本身，因为如此定义的信息是一种区别于物质、能量和生命，又不为前述三者包含的另一类客观存在。

第三，这里所指的客观存在，既包括自然界也包括人类社会，既包括实体也包括过程，既包括个体也包括群体，既包括静态存在也包括各种简单或复杂形态的动态事件，既包括以信息形态表达出来的也包括将要以信息形态表达出来的，这里的“将要”没有时间长度的约束。

第四，这里所指的客观存在包括生物或非生物智能体创造物或生成物，无论这种创造物或生成物是以物质的方式存在还是以信息的方式存在。所谓生成物是指由智能体产生，但在有些定义中不构成创造的东西，如意识、记忆。

第五，这里所指的表示的客观存在含义，不仅是指其属性，还包括其功能；不仅包含功能是什么的含义，还包括功能如何实现的含义。

“一切客观存在”本身不是信息，只有这样的存在以一定的载体与/或外壳展示其含义的才是信息。物理或生命的过程与/或度量本身不是信息，而是存在；

但过程的反映和描述，度量过程及结果的描述、记录、方法及结果符合信息的定义。

三、信息的存在形态

含义、载体和形式性外壳结合在一起，成为信息的实际存在形态。信息的存在形态丰富多样。根据信息发生和发展的规律以及信息的利用，信息可以分成自在、自有和记录三类存在形态。

（一）信息的自在状态

自在态信息是指一切客观存在物，包括非生物体个体、非生物体群体、生物体个体和生物体群体在物理空间遵循物理规律，自行散发出的信息。

自在态信息与物理世界同生同在。时空无限，自在态信息无限；物质世界的物理力及其相互作用无处不在，所以自在态信息弥漫在物理空间中。自在态信息与生命世界同生同在。一切智能体创造物也是客观存在物，关于它的存在和运动也属于自在态信息。

没有信息，人们就观察不到事务的本来面目和运动状态、规律。自在态信息不能自然地转换为自有态信息或记录态信息，没被转换的信息，意味着在含义层面没有被使用，只是一种客观存在，没有进入信息增长和演进过程。

（二）信息的自有状态

自有态信息是指各种物体内含的信息。它包含两大类：一类是非生物体和生物体自身不能以含义运动变化为目的进行处理的内含信息，所有非生物体的内含信息均属于这一类；另一类是生物体、机器智能、信息系统自身可用的信息，即自有且自用的信息。本书涉及这一概念时，一般指第二类自有态信息。

（三）信息的记录状态

记录态信息是指对自在态信息和自有态信息通过一定的工具、用一定的载体记录下来，并能够为特定智能体群理解和使用的信息。

记录态信息是三种形态中最“年轻”的，经历了近万年持续发展，从结绳记事到维基百科，从泥板印刷到激光照排，记录态信息快速增长。“信息爆炸”

这个词指的就是记录态信息。记录态信息表现形式繁多，录音、录像、书籍、磁介质，文字、数据、音频等都是记录态信息。

（四）信息态的转换

信息态转换是指含义不变，载体与/或外壳发生了变化。信息三态间的转换是信息运动的重要组成部分，是信息发生和发展规律的一个重要内容，存在如下八种转换形式。

自在态→自有态。例如，人在走路时对周边观察经由视觉、听觉或触觉进入大脑，并在大脑中构成周边环境的图像，为下一步怎么走提供决策服务。

自在态→记录态。例如，城市道路监控、小区安全防护监控等。

自有态→记录态。例如，各种论文的写作，都是自有态信息转换为记录态信息。

自有态→自在态。例如，动植物生长过程中遗传信息决定动植物形状和生长主要特征的过程。

记录态→自有态。阅读是记录态信息转换为自有态信息的典型代表。

记录态→自在态。例如，写完的论文，不管是印刷体还是电子版，都是一个客观存在，又成为自在态信息的发生源。

自有态→自有态。即自有态信息之间的转换，例如，翻译，将主体不理解的语言翻译成可理解的语言。

记录态→记录态。即记录态信息之间的转换，例如，将各种记录信息转换为二进制，供计算机存储、处理和传输。

四、信息的一般属性

第一，信息没有质量、能量、固定形态，它是与物质世界、生物界和人类社会同步演进的客观存在。

第二，信息与承载信息的载体和表示信息的外壳存在可分又不可分的统一性。信息的本质是含义，作为含义，信息可以按照承载其的载体以及表示其含义的外壳分类，但含义本身不能独立存在，作为客观存在，信息又必须具备载体与/或表示含义的外壳，即使是自有态信息，也依赖于智能体具有相应功能的物理载体。

第三，信息在数量上既是无限的又是有限的。自在态信息是无限的，自有态和记录态信息是有限的。自在态信息只有变成自有态信息或记录态信息才可能被利用。所以，任何智能体及智能体集合能利用的信息总是有限的。

第四，信息间存在可表示的相互关系，语义信息间存在必然的客观关系。

第五，信息载体按物理与/或生命规律运动。信息的载体如果是物质形态，按照物理规律运动；如果是具有生命特征的载体，则按生命规律运动，遗传信息和认知信息都是如此。

第六，信息是智能的源泉和归宿。自在态信息从地球一诞生就弥漫于整个地球空间，35亿年前地球开始出现生命，自有态信息随之诞生。随着生产力的进步，记录态信息不断增加，人类处理、应用信息的能力持续增强，人类的智能水平及发展速度进入到前所未有的高度。在这个过程中，信息既是基础，又是推进器。

五、信息与数据的关系

信息表达的是事物运动的状态以及状态变化的方式，是指存在本身的全部属性的总和。这些属性包括事物存在的形式、形态、结构、性质等，是事物所具有的一切性质。

信息与数据既有联系，又有区别。数据是信息的表现形式和载体，可以是符号、文字、数字、语音、图像、视频等。而信息是数据的内涵，信息是加载于数据之上的，对数据作具有含义的解释。数据和信息是不可分离的，信息依赖数据来表达，数据则生动具体表达出信息。数据是符号，是物理性的；信息是对数据进行加工处理之后所得到的并对决策产生影响的数据，是逻辑性和观念性的。数据是信息的表现形式，信息是数据有意义的表示。数据是信息的表达、载体，信息是数据的内涵，二者是形与质的关系。数据本身没有意义，数据只有对实体行为产生影响时才成为信息。

【阅读材料】

一片叶子的信息旅行

我家几十年来，养了几盆四季报春花。稍有余闲，通过叶片看生长是否正常，这是该花在光线的作用下，不管你观察与否，无时无刻不在散发的信息。每年5月初，我会摘下几片叶子，或切几段带叶的茎重新种植，没几天，叶子就会长出根茎，萌出新叶，不断长大；到 12 月开花，来年 5 月再重栽，周而复始。这是遗传信息在发挥作用。

如果我把看到的过程记录下来，或用手机拍个照、录个像，则又产生了两个重要的信息类型：一是在大脑构思时形成，并在一定阶段保存在大脑中的信息；二是记录下来的书面信息，不管是写在纸上，还是记录在电脑或手机中。如果在栽种时，同时对该花的叶片进行基因组排序，把这种花的遗传基因及遗传机制用模拟和数字的方法科学、忠实地记录下来，那么这个过程将存在三种基本等同的信息：植物本身的生长过程信息、人的大脑中的信息和记录下来的信息。如果使用计算机进行处理，则还有以电路开关（0 或 1）的方式存在，但在含义上与前述三种信息等价的计算机存储信息。

（资料来源：杨学山．轮信息［M］．北京：电子工业出版社，2016：4.）

第三节　知识

知识是现代社会另一个常见的现象和常用的概念。从学习科学文化知识到知识经济，从“知识改变命运”到“知识就是力量”，等等，关于知识、涉及知识的说法各种各样，并不统一。

任何概念都存在于一定的联系之中，而不是互相孤立的。知识的概念也是如此。知识不是无源之水，知识来源于信息现象。因此，本节在讨论知识的概念时会涉及信息、经验等概念。

一、知识

（一）知识的定义

知识表达的是事物运动的状态以及状态变化的规律。可以这样认为，知识是经验的提炼和升华，它告诉人们：什么样状态的事物，会按照什么样的规律，变化成为什么样的新状态。

例如，在牛顿力学中，“$F=ma$”就是一个知识，它所表示的是这样一种事物运动状态及其变化的规律：质量为 m 的物体，受到大小为 F 的力的作用后会产生加速度为 a 的加速度运动。

再如，化学反应知识所表述的是关于由若干种物质（原始状态）化合成新物质（新状态）的规律；生物遗传工程学知识所表述的是父代（原有状态）如何衍生成子代（新状态）的规律；控制论所表述的则是一个系统如何由起始状态演进到目标状态的规律；等等。

因此，可以把知识定义和表达为：知识是认识主体所表述的“事物运动状态及其变化规律”。

（二）知识的分类

知识分类就是根据特定的需要和标准，通过比较，把人类的全部知识按照相同、相异、相关等属性划分成为不同类别的知识体系，以此显示其在知识整体中的应有位置和相互关系。按不同的标准和目的，知识有不同的分类。

美国俄亥俄州立大学将人类知识分成四类：

描述性知识：是描述现象或事件的知识，此种知识用以追求及建立现象或事件的事实，物理、化学、生物和社会等科学知识即属于描述性知识。

规范性知识：是判断现象或事件适切性、好坏、美丑的知识，此种知识用以追求现象或事件的价值与信念，如哲学、文学、美术、音乐等。

实践性知识：是对现象或事件采取适宜行动、实践的知识，此种知识用以追求有效的应用行动，如医疗、新闻、工程、设计和教育等，职业技术教育所探讨传授的知识亦属于实践性知识。

形式性知识：是统合所有知识的知识，如数学、语言及逻辑等知识。

随着知识经济理论的逐渐发展，经济合作与发展组织（OECD）也对知识进行了分类，在《以知识为基础的经济》一书中，“知识”被归纳为四种类型：事实知识（Know-what）、原理知识（Know-why）、技能知识（Know-how）和人力知识（Know-who）。

波普尔将人类知识划分为七大类：常识、经验性知识、神话故事和传说、科学知识、哲学、艺术知识、宗教。

二、和知识有关的概念

（一）经验

经验是人们在解决实际问题的过程中摸索出来的成功操作程序。一切经验都具有这样的共同特征：它能告诉人们什么样（状态）的事情应当用什么样的办法（状态变化的程序）去做才能可能达到目的（新状态）。经验一般是可以被借鉴的。

经验表达的是某种“事物运动的状态及其变化方式”。换句话说，经验也是信息，而且属于认识论的信息。不过，经验所表述的“事物运动的状态及其变化方式”不是本体论信息在人们头脑中的直接反映，而是经过人们实践、思考和整理之后所得出的“变化程序”。因此，可以把经验定义为：认识主题所表述的关于“如何改变事物运动状态及其变化方式”的程序。

原则上说，经验应当是可以重复使用的。只要所面临的问题及环境与经验的“源问题”及环境基本类似，经验的应用就可能取得成功。不过，由于经验的形成没有经过严格的论证，经验被应用的条件并不十分明确，经验本身的描述也不具备严格的标准。因此，经验的成功运用并没有严格的保证。

可见，一方面，经验在一定程度上具备了知识的潜质；另一方面，经验还不足以真正符合知识的标准。正是从这个意义上，人们往往也把经验称为“前知识”“潜在知识”“准知识”“欠成熟的知识”，或者干脆称为“经验型知识”。

（二）常识

与经验、知识密切相关的另一个概念是常识。常识，顾名思义，也应该是一种知识；但常识又不同于严格意义上的知识。所以常识的概念比较模糊，通常被理解为“普通人所拥有的普通知识”。然而，究竟什么人是“普通人”？什么知识是“普通知识”？仍是一个模糊的概念。

为此，这里把常识更具体地定义为“人们通过后天习得、几乎尽人皆知而且无须证明的经验和知识”。

这个定义表明，常识确实不同于严格意义上的知识，它包括三个基本特征：后天习得、尽人皆知和无须证明。因此，常识不仅可以来源于成熟的知识，而且可以来源于欠成熟的经验。这是因为，在知识和经验这两类集合中都有能够同时满足上述三个基本特征的部分。但需要注意的是，那些尽人皆知、“无须证明”的常识却不同于“本能知识”，因为常识不是人们与生俱来的先天产物，而是后天习得的结果。

（三）策略

策略是另一个与知识有密切关系的概念。与信息是知识的“原材料”不同，策略是知识的“下游产品”，是知识的发展走向，即知识生成了策略。

策略，简言之，就是在了解相关规律的基础上所形成的关于如何改变问题的状态才能达到目标的对策与方略，包括在什么时间、什么地点、遵循什么规则、由什么主体采取什么行动、按照什么步骤、达到什么目标等一套具体而完整的行动规划、行动步骤、工作方式和工作方法。

策略要告诉人们的是：面对具体的问题（事物的原始状态），应当按照什么方法和步骤（状态变化的方式），才能把问题的原始状态一步一步地转变为目标状态，使问题得到圆满的解决。它的前提，是对问题的本质规律的认识。

对照信息的定义不难发现，策略也是一种特殊的信息，可被称为策略信息。不过，策略信息既不是天然的本体论信息，也不是一般的认识论信息，而是由认识主体运用经验与知识所生成的用以求解问题的高级信息产物。对照知识的定义，我们同样也可以说，策略是一种特殊的知识，一种用来求解问题的知识，可被称为策略知识。因为策略用来满足“是由信息加工出来的反映事物本质及其运动规律的抽象产物”，否则就不能用其来求解问题。不过，这种策略知识又和一般的知识很不相同，策略知识是和求解的具体问题以及求解的具体目标紧紧联系在一起的特殊知识。如前所说，信息回答的问题是“是什么”（What），知识回答的问题是“为什么”（Why），而策略回答的问题是“怎么做”（How）。

还需要注意的是，主体所生成的策略信息必须能够用来有效地解决问题。因此，策略既要体现主体的目标要求（否则就没有意义），又要符合客观规律（否则就不可能实现）；策略是主体的目标要求与问题的客观规律两者的巧妙结合。从这个意义上可以认为，策略是智能（智慧能力）的集中体现，是智能的核心，可以被称为“核心智能”或“狭义智能”。正因为如此，人们往往在策略一词的前面冠以“智能”的修饰，称为“智能策略”。甚至在不需要严格区分的时候就把“智能策略”简称为“智能”。

三、知识与数据、信息的关系

（一）知识与信息的关系

信息表达的是事物运动的状态以及状态变化的方式，知识表达的是事物运动的状态以及状态变化的规律。因此，由信息生成知识的归纳过程本质上就是一个由个别事物运动状态的具体变化“方式”升华为一类事物运动状态的普遍变化

“规律”的抽象化过程，即“飞跃”过程。

一般来说，知识的生成有两条基本途径。一条途径是从实践中逐步积累，把所观察到的现象的共性核心升华为概念，把所积累经验的精华上升成为理论；另一条途径是由已有的知识通过推断产生新知识，这是由抽象到抽象的过程，在逻辑上称为演绎。

从知识生长的历史进程来说，起初，因为没有知识或者只有很少的知识，人类只能通过归纳途径一点一滴地进行积累；一旦积累的知识多了，就有可能触类旁通，通过演绎的途径从原有的知识推演出新的知识。所积累的知识越丰富，推演的能力就越强，演绎途径在整个知识获取的过程中所起的作用就越大。

但是从发现新知识来说，无论演绎怎样重要，归纳永远是最基本的途径，并且是具有永恒生命力的途径。通常情况下，机器可以较好地执行演绎性的推理，但是机器执行归纳性的推理却相当困难，这是因为“归纳”需要经历从个别到一般、从具体到抽象的“飞跃”过程。

（二）信息、知识和策略的关系

对照认识论中的信息、经验、知识的定义可以看出，在人类认识外部世界的活动中，它们之间存在着深刻的联系：

（1）认识论中的信息、知识、策略都是认识论范畴的概念，这是它们的宏观共性。

（2）认识论中的信息、知识、策略所表述的，都是认识主体所反映和表述的“事物运动状态及其变化”，这是它们之间的微观共性。

（3）认识论中的信息是认识主体所表述的“事物运动状态及其变化方式”，知识是认识主体所表述的“事物运动状态及其变化规律”，策略是根据“事物运动状态及其变化规律”而设计的“控制事物运动状态及其变化方式的程序和规则”。这是它们之间的微观个性。

就信息、知识和策略的关系而言，认识论中的信息是主体所表述的个别具体事物的运动状态及其变化方式，知识是主体所表述的一类共性事物的运动状态及其变化规律，策略是主体所表述的事物（被控对象）应当遵循的运动状态及其变化方式。个别具体事物的运动状态及其变化方式属于“现象”的范畴，一类事物的运动状态及其变化规律属于“本质”的范畴，而事物应当遵循的运动状态及其变化方式则属于“规律应用”的范畴。由此可见，由信息到知识的演进，就是由现象到本质的飞跃；由知识到策略的转换，则是由对本质的认识到对规律的运用的飞跃。这是人类认识过程的两个“质的飞跃”，是认知过程获得升华和实践过程获得成功的标志。

第四节　智能

人类关于智能的探索源自哲学。“哲学”一词在希腊文中的原意就是“爱智慧”。生物进化对智能研究有着十分重要的启示。在数十亿年的时间长河里，最基本的光能或碳、氢、氧等物质的摄入、分解，形成代谢能力；从最简单的只有几组基因的遗传过程到所有生物遗传功能的实现，从代谢、遗传的控制到整个生命过程及行为的控制，直接展示了智能进化惊人成果后面反复而又简单的过程。

生物学、动物行为学、神经科学、认知神经科学、脑科学、心理学等一系列学科的研究成果，为理解生物智能提供了各方面的基础材料、事实和重要结论。

非生物智能的进化从最简单的加工过的木棍、石块开始，始终与人的智能进化和人类社会的进步高度正相关。非生物智能产生和发展依赖于人，但具有独立性。从简单工具到机械系统，从人力、机械式计算工具到电子计算工具，从具有数据处理能力的机械、自动化系统，到智能系统，非生物智能的进化同样环环相扣，缺一不可。

一、智能的定义

《现代汉语词典》对智能的定义是：人认识、理解客观事物并运用知识、经验等解决问题的能力，包括记忆、观察、想象、思考判断等。皮亚杰、加德纳等著名心理学家均持这一观点。

《不列颠百科全书》对智能（intelligence）的解释是：一种心理品质，它体现了一个人通过经验学习的能力，对新环境适应的能力，理解和运用抽象概念的能力；并做了进一步解释，“智力理论的流派虽多，但一致的观点认为，智力是一种具有生物学物质基础的心理潜能，而不是一种熟练掌握的技能。智力是被个人的经验和学习（源于生活）塑造过的中枢神经系统（源于遗传）的功能活动，是一个先天遗传和后天学习的混合物”。

本书对智能的定义是：主体适应、改变、选择环境等各类行为能力，也可以简化为智能是智能主体的行为。

定义中的主体包括生物体和非生物体；但是，并非所有的非生物体都具有智能，只有具备实现定义规定的行为的，才是智能主体。因此，简单工具和由人操作的机械，与人一起构成主体，不是独立的主体。数字机械、自动化生产线、人工智能系统、机器人等能够独立完成一定行为且没有自我的智能主体，被称为非生物智能客体。

定义中的行为包括具有物理运动的行为和不具有物理运动的行为；学习、思维、研究等心理或神经系统内的行为也包括在内此定义将生物体的精神和物理行为统一了起来，将非生物体智能系统的信息和物理统一了起来。

定义中对智能行为的描述，沿袭了麻省理工学院《MIT 认知科学百科全书》的定义，并有所调整：强调的是主体的行为，增加了“等各类行为”一项，意在强调其普遍性。如果将环境和适应、改变、选择的解释泛化，可以延伸到所有智能主体的行为，本书为了明确表达定义包含了各类主体的所有行为，所以做了调整。

本书对智能的定义对行为和能力没有做正确还是错误、水平高或是低、输还是赢、逻辑和算法的复杂性等的界定。这就是说，无论对错、无论高低、无论输赢、无论是否采用逻辑推理或算法，主体的行为都属于智能范畴。例如，AlphaGo 与人类围棋棋手的对弈是在特定场景、特定任务下的智能行为，与胜负无关，与主体的生命特征无关。

本书对智能的定义将智能行为的目的采用了隐含的方式。定义包括了主体无目的的行为，但又把有目的的行为放在优先的位置。一般来说，主体的“适应、改变和选择环境”行为都是为了主体的生存和发展，都是有目的的；但随着技术的发展，智能主体的无目的行为一定会增加，因此，不能根据有无目的，判断相同的神经活动过程和运动控制过程为智能或非智能。

本书对智能的定义对智能的进化和发展特征也采用了隐含的方式。智能主体是进化和发展的。现代人的智能源自几十亿年前的原始生命体；非生物智能源自人类智能，又有特定的进化规律。在一个生命周期，智能是发展起来的。生物主体的学习过程，非生物主体的信息和功能增长过程，都说明了任何主体的智能存在发展环节。

本书对智能的定义包含了各类主体的各类行为，可以覆盖所有场景或语境下的智能。很多对智能的定义或人们对智能的理解，或多或少带有专指性，特指自己认为的行为是智能。但如果把这些特指汇总，就接近于所有智能主体的行为。

二、智能的主要属性

（一）多类型

智能不是一种类型，而是可以根据不同的研究或应用目的，即按不同的标准或维度，划分出很多类型。

（二）多主体

智能的定义决定了智能的主体是多元的，既有生物体和非生物体，又有生物体主导、非生物体参与，或非生物体主导、生物体参与的组合主体，还有多主体共同完成的智能行为。这些模式都已经存在，在未来的发展中，还会演变出更复杂的主体形态。

（三）独立客体

对知识、工具独立性的研究，在一定程度上从理论角度说明了智能的独立性。生物智能及工具系统的进化，从历史发展实践角度，也为智能的独立性提供了实证。

（四）依赖

智能的进化和发展依赖于生命进化过程和信息能力发展过程。生命的进化和信息空间的发展又依赖于智能的进化和发展。生命、信息、智能三者既相互独立又相互依赖的进化过程，形成了独特的、区别于物理世界的发展规律。

（五）进化

进化是指超越个体生命周期，在一段历史过程中的发展。进化是智能的基本属性。没有进化，智能必然停滞在某个初级阶段。这个初级阶段，也许是细胞之前的某种能力，也许是高等植物或动物的某种能力，也许是现代人之前的原始人类，也许是简单工具的时代。任何一个阶段都是有可能的。智能既与生物进化同步，又超越了生物智能的自然进化过程。分析语言、文字、印刷术、互联网等人类文明的进展，给智能带来的是飞速发展，但对生物体而言只有十分缓慢的进化。

（六）发展

自从语言文字产生之后，人的认识能力不断提升，或者说后一代人常常拥有比前一代人更丰富的知识和问题处理能力。同时代的人，因为所处的环境不同、从事的职业不同而导致智能行为类型和水平不同。在非生物智能领域，具有学习和完善功能的系统会持续提升。智能主体在一个生命周期内行为能力的提升，就是智能的发展。

（七）目的

尽管存在无目的的智能行为，但智能的进化以及发展源自主体的目的，有目的的智能行为维持着社会的运转、推动着社会的进步。目的性内生于主体性中。

（八）评价

独立性和客观性，使智能揭下了神秘的面纱，给评价带来了便利。评价主要分析的是智能行为的成熟度，其推动智能发展与人类社会需要解决的问题结合起来。

三、智能的构成要素

（一）主体

主体性是所有智能主体的共有特征。主体性是一个抽象概念，不是具体的行为，所有的行为都由主体的功能执行。主体性包括三个核心要素：拥有自我和意识、拥有资源、拥有自身行为的控制能力。

第一，拥有自我和意识是主体性的第一个要素，是指主体必须将自己的生存作为第一要务，必须有自己的意识和目的。对于主体性而言，意识的核心是自身对价值和目的的判断。

第二，作为智能主体，必须拥有与承担的智能任务相匹配的资源；对于有条件的主体，还应该围绕目的自觉地拓展资源。拥有资源，是主体性的第二个要素。资源包括三个方面：与承担智能任务一致的生存条件、学习资源和行为资源。

第三，作为智能主体，应该拥有控制自身行为的能力。尽管失控的行为，从功能上看也是智能行为，但不符合主体的价值和意志。控制力是指对非正常及非理性行为的约束，减少或不发生与主体意愿相悖的行为，或者说防止失控。控制能力是主体性的必要构成部分。

（二）功能（控制、行为、信息处理）

智能要素中最复杂的是功能，它囊括了实现智能行为的所有功能。这些功能可分成三类，可称为功能三要素：①体现主体意志的决策和控制；②所有行为功能；③所有信息处理功能。

第一，决策和控制的功能。它包括各类智能主体在各种智能任务场景下的认知控制和行为控制。

第二，行为的功能是指各类智能主体完成各种智能任务的操作，包括实现控制功能和信息功能的操作。

第三，信息的功能是各类智能主体完成智能任务时，所需信息（从分析信息需求开始到问题求解时使用的）的全部处理功能。

（三）信息（完整性、结构性、可用性）

信息是智能的基础，没有信息就没有智能。信息是智能的起点和智能发生发展必不可少的材料。

决定信息在智能中作用的有三个要素：完备性、结构性、可用性。

完备性由形态、获取、增长三个部分构成，表示的是针对智能任务的信息是否具有系统性和完整性，以及问题求解所需信息的满足程度；是指针对一个智能事件或任务所涉及的对象，描述的信息是否完整，是否能够满足问题求解过程中对信息的需求。

结构性由表征和结构两部分组成，表示的是主体拥有或使用的信息表征方式和与使用要求相比的结构化程度和形式。

可用性，是指针对一个智能事件或任务的问题求解过程的各项操作，是否能够有效使用主体所拥有的信息。它由对象、转换、信息处理功能描述和主体性体现描述四个部分组成，表示的是信息如何满足主体具体的智能任务使用需求。

四、人工智能

（一）人工智能的发展沿革

1956年夏，以麦卡赛、明斯基、罗切斯特和香农等为代表的一批有远见卓识的年轻科学家在一起聚会，共同研究和探讨用机器模拟智能的一系列有关问题，并首次提出了“人工智能”这一术语，它标志着“人工智能”这门新兴学科的正式诞生。IBM公司“深蓝”电脑击败了世界国际象棋冠军更是人工智能技术的一个典型案例。

从1956年正式提出人工智能算起，几十年来，人工智能取得了长足的发展，成为一门广泛的交叉和前沿科学。总的说来，人工智能的目的就是让计算机能够像人一样思考。如果希望做出一台能够思考的机器，那就必须知道什么是思考，更进一步地讲就是什么是智慧。什么样的机器才是智慧的呢？能不能模仿人类大脑的功能呢？到目前为止，我们也仅仅知道这个装在我们头上的大脑是由数十亿个神经细胞组成的器官，我们对这个东西知之甚少，模仿它或许是天下最困难的事情了。

当计算机出现后，人类开始真正有了一个有可能模拟人类思维的工具，在以后的岁月中，无数科学家为这个目标努力着。如今人工智能已经不再是几个科学家的“专利”了，全世界几乎所有大学的计算机系都有人在研究这门学科，在大家不懈的努力下，如今计算机似乎已经变得十分“聪明”了。例如，1997年5月，IBM公司研制的“深蓝”（DEEP BLUE）计算机战胜了国际象棋大师卡斯帕罗夫。大家或许不会注意到，在一些地方计算机帮助人们进行原来只属于人类的工作，为人类发挥着它的作用。人工智能始终是计算机科学的前沿学科，计算机编程语言和其他计算机软件都因为有了人工智能而得以发展。

（二）人工智能的概念

人工智能就是人造机器所拥有的智能。

具体来说，人工智能是指针对人类设计者给定的问题、领域知识、目标等初始信息，机器提取求解问题所需要的专门知识，进而在目标引导下运用信息和专门知识来制定求解策略，并把策略转化为行为，从而解决问题、实现目标。

与之前给出的“智能”概念比较可以看出，一方面，智能和人工智能二者是相通的，表现在二者都要通过获取信息、提取知识和在目标引导下制定策略解决问题。另一方面，它们之间又存在原则上的差别：人工智能中的机器没有自身固有的目的和知识，因此机器本身不能自主地发现和定义问题及预设求解目标，它的问题、知识和目标都是人类设计者事先给定的，机器只能在人类给定的框架内解决问题。

（三）人工智能的相关内容

人工智能的实际应用包括：机器视觉，指纹识别，人脸识别，视网膜识别，虹膜识别，掌纹识别，专家系统，自动规划，智能搜索，定理证明，博弈，自动程序设计，智能控制，机器人学，语言和图像理解，遗传编程，等等。

人工智能的学科范畴：人工智能是一门边缘学科，属于自然科学和社会科学的交叉学科。

人工智能所涉及的学科：哲学和认知科学，数学，神经生理学，心理学，计算机科学，信息论，控制论，不定性论，等等。

人工智能的研究范畴包括：自然语言处理，知识表现，智能搜索，推理，规划，机器学习，知识获取，组合调度问题，感知问题，模式识别，逻辑程序设计软计算，不精确和不确定的管理，人工生命，神经网络，复杂系统，遗传算法。

（四）人工智能的研究方法

如今没有统一的原理或范式指导人工智能研究，在许多问题上研究者都存在争论。其中几个长久以来仍没有结论的问题是：是否应从心理或神经方面模拟人工智能？是否像鸟类生物学对于航空工程一样，人类生物学对于人工智能研究是没有关系的？智能行为能否用简单的原则（如逻辑或优化）来描述？还是必须解决大量完全无关的问题？

智能是否可以使用高级符号表达，如词和想法？还是需要“子符号”来处理？John Haugeland 提出了 GOFAI（出色的老式人工智能）的概念，也提议人工智能应归类为“Synthetic Intelligence”，这个概念后来被某些非 GOFAI 研究者采纳。

大脑模拟：20 世纪 40—50 年代，许多研究者探索神经科学、信息理论及控制论之间的联系。其中还造出一些使用电子网络构造的初步智能，如 W. Grey Walter 的 Turtles 和 Johns Hopkins Beast。这些研究者还经常在普林斯顿大学和英国的 RATIO CLUB 举行技术协会会议。直到 1960 年，大部分人已经放弃这个方法，尽管后来在 80 年代再次提出这些原理。

符号处理： 20 世纪 50 年代，数字计算机研制成功，研究者开始探索人类智能是否能简化成符号处理。研究主要集中在卡内基梅隆大学、斯坦福大学和麻省理工学院，各自有独立的研究风格。John Haugeland 称这些方法为 GOFAI。60 年代，符号方法在小型证明程序上模拟高级思考有很大的成就，而基于控制论或神经网络的方法则被置于次要位置。60—70 年代的研究者确信符号方法最终可以成功创造强人工智能的机器，同时这也是他们的目标。

认知模拟经济学家赫伯特・西蒙和艾伦・纽厄尔研究人类问题解决能力和尝试将其形式化，同时他们为人工智能的基本原理打下基础，如认知科学、运筹学和经营科学。他们的研究团队使用心理学实验的结果开发模拟人类解决问题方法的程序。这方法被卡内基梅隆大学沿袭下来，并在 80 年代于 SOAR 发展到高峰。基于逻辑，与艾伦・纽厄尔和赫伯特・西蒙不同，John Mccarthy 认为机器不需要模拟人类的思想，而应尝试找到抽象推理和解决问题的本质，不管人们是否使用同样的算法。他在斯坦福大学的实验室致力于使用形式化逻辑解决多种问题，包括知识表示、智能规划和机器学习。致力于逻辑方法研究的还有爱丁堡大学，进而促成欧洲的其他地方开发编程语言 Prolog 和逻辑编程科学。“反逻辑”斯坦福大学的研究者（如马文・闵斯基和西摩尔・派普特）发现，要解决计算机视觉和自然语言处理困难的问题，需要专门的方案，他们主张不存在能够应用于所有智能行为的简单且通用的原理（如逻辑）。Roger Schank 描述他们的“反逻辑”方法为“scruffy”（芜杂）。常识知识库（如 Doug Lenat 的 Cyc）就是“scruffy” AI 的例子，因为他们必须人工一次编写一个复杂的概念。大约在 1970 年，出现了大容量内存计算机，研究者分别以三个方法开始把“知识”构造成应用软件。这场“知识革命”促成专家系统的开发，这是第一个成功的人工智能软件形式。“知识革命”同时让人们意识到许多简单的人工智能软件可能需要大量的知识。

子符号法： 20 世纪 80 年代符号人工智能停滞不前，很多人认为符号系统永远不可能模仿人类所有的认知过程，特别是感知。很多研究者开始关注子符号方法以解决特定的人工智能问题。

“自下而上”、接口 AGENT、嵌入环境（机器人）、行为主义、新式 AI 机器人等领域相关的研究者，如 Rodney Brooks，否定符号人工智能而专注于机器人移动和求生等基本的工程问题。他们再次关注早期控制论研究者的观点，同时提出了在人工智能中使用控制理论。这与认知科学领域中的表征感知论的观点是一致的：更高的智能需要个体的表征（如移动、感知和形象）。20 世纪 80 年代中期，

David Rumelhart 等再次提出神经网络和联结主义，这和其他的子符号方法，如模糊控制和进化计算，都属于计算智能学科研究范畴。

统计学法： 20 世纪 90 年代，人工智能研究发展出复杂的数学工具以解决特定的分支问题。这些工具是真正的科学方法，即这些方法的结果是可测量和可验证的，同时也是人工智能成功的原因。共用的数学语言也允许已有学科的合作（如数学、经济或运筹学）。Stuart J. Russell 和 Peter Norvig 指出，这些进步不亚于“革命”和“neats”① 的成功。有人批评这些技术太专注于特定的问题，而没有考虑长远的强人工智能目标。

集成方法： 智能 Agent 是一个会感知环境并作出行动以达到目标的系统。最简单的智能 Agent 是那些可以解决特定问题的程序，更复杂的 Agent 包括人类和人类组织（如公司）。智能 Agent 可以让研究者研究单独的问题和找出有用且可验证的方案，而不需依靠单一的方法。一个解决特定问题的 Agent 可以使用任何可行的方法，例如，一些 Agent 用符号方法和逻辑方法，一些则采用子符号神经网络或其他新的方法。智能 Agent 同时也给研究者提供一个与其他领域沟通的“共同语言”，如决策论和经济学（也使用 Abstract Agents 的概念）。20 世纪 90 年代智能 Agent 被广泛接受。Agent 体系结构和认知体系结构研究者设计出一些系统来处理多 Agent 系统中智能 Agent 之间的相互作用。一个系统中包含符号和子符号部分的系统称为混合智能系统，而对这种系统的研究则是人工智能系统集成。分级控制系统则给反应级别的子符号 AI 和最高级别的传统符号 AI 提供“桥梁”，同时放宽和缩短了规划和世界建模的时间。Rodney Brooks 的 Subsumption Architecture 就是一个早期的分级系统计划。

（五）人工智能的实现方法

人工智能在计算机上实现时有两种不同的方式。

一种是采用传统的编程技术，使系统呈现智能的效果，而不考虑所用方法是否与人或动物机体所用的方法相同。这种方法叫工程学方法（Engineering Approach），它已在一些领域内做出了成果，如文字识别、电脑下棋等。

---

① Neat AI 与 Scruffy AI 即“整洁”和“邋遢”，是两种不同类型的人工智能（AI）研究的标签。Neat AI 是基于符号系统的智能，是基于贝叶斯公式的逻辑推理和概率模型。Neats 认为解决方案应该是优雅的、清晰的和可证明为正确的。Neat AI 的理论完备，但在实际应用中非常困难。Scruffy AI 有着非常强大的分类能力，且 Scruffies 认为，智能过于复杂（或计算上难以处理），无法用 Neat AI 通常要求的同类系统来解决。

另一种是模拟法（Modeling Approach），它不仅要看效果，还要求实现方法也和人类或生物机体所用的方法相同或相类似。遗传算法（Generic Algorithm，GA）和人工神经网络（Artificial Neural Network，ANN）均属后一类型。

遗传算法模拟人类或生物的遗传进化机制，人工神经网络则是模拟人类或动物大脑中神经细胞的活动方式。为了得到相同的智能效果，两种方式通常都可使用。采用前一种方法，需要人工详细规定程序逻辑。如果“游戏”简单，制定程序还是轻松的。如果“游戏”复杂，角色数量和活动空间增加，相应的逻辑就会很复杂（按指数式增长），人工编程就非常烦琐，容易出错；而一旦出错，就必须修改源程序，重新编译、调试，最后为用户提供一个新的版本或提供一个新补丁。

采用人工神经网络时，编程者要为每一角色设计一个智能系统（一个模块）来进行控制，这个智能系统（模块）开始什么也不懂，就像初生婴儿那样，但它能够学习，能渐渐地适应环境，应付各种复杂情况。这种系统开始也常犯错误，但它能吸取教训，下一次运行时就可能改正，至少不会永远错下去，不用发布新版本或打补丁。利用这种方法来实现人工智能，要求编程者具有生物学的思考方法，入门难度大；但一旦入了门，就可得到广泛应用。由于这种方法编程时无须对角色的活动规律做详细规定，在解决复杂问题时，通常会比遗传算法更省力。

第五节　其他相关概念

在数字时代，除了以上的数据、信息、知识和智能等核心概念外，围绕数字技术，还有一些有关的概念，在此选取一些作简单介绍。

一、数据化、信息化和数字化

（一）数据化

数据化是将均匀、连续的数字比特结构化和颗粒化，形成标准化的、开放的、非线性的、通用的数据对象，并基于不同形态与类别的数据对象，实现相关应用，开展相关活动。

数据化是中文中独有的一个重要概念，它是在电子化、信息化、计算机化和网络化等术语之间自然出现的。在很多情景下，数据化的概念经常与量化、数值化的概念相混淆，但实际上，数据不是指狭义的数量值，而是指可以对应于各种信息对象的、数字比特的结构化集合。

数据化的核心内容是对大数据的深刻认识和本质利用。数据代表着对某一件事物的描述，通过记录、分析、重组数据，实现对业务的指导。数据化最直观的表现形式就是企业各式各样的报表和报告，形成标准化的、开放的、非线性的、通用的数据对象，并通过智能分析、多维分析、查询回溯，为决策提供有力的数据支撑。

（二）信息化

信息化通常指现代信息技术应用，特别是促成应用对象或领域（如企业或社会）发生转变的过程。例如，“企业信息化”不仅指在企业中应用信息技术，更重要的是深入应用信息技术所促成或能够达成的业务模式、组织架构乃至经营战略转变。“信息化”用作形容词时，常指对象或领域因信息技术的深入应用所达成的新形态或新状态。例如，“信息化社会”指信息技术应用到一定程度后所形成的社会形态，它包含许多只有在充分应用现代信息技术时才能达成的新特征。

在《2006—2020 年国家信息化发展战略》中，信息化被表述为：“信息化是充分利用信息技术，开发利用信息资源，促进信息交流和知识共享，提高经济增长质量，推动经济社会发展转型的历史进程。”

（三）数字化

数字化，简单来说就是将许多复杂多变的信息转变为可以度量的数字、数据，再为这些数据建立起适当的组合运行模式，把它们转变为二进制代码，引入计算机内部进行统一处理的过程。①

数字化是指将信息转换成数字（便于电脑处理，通常是二进制）格式的过程，将一个物体、图像、声音、文本或者信号转换为一系列由数字表达的点或者样本的离散集合表现形式。其结果被称作是数字文件，或者更具体一点，数字图像、数字声音等。在现代实践中，数字化的数据通常是二进制的，以便于计算机

① 曾祥基．数字化管理述论［J］．成都大学学报（自然科学版），2001（1）．

进行处理。但严格来说，任何把模拟源转换为任何类型的数字格式的过程都可以叫作数字化。

数字化对于数据处理、储存和传播至关重要，因为它“可以让所有种类所有类型的数据在相同的格式下混合传输”。不同于在传输过程中会受损的模拟格式，数字格式在理论上可以无限传输而没有任何损失，也因此成为了世界上许多组织保存信息的方式。

二、算法

（一）算法的定义

关于算法的定义，目前还没有统一的标准。以下是不同领域所用到的算法的定义：

人对特定事情理解→机器可理解并执行模型与代码。

其核心是靠海量数据不断学习优化决策，所依靠的是大数据。

在商业语境下，算法就是一组反映了产品逻辑和市场机制的计算指令集合，是按照设定程序运行以获得理想结果的一套指令。

算法是运用数学和统计学方法和技巧，用计算机语言编写的解决某一类问题的步骤。

在现有研究中，将“算法”定义为：“a process or set of rules to be followed in calculations or other problem-solving operations, especially by a computer.”（算法是一个处理过程或一套规则，它在计算中或其他解决问题的操作中得以被遵循，尤其是指计算机。）

算法就像个黑箱，“吞进”数据，“产出”信息、知识。

从以上的定义和描述中可以看出，有关算法的定义，主要集中在计算机科学和技术领域，更多的是指计算机在处理一个问题时所依据的方法、原理和处理过程。从这个意义上讲，算法和策略、解决方案、决策原理和过程等比较类似，但算法的定义中更多涉及“数”，其含义也更多地围绕“数”展开，也更多地涉及数据、数据分析、算力。

算法的概念是大数据和云计算逐步在商业活动中，特别是商业决策中得到应用后所出现的，具有鲜明的数字时代特征。

综上所述，本书把算法的定义概括为：在数字时代，随着互联网、大数据、云计算等技术的迭代创新和快速扩散，社会生活中越来越多的事务依靠大量的数据进行决策；在这种情况下，围绕决策问题，用大数据分析的方法，对积累、收集到的大数据进行分析，进而从庞大的数据量中找出特征、揭示原因，为后续决策提供支持的系列工作过程。

（二）算法的性质

数据性。即算法的基础是数据，是围绕数据展开的。这与以往的类似概念，如策略、解决方案等，形成了鲜明的差异。数据是算法的基础。

有穷性。算法是一个过程，包含很多操作步骤，但这些步骤是有限的，算法能在执行有限个步骤之后终止。

确切性。算法工作过程中的每一步须有确切的定义、明确的目标和清晰的功能。

输入项。算法有 0 个或多个输入，以刻画运算对象（决策对象、决策问题）的初始情况，0 个输入指算法本身给定初始条件。

输出项。算法具有一个或多个输出，以反映对输入数据加工后的结果。

可行性。算法中执行的任何计算、分析步骤，都是可以被分解为基本的可执行的操作步骤，即每个计算步骤都可以在有限时间内完成（也称之为有效性）。

三、颗粒度（粒度）

（一）颗粒度的定义

颗粒度（Granular）是指，为了清晰而工作。也可以理解为，颗粒度＝颗粒－清晰度。

为了充分理解这个词的含义以及它所包含的所有内容，最好从视觉隐喻的角度来考虑这个词：

总结来说，颗粒度是指具体的详细和清晰程度。

颗粒度越细，表示细节越详尽，越有助于了解事情的全貌；颗粒度越粗，表示细节越少，更多的是抽象概括。

（二）颗粒度的性质

颗粒度越细，其能够表示的对象的细节就越多，清晰度越高，越有助于消除认识对象的模糊性，有利于对对象细节的把握。

反之，颗粒度越粗，其表示对象的细节就越少，清晰度越低，越偏向于概括性的整体。

例如，学习某门课程，就是不断增加对该课程的颗粒度的过程：从最开始对有关该课程的意义、研究对象、研究方法等粗颗粒度的了解开始，通过学习该门课程的概念、原理等，逐渐将这门课程分解为细的颗粒度加以掌握。当一门课程的知识点（细颗粒度）学习完后，就会获得对于该门课程的总体（粗颗粒度）的认知。

因此，掌握一门知识的过程就是：**粗颗粒度→细颗粒度，细颗粒度→粗颗粒度。**

（三）应用场景

颗粒度的概念可以用于很多方面，以下列举两类：

第一，颗粒度可以用于时间管理。例如，一个企业家的时间管理可能是按分钟计划的，而小朋友每天的活动可能是按小时来计划和安排的。

第二，颗粒度可以用于客户细分管理。例如，企业中进行的客户分类中，如果 A 企业是按照粗颗粒度划分，可能只按照一个指标划分，如按性别，客户可以分为男、女；而 B 企业采用三个指标的细颗粒度划分，如性别、年龄段、是否有收入，则其客户可以分为如表 2-2 所示的几类。

表 2-2　指标的细颗粒度客户细分

男客户			女客户		
低收入	中等收入	高收入	低收入	中等收入	高收入
青年	青年	青年	青年	青年	青年
中年	中年	中年	中年	中年	中年
老年	老年	老年	老年	老年	老年

四、场景

“场景”本来是一个影视用语，指在特定时间、空间内发生的行动，或者因人物关系构成的具体画面，是通过人物行动来表现剧情的一个个特定过程。从电影角度讲，不同的场景代表一个小的、完整的情景，正是不同场景编排、连接组成了一个完整的故事。不同场景，意义大不一样。

随着互联网各种应用的兴起，“场景”这个词很快被应用到其中，常常表现为在网络中进行游戏、社交、购物、开会、处理个人事物等的一种形态。

场景的构成要素通常包括：

- 人：客户、消费者……
- 时间：出家门前、上班途中、上班、下班途中、在家……
- 空间：家、交通工具、单位、聚会、逛街场所、出差……
- 事由：上班工作、出差、打游戏、听歌、买东西、会谈、吃饭……

在互联网商业环境中，场景是对客户、用户的一种更细颗粒度上的细分，是一种更加碎片化的“切割”。

以前，限于数据获得、数据分析和处理等技术的限制，对客户、用户只是一种粗糙的分析。例如：小王，男，大学本科刚毕业，初入职场，从事初级的编程工作，租房住，由此得到的小王的用户画像是模糊的、粗线条的。现在有了场景的概念后，就可以对小王做更加细致的划分：除了按照传统的人口统计指标分析，如年龄、性别、收入等，还可以通过场景来“描画”小王，例如，按照场景区分，可以分为几个不同的“小王”：

- 早晨起床“场景”中的小王（1）
- 上班途中“场景”中的小王（2）
- 上班工作“场景”中的小王（3）
- 朋友聚会“场景”中的小王（4）
- 晚上在家休闲、打游戏“场景”中的小王（5）
- 晚上在家学习编程知识“场景”中的小王（6）

很明显，以上不同场景中的小王，其状态、需求是不同的，所需要的服务也是不同的。企业据此可以提供给小王不同场景的产品和服务。

在中国文化中，对于这种场景变化引起了古今中外很多人的关注，他们用各种丰富的文字来表达这些变化，形成了语言中“一道别样的风景”。例如，“此一时，彼一时”，“三十年河东，三十年河西”，“物是人非”，“年年岁岁花相似，岁岁年年人不同”，“好汉不提当年勇”，“好花不常开，好景不常在”，“刻舟求剑”，“翻脸比翻书还快”，等等。

对于企业而言，找到了场景，定义了场景，就是定义了一种需求，也就定义了一种产品；接下来，就是通过运营管理，把产品做出来，交付给用户。在数字经济时代、万物互联时代；产品会被场景替代。因此，数字时代，对于场景的发掘、定义的能力，是考验一个企业是否掌握了数字化运营和管理的一个重要指标。

五、碎片化

碎片化是指人类在进入计算机信息时代以后，特别是进入移动互联时代后，由于手机作为终端智能的功能越来越强大，其上下行的网络速度很快，手机上的各种应用程序种类繁多，功能多样，造成了人们可以随时随地使用手机连接网络，通过各种 App 实现各种应用，如查看、编辑、回复邮件，看网络视频，与家人朋友视频通话，和别人联网打游戏，登录电商平台浏览、购买自己中意的商品，阅读电子书，连线进行网络会议等。这极大地压缩了以往需要很长时间才能完成一个工作的时间。与以往相比，现在在手机等智能终端上，相当于把时间压缩了，形成了所谓的碎片化。

碎片化造成了时间的不连续，是将时间“切割”。

每个碎片化的单元，都和另一个单元是不同的形态，客观上造成了人的状态的多样性。例如，同样是通过手机阅读，早上在上班通勤时，更适合的阅读内容是摘要类的简短介绍；而在晚上夜深人静时，可能更适合阅读的是有深度的文章。从市场和需求的角度看，碎片化创造出了更多的需求，这既包括需求量的增加，也包括需求多样性的增加。

碎片化由于“压缩”了时间，客观上造成了人们时间的“增多”，给人们创造出了更多从事不同事情的可能。

【本章思考】

1. 同样一名消费者，在一天中会有不同的状态，处于不同的时间和空间，这能否说还是同一名消费者？

2. 如果你是大学校园中一家咖啡厅的经营者，你如何用数据分析客户？

3. 接上问，你如何制定你的客户数据方案？

第三章　现代信息技术

【学习目标】

1. 了解现代信息技术的基本原理
2. 了解现代信息技术的应用
3. 了解企业对现代信息技术的使用状况

【章首案例】

没有大数据，成不了大自然的搬运工

上海城乡接合部九亭镇新华都超市的一个角落，农夫山泉的矿泉水堆静静地摆放在这里。来自农夫山泉的业务员每天来到这个点，例行公事拍摄 10 张照片：水怎么摆放、位置有什么变化、高度如何……这样的点每名业务员一天要跑 15 个，按照规定，下班之前 150 张照片就被传回了杭州总部。每名业务员，每天会产生的数据量在 10M，这似乎并不是个大数字。但农夫山泉全国约有 10000 个业务员，这样每天的数据就约为 100G，每月约为 3TB。当这些图片如雪片般进入农夫山泉在杭州的机房时，这家公司的 CIO 胡健就会有这么一种感觉：守着一座金山，却不知道从哪里挖下第一锹。

胡健想知道的问题包括：

- 怎样摆放水堆更能促进销售？
- 哪个年龄段的消费者在水堆前停留得更久？他们一次购买的量是多少？
- 气温的变化让购买行为发生了哪些改变？
- 竞争对手的新包装对销售产生了怎样的影响？

不少问题目前也可以回答，但它们更多是基于经验，而不是基于数据。

从2008年开始，业务员拍摄的照片就这么被收集起来，如果按照数据的属性来分类，"图片"属于典型的非关系型数据，此外还包括视频、音频等。要系统地对非关系型数据进行分析是胡健的下一步计划，这是农夫山泉在大数据时代必须迈出的步伐。如果超市、金融公司与农夫山泉有某种渠道来分享信息，如果类似图像、视频和音频资料可以被系统分析，如果消费者的位置有更多的方式可以被监测到，那么摊开在胡健面前的就是一幅基于消费者消费行为的画卷，而描绘画卷的是一组组复杂的"0，1，1，0，……"。

SAP全球执行副总裁、中国研究院院长孙小群接受《中国企业家》采访时表示，企业对于数据的挖掘使用分三个阶段："一开始是把数据变得透明，让大家看到数据，能够看到数据越来越多；第二步是可以提问题，可以形成互动，很多支持的工具来帮我们做出实时分析；而3.0时代，信息流来指导物流和资金流，现在数据要告诉我们未来，告诉我们往什么地方走"。

农夫山泉从2003年开始与SAP在企业管理软件ERP方面进行合作。彼时，农夫山泉仅仅是一个软件采购和使用者，而SAP还只是服务商的角色。而等到2011年6月，SAP和农夫山泉开始共同开发基于"饮用水"这个产业形态中运输环境的数据场景。

关于运输的数据场景到底有多重要呢？将自己定位成"大自然搬运工"的农夫山泉，在全国有十多个水源地。农夫山泉把水灌装、配送、上架，一瓶超市售价2元的550ml饮用水，其中3毛钱花在了运输上。在农夫山泉内部，有着"搬上搬下，银子哗哗"的说法。因此，如何根据不同的变量因素来控制自己的物流成本，成为问题的核心。

基于上述场景，SAP团队和农夫山泉团队开始了场景开发，他们将大量的数据纳入了进来：高速公路的收费、道路等级、天气、配送中心辐射半径、季节性变化、不同市场的售价、不同渠道的费用、各地的人力成本，甚至突发性的需求（如某城市召开一次大型运动会）。

在没有数据实时支撑时，农夫山泉在物流领域花了很多冤枉钱。比如，某个小品相的产品（350ml饮用水）在某个城市的销量预测不到位时，公司以往的做法是通过大区间的调运，来弥补终端货源的不足。"华北往华南运，运到半道的时候，发现华东实际有富余，从华东调运更便宜。但很快发现对华南的预测有偏差，华北短缺更为严重，华东开始往华北运。此时如果太湖突发一次污染事件，很可能华东又出现短缺。"

这种没头苍蝇似的状况让农夫山泉头疼不已。在采购、仓储、配送这条线上，农夫山泉特别希望获取大数据来解决三个顽症：首先，解决生产和销售的不平衡，准确获知该产多少、该送多少；其次，让400家办事处、30个配送中心能够纳入体系中，形成一个动态网状结构，而非简单的树状结构；最后，让退货、残次等问题与生产基地能够实时连接起来。

也就是说，销售的最前端成为一个个神经末梢，它的任何一个痛点，在大脑这里都能快速感知到。

“日常运营中，我们会产生销售、市场费用、物流、生产、财务等数据，这些数据都是通过工具定时抽取到 SAPBW 或 OracleDM，再通过 Business Object 展现。”胡健表示，这个“展现”的过程长达 24 小时，也就是说，在 24 小时后，物流、资金流和信息流才能汇聚到一起，彼此关联形成一份有价值的统计报告。当农夫山泉的每月数据累计达到 3TB 时，这样的速度导致农夫山泉每个月财务结算都要推迟一天。更重要的是，胡健等农夫山泉的决策者们只能依靠数据来验证以往的决策是否正确，或者对已出现的问题作出纠正，仍旧无法预测未来。

2011 年，SAP 推出了数据库平台 SAPHana，农夫山泉则成为全球第三个、亚洲第一个上线该系统的企业，并在当年 9 月宣布系统对接成功。

胡健选择 SAPHana 的目的只有一个：快些，再快些。采用 SAPHana 后，同等数据量的计算速度从过去的 24 小时缩短到了 0.67 秒，几乎可以做到实时计算结果，这让很多不可能的事情变为了可能。

当这些基于饮用水行业实际情况的数据反映到孙小群这里时，这位 SAP 全球研发的主要负责人非常兴奋。基于饮用水的场景，SAP 并非没有案例，雀巢就是 SAP 在全球范围的长期合作伙伴。但是，欧美发达市场的整个数据采集、梳理、报告已经相当成熟，上百年的运营经验让这些企业已经能从容面对任何突发状况，他们对新数据解决方案的渴求甚至还不如中国本土公司强烈。

这对农夫山泉董事长钟睒睒而言，精准的管控物流成本将不再局限于已有的项目，也可以针对未来的项目。这位董事长将手指放在一台平板电脑上显示的中国地图上，随着手指的移动，建立一个物流配送中心的成本随之显示出来。数据在不断飞快地变化，好像手指移动产生的“数字涟漪”。

以往，钟睒睒的执行团队也许要经过长期的考察、论证，再形成一份报告提交给董事长，并给他几个备选方案，到底设在哪座城市，还要凭借经验来判断。但现在，起码从成本方面已经一览无遗，剩下的就是诸如当地政府与农夫山泉的友好程度等这些无法测量的因素。

有了强大的数据分析能力做支持后，农夫山泉近年以30%~40%的年增长率，在饮用水方面快速超越了原先的三甲（娃哈哈、乐百氏和可口可乐）。根据国家统计局公布的数据，饮用水领域的市场份额，农夫山泉、康师傅、娃哈哈、可口可乐的冰露，分别为34.8%、16.1%、14.3%、4.7%，农夫山泉几乎是另外三家之和。对于胡健来说，下一步他希望那些业务员收集来的图像、视频资料可以被利用起来。

（资料来源：农夫山泉用大数据卖矿泉水．［EB/OL］．http：//www.linkshop.com/news/2013248968.shtml.）

第一节　云计算

一、云计算的历史

计算机（PC）时代以前，用户主要通过终端分享主机（可以理解为服务器）的计算和存储，获得有限的服务。这样的模式就好比一个家庭里有许多孩子，每一笔零花钱都要朝父母要，用多少要多少，家里的钱都锁在保险柜里，可以想象，对孩子来说，想买些小零食小玩具都是比较不自在的体验。

1979年IBM推出了IBM-PC，计算机从企业普及到个人，用户可以拥有自己的个人电脑。这就好比让孩子有了自己的小钱包，虽然远不如保险柜里的钱多，但完全由自己掌控，在一定程度上摆脱了父母的约束。问题也随之而来，一如钱包可能丢失，个人电脑的数据也会因为电脑病毒而付之一炬；而且一台电脑的文件可能在另一台电脑上无法使用，就像没法在国外花人民币一样。

再后来，也就进入了云计算最早的阶段。大型数据中心的出现给了IBM机会，IBM开始专门出售用于云计算的服务器。而亚马逊此时则开始购买IBM的服务器建立数据中心，提供网站托管服务。想要提供互联网服务的公司不用自己费心，只要租用亚马逊的服务即可。可以认为亚马逊开设了自己的“银行”，从IBM大量购买“保险柜”，然后将管理存款、计账、提供交易明细的服务卖给客户。自此，“钱”便不需要放在自家“保险柜”，可以直接交给亚马逊，用户没有了“保险柜”的概念，只知道自己有一个账户，里面是自己的“存款”。

而互联网巨头谷歌，解决了云计算的关键技术问题，其中包括海量数据存储、计算资源管理和信息安全三方面。可以认为，谷歌直接搭建了整个“银行系统”，设置了“央行”和各个“商业银行”的分行，组织了专门的“银行柜员”，让客户的“钱”可以在全国“银行”实现统一调度，不用去管自己的“钱”到底是放在哪家“银行”的哪个分行、哪个“保险柜”。同时谷歌还设置了“安保系统”，防止有人“抢银行”。至此，账户和“保险柜”完全分离，用户只要享受“存取款”的服务即可。

综上所述，过去用户找服务商租用几台服务器，现在用户购买的是计算和存储的能力；过去用户租用有数量、有地址的“保险柜”存放“财富”，现在用户在“银行”保有的是“存款账户”。

IBM 通过出售“保险柜”获利，亚马逊通过出售自己的服务获利；而谷歌却要进一步颠覆 IT 行业，它将原本运行在个人电脑的各种软件搬上云端，现如今很多软件都可以直接在网页上实现，如 Gmail 和 Google Docs。在这种模式下，所有的应用都存放在服务器端，用户的设备不再重要。举例来说，我们日常的邮箱服务，不论是在 PC、苹果电脑还是智能手机上都能享受得到，而在过去这些邮件内容都是存储在 Outlook 这样的本地客户端的。这就好比是在原有的银行体系下设计了支付宝，因为不论你的钱是存在哪家银行、哪个国家，都一样可以在线上消费，再也不用“取款→消费→找零”这样处处受制于现金。

二、云计算的概念

目前对云计算的定义有不下百种说法。

云计算是一种通过 Internet、以服务的方式提供动态可伸缩的虚拟化资源的计算模式。现阶段广为接受的是中国云计算专家咨询委员会副主任、秘书长刘鹏教授给出的定义：“云计算是通过网络提供可伸缩的廉价的分布式计算能力。”

美国国家标准与技术研究院（NIST）对云计算的定义是：云计算是一种按使用量付费的模式，这种模式提供可用的、便捷的、按需的网络访问，进入可配置的计算资源共享池（资源包括网络、服务器、存储、应用软件、服务），这些资源能够被快速提供，只需投入很少的管理工作，或与服务供应商进行很少的交互。云计算是通过互联网提供动态易扩展的虚拟化资源。

三、云计算的关键技术

云计算的主要核心技术包括：硬件支撑技术，主要有高性能技术、高通量计算、高可靠和高可扩展技术等；软件支撑技术，主要有类似于 Map-Reduce 编程模式、分布冗余和列存储方式等；虚拟化技术，主要有所有硬件设备的全虚拟化和选择性的半虚拟化运行模式等；安全技术，主要有网络层次安全保护、服务器层次安全保护以及数据层次安全保护等；数据中心技术，主要有分布式动态部署与服务组合、数据与计算综合管理、可靠和可拓展自主体系架构等。

（一）数据存储技术

为保证高可用、高可靠和经济性，云计算采用分布式存储的方式来存储数据，采用冗余存储的方式来保证存储数据的可靠性，即为同一份数据存储多个副本。另外，云计算系统需要同时满足大量用户的需求，并行地为大量用户提供服务。因此，云计算的数据存储技术必须具有高吞吐率和高传输率的特点。云计算的数据存储技术主要有谷歌的非开源的 GFS（Google File System）和 Hadoop 开发团队开发的 GFS 的开源实现 HDFS（Hadoop Dist uted nle System）。

（二）数据管理技术

云计算系统对大数据集进行处理、分析、向用户提供高效的服务。因此，数据管理技术必须能够高效地管理大数据集。此外，如何在规模巨大的数据中找到特定的数据，也是云计算数据管理技术所必须解决的问题。云计算的数据管理技术中最著名的是谷歌在相关文献中提出的 BigTable 数据管理技术。

四、云计算的特点

（一）大规模、分布式

“云”一般具有相当的规模，一些知名的云供应商如 Google 云计算、Amazon、IBM、微软、阿里巴巴等都拥有上百万级的服务器规模；而依靠这些分布式的服务器所构建起来的“云”能够为使用者提供前所未有的计算能力。

（二）虚拟化

云计算都会采用虚拟化技术，用户并不需要关注具体的硬件实体，只需要选择一家云服务提供商，注册一个账号，登录到它们的云控制台，去购买和配置你需要的服务（如云服务器，云存储，CDN 等），再为你的应用做一些简单的配置之后，你就可以让你的应用对外服务了，这比传统的在企业的数据中心去部署一套应用要简单、方便得多。而且你可以随时随地通过你的 PC 或移动设备来控制你的资源，这就好像是云服务商为每一个用户都提供了一个 IDC（Internet Data Center）一样。

（三）高可用性和扩展性

那些知名的云计算供应商一般都会采用数据多副本容错、计算节点同构可互换等措施来保障服务的高可靠性。基于云服务的应用可以持续对外提供服务（7×24 小时）。另外，“云”的规模可动态伸缩，以满足应用和用户规模增长的需要。

（四）按需服务，更加经济

用户可以根据自己的需要来购买服务，甚至可以按使用量来进行精确计费。这不仅能大大节省 IT 成本，而且资源的整体利用率也将得到明显的改善。

（五）安全

网络安全已经成为所有企业或个人创业者必须面对的问题，企业的 IT 团队或个人很难应对那些来自网络的恶意攻击，而使用云服务则可以借助更专业的安全团队来有效降低安全风险。

五、云计算平台与传统服务平台的区别

与传统服务平台相比，新兴的云计算平台具有运行成本低、开放度高以及无限扩容等优势。不仅如此，由于云计算平台是基于互联网虚拟化的计算平台，因此用户可以随时随地畅享云计算带来的便利，而不是像过去一样费时费力地翻阅、查找所需的资料。

（一）服务类型方面

传统的服务平台可以分为实体服务器托管和租用两种类型。实体服务器一般是用户自行购买硬件发到机房进行托管，并且其间设备的管理和运行都由用户企业自己完成。但是云计算平台提供的服务是从基础设施到业务基础平台再到应用

层的连续的、一体化的全套服务。所以相比传统 IDC 服务平台，云计算效率更高，让用户更省心。

（二）开放性方面

不同于互相孤立，无法共享的传统 IDC 服务平台，云计算平台在资源共享、信息互通等方面做得较好，极具开放性。例如，阿里的云计算平台的安全防护策略做得很好，那么阿里可以把这个技术共享到你的云计算平台，这样你的平台安全防护也会很好了，这对中小型企业来说真的是个福音。

（三）扩展性方面

传统服务平台的扩展需要占用大量的机房和场地，而且传统服务平台的处理能力会有一个临界值，当达到这个临界值后再增加服务器作用也不是很大。新兴的云计算平台则与之不同，云计算平台的资源是动态扩展的并且呈现虚拟化的形式，所以理论上来说，云计算平台具有无限扩展性。

（四）运行成本方面

基于开源软件构建的云计算平台可以节省成本，并通过云计算的自动化运营技术大幅减少运维人力需求。另外，“云”是一个庞大的资源池，用户可按需购买，可以理解为云像话费、自来水、煤气、电那样按用户实际需求计费。

六、云计算的优势

第一，云计算保证用户可以随时随地访问和处理信息，并且可以方便地与人共享信息。

在过去，分享文件只能通过 U 盘拷贝，而且到了别人的电脑上还未必可以打开；想要处理信息的话，用户一定要电脑在手边。现在，在任何终端都可以完成，而且在线应用分享数据的能力要比个人电脑强得多。这就好比支付宝的存在让我们从此免去了去银行取钱的过程，想要借钱给别人只需要在线转账即可；即使在海外消费，也可以直接按实时汇率把美元折合成人民币扣费。

第二，云计算保证用户可以使用大量在云端的计算资源，而无须自己购入设备，压低了用户成本，且用户不用担心数据丢失、病毒入侵等麻烦。

打个比方，使用“云”就像把钱存在银行，免去了过去自己选购保险柜的过程和费用，而且把钱放在银行也方便保管，不必承担失窃的风险。

第三，云计算让全社会的计算资源得到最有效的利用。

可以想象，银行的保险柜利用率肯定要远比家庭的高，同样一大笔财富，放在银行要比分放在零散的家庭占用的保险柜数量少得多。同时，银行还可以灵活周转，若是现在每个家庭都把钱从银行取出来放回自己家里，那世界经济得倒退百年都不止。云计算的出现就好比加速了这百余年的经济发展。

第四，云计算可以让用户完成以前根本完成不了的任务。

现在，云计算工具可以把工作并行地安排到互联网上闲置的服务器中，几分钟之内完成任务。

第五，云计算把整个云端的服务器资源作为整体保存，然后根据用户的需求动态分派这些资源。

如今的公司购买计算资源，只需要指定需要的资源数目，而无须考虑设备问题。就好比银行的储户不必去管自己的钱到底是放在银行的哪个分行、哪个保险柜，消费时直接刷卡消费，不用考虑整存整取。

简单来说，云计算的几大优点就是：省心，解放了所有基于互联网的业务。

◆ 七、云计算的应用

云计算应用之一：金融云。金融云是利用云计算的模型构成原理，将金融产品、信息、服务分散到庞大分支机构所构成的云网络当中，提高金融机构迅速发现并解决问题的能力，提升整体工作效率，改善流程，降低运营成本。

云计算应用之二：制造云。制造云是云计算向制造业信息化领域延伸与发展后的落地与实现，用户通过网络和终端就能随时按需获取制造资源与服务，进而完成其制造全生命周期的各类活动。

云计算应用之三：教育云。教育云是云计算技术的迁移在教育领域中的应用，包括了教育信息化所必需的一切硬件计算资源，这些资源经虚拟化之后，向教育机构、从业人员和学习者提供一个良好的云服务平台。

云计算应用之四：医疗云。医疗云是指在医疗卫生领域采用云计算、物联网、大数据、4G 通信、移动技术以及多媒体等新技术基础上，结合医疗技术，使用云计算的理念来构建医疗健康服务云平台。

云计算应用之五：云游戏。云游戏是以云计算为基础的游戏方式，在云游戏的运行模式下，所有游戏都在服务器端运行，并将渲染完毕后的游戏画面压缩后通过网络传送给用户。

云计算应用之六：云会议。云会议是基于云计算技术的一种高效、便捷、低成本的会议形式。使用者只需要通过互联网界面，进行简单易用的操作，便可快速高效地与全球各地团队及客户同步分享语音、数据文件及视频等。

云计算应用之七：云社交。云社交（Cloud Social）是一种物联网、云计算和移动互联网交互应用的虚拟社交应用模式，以建立著名的“资源分享关系图谱”为目的，进而开展网络社交。

云计算应用之八：云存储。云存储是指通过集群应用、网格技术或分布式文件系统等功能，将网络中大量各种不同类型的存储设备通过应用软件集合起来协同工作，共同对外提供数据存储和业务访问功能的一个系统。

云计算应用之九：云安全。云安全（Cloud Security）通过网状的大量客户端监测网络中软件行为的异常，获取互联网中木马、恶意程序的新信息，推送到服务端进行自动分析和处理，再把病毒和木马的解决方案分发到每一个客户端。

云计算应用之十：云交通。云交通是指在云计算之中整合现有资源，并能够针对未来的交通行业发展整合将来所需的各种硬件、软件、数据。

第二节　大数据

一、大数据的发端与发展

从文明之初的“结绳记事”，到文字发明后的“文以载道”，再到近现代科学的“数据建模”，数据一直伴随着人类社会的发展变迁，承载了人类基于数据和信息认识世界的努力和取得的巨大进步。然而，直到以电子计算机为代表的现代信息技术出现，其为数据处理提供了自动的方法和手段，人类掌握数据、处理数据的能力才实现了质的跃升。信息技术及其在经济社会发展方方面面的应用（即信息化），推动数据成为继物质、能源之后的又一种重要战略资源。

“大数据”作为一种概念和思潮由计算领域发端，之后逐渐延伸到科学和商业领域。大多数学者认为，“大数据”这一概念最早公开出现于1998年，美国高性能计算公司 SGI 的首席科学家约翰·马西（John Mashey）在一个国际会议报告中指出：随着数据量的快速增长，必将出现数据难理解、难获取、难处理和难组织四个难题，并用“Big Data”（大数据）来描述这一挑战，在计算领域引发思考。2007 年，数据库领域的先驱人物吉姆·格雷（Jim Gray）指出，大数据将成为人类触摸、理解和逼近现实复杂系统的有效途径，并认为在实验观测、理论推导和计算仿真三种科学研究范式后，将迎来第四范式——“数据探索”；后来同行学者将其总结为“数据密集型科学发现”，开启了从科研视角审视大数据的热潮。2012 年，牛津大学教授维克托·迈尔-舍恩伯格（Viktor Mayer-Schnberger）在其畅销著作《大数据时代》（*Big Data：A Revolution That Will Transform How We Live，Work，and Think*）中指出，数据分析将从“随机采样”“精确求解”“强调因果”的传统模式演变为大数据时代的“全体数据”“近似求解”“只看关联不问因果”的新模式，从而引发商业应用领域对大数据方法的广泛思考与探讨。

大数据于 2012 年、2013 年达到其宣传高潮，2014 年后概念体系逐渐成形，对其认知亦趋于理性。大数据相关技术、产品、应用和标准不断发展，逐渐形成了包括数据资源与 API、开源平台与工具、数据基础设施、数据分析、数据应用等板块构成的大数据生态系统，并持续发展和不断完善，其发展热点呈现了从技术向应用、再向治理的逐渐迁移。经过多年来的发展和沉淀，人们对大数据已经形成基本共识：大数据现象源于互联网及其延伸所带来的无处不在的信息技术应用以及信息技术的不断低成本化。大数据泛指无法在可容忍的时间内用传统信息技术和软硬件工具对其进行获取、管理和处理的巨量数据集合，具有海量性、多样性、时效性及可变性等特征，需要可伸缩的计算体系结构以支持其存储、处理和分析。

二、大数据的概念

什么是大数据？大数据是指来自不同源头的结构化和非结构化数据，并且普通的数据处理软件已不足以处理的大而复杂的数据集。人们每天都徜徉在大数据的海洋中，电脑、移动设备和机器传感器都在生成大量数据，规模达到了 ZB 级。

从大数据定义中可以看出，大数据之所以被称为“大”数据，不仅仅是因为数量庞大，还在于种类上的多样性和复杂性。通常情况下，传统数据库无法有效捕获、管理和处理大数据。大数据的来源非常广泛，包括人们能够利用数字方式监控的任何地方和任何事物。气象卫星、物联网设备、交通摄像头、社交媒体动态，这些只是人们目前利用的一部分数据源。

大数据的真正价值在于如何进行大数据分析以为决策提供有力的支持。大数据的价值本质上体现为：提供了一种人类认识复杂系统的新思维和新手段。就理论上而言，在足够小的时间和空间尺度上，对现实世界数字化，可以构造一个现实世界的数字虚拟映像，这个映像承载了现实世界的运行规律。在拥有充足的计算能力和高效的数据分析方法的前提下，对这个数字虚拟映像的深度分析，将有可能理解和发现现实复杂系统的运行行为、状态和规律。应该说大数据为人类提供了全新的思维方式以及探知客观规律、改造自然和社会的新手段，这也是大数据引发经济社会变革最根本的原因。

三、大数据的来源

大数据的来源十分广泛，可以说人们每天都徜徉于大数据中。从无人机卫星到烤面包机，数据生成设备的数量正在以惊人的速度增长。但总的来说，数据来源主要分为以下三类：

（一）社交数据

顾名思义，社交数据来源于社交媒体评论、发帖、图片以及与日俱增的视频文件等。虽然社交媒体及其使用趋势瞬息万变、难以预测，但作为数字数据的主要来源，其稳定增长趋势是不会改变的。

（二）机器数据

物联网设备和机器都配有传感器，能够发送和接收数字数据。物联网传感器能够帮助企业采集和处理来自整个企业的设备、工具和装置的机器数据。从天气和交通传感器到安全监控，全球范围内的数据生成设备正在迅速增多。据 IDC 估计，到 2025 年，全球物联网设备数量将超过 400 亿，生成的数据量几乎占全球数字数据总量的一半。

（三）交易数据

交易数据是世界上发展速度和增长速度最快的数据。例如，一家大型国际零售商每小时处理超过 100 万笔客户交易。想象一下，全球那么多采购和银行交易，生成的数据量会有多么惊人。此外，交易数据越来越多地由半结构化数据组成，包括图片和注释等，使管理和处理难度不断提高。

四、大数据的特点

不能宽泛地将大型数据集定义为大数据。数据必须至少具备以下五项特性，才可被称为大数据：

第一，数据量巨大。尽管数据量不是判断大数据的唯一要素，但绝对是一项主要特性。为了充分管理和利用大数据及大数据技术，企业需要采用高级算法和由人工智能驱动的大数据分析工具。但在此之前，企业需要采用安全可靠的方式来存储、整理和检索数万亿字节的数据。大型企业通常都拥有如此规模的数据。

第二，处理速度快。过去，数据生成后，必须先输入到传统数据库系统中（通常手动进行），然后才能用于分析或检索。如今，借助大数据技术和大数据应用，在数据生成之时，数据库就能即时处理、分析和配置数据，有时甚至在毫秒内就能完成。这样一来，企业就可以利用实时数据捕获财务机会、响应客户需求、预防欺诈，并处理对速度要求极高的任何其他活动。

第三，种类多样化。如果数据集中只包含结构化数据，无论其规模多么庞大，都不是大数据。大数据通常由结构化、非结构化和半结构化数据组成。传统的数据库和数据管理解决方案缺乏灵活性且功能范围有限，根本无法应对大数据中各种不同且复杂的数据集。

第四，准确可靠。尽管借助现代数据库技术，企业能够采集和理解大量不同类型的数据，但只有准确、相关和及时的数据才具有价值。对于仅存储结构化数据的传统数据库，语法错误和拼写错误屡见不鲜。而在非结构化数据方面，我们面临一系列全新的数据准确性挑战。人类偏见、社交干扰信息和数据来源问题都会影响数据质量。

第五，交付价值。毫无疑问，大数据分析产生的结果往往出人意料且极具吸引力。但是，对于企业而言，大数据分析提供的洞察必须能够帮助企业提高竞争力和韧性，并为客户提供更卓越的服务，这也是企业为什么要利用大数据应用软件进行大数据分析的初衷。现代大数据技术提供了数据采集和数据检索功能，能够帮助企业大幅提升利润和运营韧性。

五、大数据的应用

大数据在以下领域有突出的应用：

第一，电商领域。电商领域是大数据应用的最广泛的领域之一，例如精准广告推送、个性化推荐、“大数据杀熟”等都是大数据应用的例子，其中“大数据杀熟”已经被明令禁止。

第二，传媒领域。传媒领域得益于大数据的应用，可以做到精准营销，直达目标群体。不仅如此，传媒领域在“猜你喜欢”、交互推荐方面也因大数据的应用而更加准确。

第三，金融领域。金融领域也是大数据应用的重要领域，例如信用评估，利用的就是客户的行为大数据，根据客户的行为大数据，综合评估出客户端信用。除此之外，金融领域的风险管控、客户细分、精细化营销也都是大数据应用的典型例子。

第四，交通领域。交通领域应用大数据是与我们息息相关的，例如道路拥堵预测，大数据可以根据司机位置，准确判断哪里是拥堵的，进而给出优化出行路线。又如智能红绿灯、导航最优规划，这些也都是交通领域应用大数据的体现。

第五，电信领域。电信领域也有大数据应用的身影，例如电信基站选址优化，就是利用了电信用户位置的大数据；又如舆情监控、客户用户画像等，都是电信领域应用大数据的结果。

第六，安防领域。大数据也可以应用到安防领域，例如犯罪预防，通过大量犯罪细节的数据进行分析、总结，从而得出犯罪特征，进而预防犯罪；天网监控等也是大数据应用的具体案例。

第七，医疗领域。医疗领域应用大数据主要体现在智慧医疗，例如通过某种典型病例的大数据，可以得出该病例的最优疗法等。除此之外，医疗领域大数据的应用还体现在疾病预防、病源追踪等方面。

第三节　物联网

一、什么是物联网

一般来说，物联网（Internet of Things，IOT）包括可以接入互联网的任何物体或事物，如工厂设备、汽车、移动设备、智能手表等。如今，物联网的定义更加广泛，其可以代指配备了传感器、软件和其他技术，能够彼此收发数据的互联事物。过去物联网连接技术主要依靠无线网络，如今，5G 和其他类型的网络平台也能够高效、可靠地处理大型数据集。

当然，采集数据的目的不仅仅是拥有数据，而是要利用数据。物联网设备采集和传输数据后，需要分析这些数据，支持企业采取明智的行动。因此物联网的关键技术还包括智能系统，如人工智能技术，它利用高级分析和机器学习的力量，增强物联网功能。

物联网的定义：利用传感器、智能网络、嵌入式系统等物联网关键技术，能够彼此收发数据的互联物体和设备（即事物）。

二、物联网技术的发展历程

物联网技术有哪些？随着物联网设备越来越多样化，数据量不断增加，物联网技术也面临着新的挑战。据统计，2021 年，全球物联网设备数量超过 100 亿，IDC 预计，到 2025 年，全球物联网设备产生的数据量将超过 73 ZB，相当于 73 万亿 GB。尽管我们无法真正按实物计算数字数据的数量，但是，如果将所有数据都转换为 90 年代的软盘，并首尾相连地排列起来，它们可以往返月球 5000 多次。

短短几十年，物联网数据呈指数级增长，并且这种增长势头可能还将继续。那么，究竟是什么引发了这一波物联网热潮？为了推动物联网的发展，一系列特定的技术必须齐头并进。

连接性：连接技术是物联网的关键技术，随着物联网数据激增，只有足够强大的互联网和云连接才能满足数据收发需求。目前，许多物联网设备都依赖本地无线网络，来传输大规模的复杂数据，5G 和其他蜂窝网络也在不断完善。麦肯锡最近发表了一篇文章介绍这些网络技术可能产生的影响及其如何让物联网设备告别无线网络。

传感器技术：随着人们对物联网传感器创新的需求稳步增长，传感器市场从只有少数供应商参与的高价利基市场发展成为高度全球化且价格极具竞争力的传感器制造行业。自 2004 年以来，物联网传感器的平均价格下降了 70%以上，与此同时，这些产品的功能和多样性正在不断提高。

计算能力：物联网设备目前每年生成约 40 ZB 数据，而这一数字预计在未来五年内将增加近一倍，之后更是将呈指数级增长。为了充分利用这些数据，现代企业需要不断提高内存计算和数据处理能力。这个领域的发展速度非常快，且竞争激烈，同时也让物联网技术的相关性和适用性不断提高。

人工智能和机器学习：这两种技术让企业不仅能够管理和处理大量物联网数据，还能分析这些数据，从数据中学习。大数据是人工智能和机器学习最喜爱的“食粮”。数据集越大，种类越多，基于人工智能的高级分析提供的洞察和智能就越强大、越准确。随着物联网设备显著增加，人工智能也在不断发展，其适应的数据类型也越来越多。

云计算：连接性是物联网发展不可或缺的技术，同样，云计算的兴起也与其发展密切相关。由于能够按需提供处理能力和大容量存储，物联网云服务为物联网设备采集和传输日益庞大且复杂的数据集铺平了道路。私有云解决方案还能帮助企业管理更大规模、更多类型的物联网数据，同时维护封闭系统的安全性。

边缘计算：物联网中的设备通常广泛分布在各个地区，但它们都能将数据传输到统一的中央系统。随着物联网数据量日益增加，它们开始“垄断”公司的带宽和云存储空间。此外，数据的捕获、传输、处理以及在最终目的地的接收都需要时间。这种滞后（常被称为“延迟”）会进一步拉低效率，尤其是对数据处理时间高度敏感的企业来说，更是如此。边缘计算解决方案可以让系统更加接近数据源，分散系统的处理能力。这些解决方案将集成本地化的计算系统，并把处理能力融入物联网设备中。处理后的数据将即时在原地触发行动，之后再以更加结构化和更有条理的格式定期发送到中央系统，进行高级分析和处理。

三、物联网的实现及关键步骤

物联网设备犹如我们的眼睛和耳朵，可以触达我们身不可至的地方。如何自己搭建一个物联网平台？首先，我们需要了解物联网运行的四个关键步骤：为设备装上传感器，这些设备就能够捕获我们可能看到、听到或感知到的数据；其次，设备按指示共享这些数据；再次，对数据进行分析，获取所需洞察；最后，自动触发后续的行动或决策。这个过程可以概括为：

物联网的四个关键步骤：

- **捕获数据**。物联网设备通过传感器捕获环境中的数据，可以是简单的温度数据，也可以是复杂的实时视频流。

- **共享数据**。物联网设备利用可用的网络连接，按照指示将数据发布到公有云或私有云环境中。
- **处理数据**。在数据处理阶段，软件按照程序设计基于以上数据执行操作，如打开风扇或发送警告。
- **基于数据采取行动**。分析所有物联网设备采集的数据，获取深入的洞察，助力企业自信地制定业务决策和采取行动。

四、物联网的应用实例

物联网及其产生的数据几乎渗透到现代生活的方方面面，遍布我们的家庭、汽车、商店，甚至是身体等。

智慧家居：很多人都已经非常熟悉自己家中的物联网网络。利用通过 Z-Wave 或 Zigbee 等协议进行通信的智能开关、传感器和设备，以及家居自动化系统，可以监控和控制照明、室温、安全系统以及电器设备等，甚至可以远程操控。如果出门前忘记关灯或关闭烤箱，你可以在手机上通过物联网设备进行关闭。

智慧电网：智慧电网结合人工智能和高级分析技术，利用物联网解决方案集成技术，帮助消费者更好地了解用电情况并合理用电，甚至通过太阳能板等方式发电。覆盖整个电网的物联网传感器可以提前发现潜在风险，并根据需要重新分配供电，从而防止或尽可能减少停电等问题。这些传感器还可以检测机械问题，并根据需要提醒技术人员进行维修。这一切都有助于能源消费者提升洞察力，提高控制力。

智慧城市："智慧城市指数"（SCI）调查报告中对智慧城市的定义是"一种能利用技术来增强城市化带来的益处并消除其弊端的城市环境"。物联网能够帮助人们解决人口增加、交通拥堵和基础设施老化等诸多问题。城市规划人员可以利用传感器、仪表等物联网设备监控和收集数据，主动解决问题，防患未然。例如，雨水排放管道中安放的传感器可以检测水位，并自动采取措施，防止水位过高导致洪水泛滥。

互联汽车：如今，几乎所有新车都搭载了物联网和智能功能，预计未来五年及更长时间内，5G 汽车的普及率将持续上升。依托物联网技术的高级驾驶员辅助系统（ADAS）能帮助驾驶员避免碰撞、规划路线、停入狭窄车位等。随着汽车物联网的发展，汽车与信号灯等外部设备、行人、新闻和天气信息源、流媒体娱乐提供商的连接将越来越紧密。

零售业物联网：越来越多面向客户的物联网解决方案开始应用于提升实体店购物体验。借助动态感应式智能摄像头、智能货架、信标和射频识别（RFID）技术，顾客能够通过移动应用找到商品，零售商则能轻松共享库存信息，甚至当客户在店内浏览产品时就为其发送基于情境的促销信息。随着线上线下购物体验的界限日渐模糊，物联网解决方案能够帮助零售商跟踪配送和运输车辆，支持客户制定更完善的购物计划，从而提升客户体验。

远程医疗：物联网驱动的消费型医疗设备（如智能手表和药物分配装置）日益普及，这些设备可以帮助医生远程监控患者情况。不过，远程医疗领域最引人注目的进步还要归功于智能手术工具。对于偏远或欠发达地区的患者来说，这些工具尤为重要。利用这些工具，远程医生可以与世界上最优秀的外科医生建立联系，进行远程会诊，在他们的指导下完成手术，甚至在手术的关键阶段远程监控被麻醉的患者。

交通管理：基于传感器、摄像头及其他设备组成的网络，物联网技术可以有效缓解交通拥堵，并提供可行的路线调整方案。例如，实时数据流可以用于调整信号定时，在动态条件下确保车辆顺畅通行；光传感器可以检测并调整照明亮度，确保最佳能见度；道路传感器则可以发现事故并自动报告问题。

五、物联网数据的工业用途

物联网每年生成的数据多达数万亿 GB，其中工业物联网生成的数据规模最大、增速最快。大量数据来自全球近 10 亿台监控摄像头。互联汽车、制造和运输应用生成的数据量也十分庞大。如今，从供应链管理到医疗卫生，几乎每个行业都会生成、收集和利用工业物联网数据。

工业物联网技术增长最快的领域是制造和供应链。在智慧工厂中，传感器可以检测甚至预测机械问题，从而确保工厂顺畅运营。他们还可以采集和分析运营数据，从中找到速度最快、效率最高的工作流和流程，然后通过中央系统自动实施这些工作流和流程。在供应链领域，物联网解决方案有助于简化端到端的运营。借助这些解决方案，企业可以跟踪原材料和物料供应，确保安全和溯源，并实时监控货物、装运和“最后一公里”物流等情况；客户则可以实时掌握最新的产品原产地和订单状态等信息。

第四节 人工智能

一、人工智能的发展历程

1956 年夏，麦卡锡、明斯基等科学家在美国达特茅斯学院开会研讨“如何用机器模拟人的智能”时，首次提出“人工智能”（Artificial Intelligence，AI）这一概念，标志着人工智能学科的诞生。

人工智能是研究开发能够模拟、延伸和扩展人类智能的理论、方法、技术及应用系统的一门新的技术科学，研究目的是促使智能机器会听（语音识别、机器翻译等）、会看（图像识别、文字识别等）、会说（语音合成、人机对话等）、会思考（人机对弈、定理证明等）、会学习（机器学习、知识表示等）、会行动（机器人、自动驾驶汽车等）。人工智能充满未知的探索道路曲折起伏。至于如何描述人工智能自 1956 年以来 60 余年的发展历程，学术界可谓仁者见仁、智者见智。我们将人工智能的发展历程划分为以下六个阶段：

一是**起步发展期**：1956 年至 20 世纪 60 年代初。人工智能概念提出后，相继取得了一批令人瞩目的研究成果，如机器定理证明、跳棋程序等，掀起了人工智能发展的第一个高潮。

二是**反思发展期**：20 世纪 60 年代至 70 年代初。人工智能发展初期的突破性进展大大提升了人们对人工智能的期望，人们开始尝试更具挑战性的任务，并提出了一些不切实际的研发目标。然而，接二连三的失败和预期目标的落空（例如，无法用机器证明两个连续函数之和还是连续函数、机器翻译闹出笑话等），使人工智能的发展走入低谷。

三是**应用发展期**：20 世纪 70 年代初至 80 年代中。20 世纪 70 年代出现的专家系统模拟人类专家的知识和经验解决特定领域的问题，实现了人工智能从理论研究走向实际应用、从一般推理策略探讨转向运用专门知识的重大突破。专家系统在医疗、化学、地质等领域取得成功，推动人工智能走入应用发展的新高潮。

四是**低迷发展期**：20 世纪 80 年代中至 90 年代中。随着人工智能的应用规模不断扩大，专家系统存在的应用领域狭窄、缺乏常识性知识、知识获取困难、推理方法单一、缺乏分布式功能、难以与现有数据库兼容等问题逐渐暴露出来。

五是**稳步发展期**：20 世纪 90 年代中至 2010 年。由于网络技术特别是互联网技术的发展，加速了人工智能的创新研究，促使人工智能技术进一步走向实用化。1997 年，IBM 深蓝超级计算机战胜了国际象棋世界冠军卡斯帕罗夫，2008 年 IBM 提出“智慧地球”的概念。以上都是这一时期的标志性事件。

六是**蓬勃发展期**：2011 年至今。随着大数据、云计算、互联网、物联网等信息技术的发展，泛在感知数据和图形处理器等计算平台推动以深度神经网络为代表的人工智能技术飞速发展，跨越了科学与应用之间的“技术鸿沟”，诸如图像分类、语音识别、知识问答、人机对弈、无人驾驶等人工智能技术实现了从“不能用、不好用”到“可以用”的技术突破，迎来了爆发式增长的新高潮。

二、人工智能的概念

人工智能是研究、开发用于模拟、延伸和扩展人的智能的理论、方法、技术及应用系统的一门新的技术科学。人工智能是计算机科学的一个分支，它企图了解智能的实质，并生产出一种新的能以人类智能相似的方式做出反应的智能机器。

人工智能之父约翰麦卡锡在 2004 年的论文中给出了以下定义：“这是制造智能机器，特别是智能计算机程序的科学和工程。它与使用计算机了解人类智能的类似任务有关，但 AI 不必局限于生物可观察的方法”。

在这个定义出现之前数十年，人工智能的诞生要追溯到艾伦·图灵（Alan Turing）于 1950 年发表的《计算机与智能》。在这篇论文中，被誉为“计算机科学之父”的图灵提出了以下问题：“机器能思考吗?”由此出发，他提出了著名的“图灵测试”，由人类审查员尝试区分计算机和人类的文本响应。虽然该测试自发表之后经过了大量的审查，但它仍然是 AI 历史的重要组成部分，也是一种在哲学中不断发展的概念，因为它利用了有关语言学的想法。

斯图尔特·罗素（Stuart Russell）和彼得·诺维格（Peter Norvig）随后发表了《人工智能：现代方法》，成为 AI 研究的主要教科书之一。在该书中，他们探讨了 AI 的四个潜在目标和定义，按照理性以及思维与行动将 AI 与计算机系统区分开来：

人类方法：

- 像人类一样思考的系统

- 像人类一样行动的系统

理性方法：

- 理性思考的系统
- 理性行动的系统

人工智能是一种使计算机、计算机控制的机器人或软件智能地思考的方式，其方式与人类的思维方式类似。人工智能是通过研究人类大脑如何思考以及人类在尝试解决问题时如何学习、决定和工作，然后将研究的结果用作开发智能软件和系统的基础来实现的。

在充分利用计算机系统力量的同时，人类的好奇心使他想知道“机器能像人类一样思考和行动吗”，因此，人工智能的发展始于在我们发现并在人类高度重视的机器中创造类似的智能。

三、人工智能的应用

目前，AI 系统存在大量的现实应用。下面是一些最常见的示例：

语音识别：也称为自动语音识别（ASR）、计算机语音识别或语音转文本，能够使用自然语言处理（NLP），将人类语音处理为书面格式。许多移动设备将语音识别结合到系统中以进行语音搜索，如 Siri，或提供有关文本的更多辅助功能。

客户服务：在线聊天机器人正逐步取代客户互动中的人工客服。它们可回答各种主题的常见问题（FAQ），如送货、为用户提供个性化建议、交叉销售产品、提供用户尺寸建议，改变了我们对网站和社交媒体中客户互动的看法。示例包括具有虚拟客服的电子商务站点上的聊天机器人、消息传递应用（如 Slack 和 Facebook Messenger）以及虚拟助理和语音助手通常执行的任务。

计算机视觉：AI 技术使计算机和系统能够从数字图像、视频和其他可视输入中获取有意义的信息，并基于这些输入采取行动。这种提供建议的能力将其与图像识别任务区分开来。计算机视觉由卷积神经网络提供支持，应用在社交媒体的照片标记、医疗保健中的放射成像以及汽车工业中的自动驾驶汽车等领域。

推荐引擎：AI 算法使用过去的消费行为数据，帮助发现可用于制定更有效的交叉销售策略的数据趋势。这用于在在线零售商的结账流程中向客户提供相关的附加建议。

自动股票交易：旨在用于优化股票投资组合。AI 驱动的高频交易平台每天可产生成千上万个甚至数以百万计的交易，而无须人工干预。

第五节 其他

一、区块链

（一）区块链概念

传统数据库技术为记录金融交易带来了很多难题。例如，在房地产销售领域，在交换资金后，房地产的所有权将转移给买方。买卖双方中的任何一方均可记录货币交易，但任何一方的来源均不可信。即便卖方已收款，也可轻松声称他们未收款；同样，即便买方未付款，也可辩称他们已付款。

为了避免潜在的法律问题，需要一个可信的第三方负责监督和验证交易。这种“中央机构”的存在，不仅会使交易复杂化，还会造成单点漏洞。如果该“中央数据口”遭到入侵，买卖双方都有可能蒙受损失。

区块链可以通过创建去中心化的防篡改系统来记录交易，缓解此类问题。在房地产交易场景中，区块链可分别为买方和卖方创建一个分类账。所有交易都必须获得双方批准，并将在双方的分类账中实时更新。历史交易中的任何损坏都会导致整个分类账损坏。区块链技术的这些属性以使其用于各个行业部类，包括比特币（Bitcoin）等数字货币的创造。

区块链技术是一种高级数据库机制，允许在企业网络中透明地共享信息。区块链数据库将数据存储在区块中，而数据库则一起链接到一个链条上。数据在时间上是一致的，因为在没有网络共识的情况下，不能删除或修改链条。因此，用户可以使用区块链技术创建不可改变的分类账，以便跟踪订单、付款、账户和其他交易。系统内置的机制可以阻止未经授权的交易条目并在这些交易的共享视图中创建一致性。

（二）区块链的功能和优势

1. 区块链技术具有以下主要功能

第一，**去中心化**。区块链中的去中心化是指将控制权和决策权从中心化实体

（个人、组织或团体）转让给分布式网络。去中心化区块链网络使用透明度来减少对参与者之间取得信任的需要。这些网络还以削弱网络功能性的方式，阻止参与者彼此施加权力或控制。

第二，**不可变性**。不可变性是指某些内容不能更改或改变。一旦某个参与者将交易记录到共享分类账中，任何参与者均不能篡改该交易。如某个交易记录包含错误，则必须添加新交易以修正错误，并且整个网络均可看见这两个交易。

第三，**共识**。区块链系统将建立关于参与者就记录交易达成共识的规则。仅当网络中的大部分参与者都同意时，才能记录新交易。

2. 区块链的优势

区块链技术可为资产交易管理带来很多好处。

第一，**高级安全功能**。区块链系统可以提供现代数字交易所需的高级安全和信任功能。对于有人会操纵底层软件为自己生成假币的恐惧始终存在，但区块链使用加密、去中心化和共识三项原则，创建了高度安全、几乎不可能篡改的底层软件系统。不会有单点故障，并且单个用户也无法更改交易记录。

第二，**更高的效率**。企业间交易可能需要大量时间，还会造成运营瓶颈，尤其是在涉及合规和第三方监管机构时。区块链中的透明度和智能合约可使此类业务交易更快捷、更高效。

第三，**更高的信任度**。通过使用区块链，作为会员制网络中的一员，用户可以确信自己收到准确、及时的数据，并且用户的机密区块链记录只能与特别授予访问权限的网络成员共享。

第四，**更快捷的审计**。企业必须能以可审计的方式，安全地生成、交换、归档和重建电子交易。区块链记录按时间顺序不可变，这意味着所有记录均始终按时间顺序排列。透明的数据使审计过程更加快捷。

（三）区块链的技术

区块链架构包含以下主要组件：

第一，**分布式分类账**。分布式分类账是区块链网络中用于存储交易的共享数据库，如团队中的每个人均可编辑的共享文件。在大多数共享文本编辑者中，任何拥有编辑权限的人员均可删除整个文件。但分布式分类账技术对于谁能编辑以及如何编辑具有严格规定。

第二，**智能合约**。很多公司使用智能合约来自行管理业务合约，而不需要第三方的帮助。智能合约是存储在区块链系统上的程序，这些程序将在符合预先确定的条件时自动运行。这些程序将运行条件语句检查，以便能够放心地完成交易。例如，某家物流公司可能拥有一份智能合约，约定一旦商品抵达港口将自动进行付款。

第三，**公钥加密**。公钥加密是一种安全功能，用于唯一标识区块链网络中的参与者。此机制将为网络成员生成两组密钥。一组密钥是公钥，对于网络中的每个人都是公用的；另一组密钥是私钥，对于每个成员都是唯一的。私钥与公钥配合使用，解锁分类账中的数据。例如，小张和小王是网络中的两个成员。小张记录了一项交易，并用其私钥进行了加密。小王可以使用其公钥解密该交易。通过这种方式，小王可以确信小张进行了该交易。如小张的私钥已被篡改，则小王的公钥不会发挥作用。

（四）区块链的应用

第一，**能源领域**。能源公司可使用区块链技术创建点对点能源交易平台，并简化可再生能源的获得。例如：多家基于区块链的能源公司创建了交易平台，用于个人之间的电力销售；拥有太阳能电池板的业主使用此平台将其多余的太阳能销售给邻居。该流程大部分是自动化的：智能电表创建交易，区块链则记录交易。

借助基于区块链的众筹计划，用户可在缺乏能源获得途径的社区内赞助和建设太阳能电池板。在太阳能电池板建好后，能源企业可向这些社区收取租金。

第二，**金融领域**。传统金融系统（如银行和证券交易所）使用区块链服务来管理在线支付、账户和市场交易。例如，新加坡交易所（Singapore Exchange Limited）使用区块链技术构建了更高效的跨行支付账户。通过采用区块链，该交易所解决了包括数千项金融交易的审批处理和手动对账等难题。

第三，**媒体和娱乐**。已有多家媒体和娱乐公司使用区块链系统来管理版权数据。版权验证对于艺术家的公平补偿至关重要。需要多次交易才能记录版权内容的销售或转让。例如，日本索尼音乐娱乐公司（Sony Music Entertainment Japan）使用区块链服务使数字版权管理更加高效。该公司成功使用区块链策略提高了版权处理效率并降低了成本。

第四，**零售领域**。多家零售公司使用区块链跟踪商品在供应商与买家之间的转移。例如，Amazon 零售为一套分布式分类账技术系统申请了专利，该系统使用区块链技术来验证并确保在该平台上销售的所有商品均为正品。Amazon 卖家可以通过允许参与者（如制造商、快递公司、分销商、最终用户和二级用户）

在证书颁发机构注册后将事件添加到分类账，映射其全球供应链。

（五）区块链的工作原理

虽然区块链的底层机制非常复杂，但我们可通过以下步骤对其进行简要概述。区块链软件可以自动执行以下大部分步骤：

第一步，**记录交易**。区块链交易显示实体资产或数字资产从区块链网络中的一方向另一方的转移。该交易以区块的形式记录，可能包括如下细节：

- 谁参与了该交易？
- 交易期间发生了什么情况？
- 交易是在何时进行的？
- 交易是在哪里进行的？
- 为什么进行该项交易？
- 交换了多少资产？
- 交易期间符合多少前提条件？

第二步，**达成共识**。分布式区块链网络中的大多数参与者必须就已记录的交易是有效的达成一致。根据网络类型，达成协议的规则可能有所不同，但通常是在网络开始建立时就制定好的。

第三步，**将区块链接起来**。一旦参与者达成了共识，会将区块链中的交易写入区块，区块就相当于分类账账簿中的页面。连同交易一起，还会将一个加密哈希值附加到新区块。该哈希值作为将区块链接在一起的链条。如果有意或无意修改了区块的内容，则该哈希值也将更改，这将提供一种检测数据篡改的方式。

因此，区块将与链条安全地链接在一起，且无法编辑它们。每增加一个区块，都会强化前一个区块的验证，因而也会强化整个区块链的验证。这就像是堆砌木块建塔一样：用户只能在前一层木块之上堆叠木块，如果从塔的中间取出一个木块，则整座塔将垮塌。

第四步，**共享分类账**。系统将中心分类账的最新副本分发给所有参与者。

二、虚拟现实和增强现实

（一）虚拟现实

虚拟现实（Virtual Reality，VR；又译作灵境、幻真）是近年来出现的高新技术，也称灵境技术或人工环境。虚拟现实是利用电脑模拟产生一个三维空间的虚拟世界，提供给用户关于视觉、听觉、触觉等感官的模拟的三维空间虚拟世界，让用户如同身临其境，可以及时、没有限制地观察三维空间内的事物。用户借助特殊的输入/输出设备，与虚拟世界进行自然的交互。

用户进行位置移动时，电脑可以通过运算，将精确的三维世界视频传回以产生临场感，令用户及时、无限制地观察该空间内的事物，如身临其境一般。

虚拟现实可以应用于娱乐（如视频游戏）、教育（如医疗或军事训练）或商业（如虚拟会议）等场景中。

人们可以通过带有传感器的电子设备、护目镜或手套等在 3D 人工环境中进行交互，从而获得真正的沉浸式体验。真正的 VR 环境会调动我们的所有感官（味觉、听觉、视觉、嗅觉和触觉）。

此外，环境中的视觉和听觉体验会与我们的运动相匹配。例如，当我们把头转向右边时，我们所看到和听到的更多的则是右侧场景和声音。

在 VR 场景中，物体都是立体或三维的，这也因此体现出了一种现实感。当我们佩戴 VR 头盔体验虚拟现实带给我们的沉浸感时，头盔会使用立体视觉，通过显示不同角度拍摄的图像，借助我们的双眼来“欺骗”大脑，使之相信它正在观看一个立体物体。

在虚拟现实中，人们进行探索和调查的领域都是无限的，这意味着它的唯一限制就是人们自己的体验或创造虚拟世界的想象力。换句话说，在 VR 环境中，人们可以不受物理环境条件的限制，凭借自己的想象力，任意参观、体验自己想做的任何事情。

（二）增强现实

增强现实（Augmented Reality，AR）是一种实时计算摄影机影像位置及角度，并辅以相应图像的技术。

增强现实（AR），是一种实时的、直接或间接的对现实世界物理环境的观察。它将我们在真实环境中看到的内容与计算机软件生成的数字内容相融合，以某种方式增强我们所处的真实环境。

AR 系统将虚拟信息通过摄像头实时传送到耳机或智能眼镜，抑或是通过移动设备，让我们能够清楚查看 3D 图像。

这种技术可以通过全息投影，在镜片的显示屏幕中将虚拟世界与现实世界叠加，用户可以通过设备互动。典型代表就是大名鼎鼎的 Google Glass，以及游戏

《精灵宝可梦 Go》，这款游戏曾经风靡全球。

AR 将数字信息叠加在我们的现实世界之上。通过 AR 技术，人们可以用自己的智能手机测量某个物体的长度或高度，而不需要携带老式的模拟测量工具，甚至还可以在购买产品前更有效地体验产品。此外，人们也可以利用 AR 来放大实时或之前拍摄的照片，以此获得更好的互动体验。

（三）虚拟现实和增强现实的关系

1. 功能区别

虚拟现实（VR）看到的图像全是计算机模拟出来的，都是虚假的，因此利用 VR 技术可以臆造出一个现实中不存在的物体、人物、环境等。

增强现实（AR）是将虚拟信息加在真实环境中，来增强真实环境，因此看到的图像是“半真半假”的。

2. 交互区别

VR 设备：因为 VR 是纯虚拟场景，所以 VR 装备更多的是用于用户与虚拟场景的互动交互，更多使用的是位置跟踪器、数据手套（如 5DT）、动捕系统、数据头盔等。

AR 设备：由于 AR 是现实场景和虚拟场景的结合，所以基本上都需要摄像头，在摄像头拍摄的画面的基础上，结合虚拟画面进行展示和互动，如 Google Glass（其实严格地来说，ipad、手机这些带摄像头的智能产品都可以用于 AR，只要安装 AR 的软件就可以。）

【本章思考】

1. 这些技术如何应用在企业的各个运营环节？

2. 以一家向在校师生提供饮料、轻食服务的咖啡馆为例，如何应用上述技术来改善运营？

第四章　数字化管理中的决策

管理的实质是决策，决策贯穿于管理的全过程，决定了整个管理活动的成败。如果决策失误，组织的资源再丰富、技术再先进，也是无济于事的。

——赫伯特·西蒙

【学习目标】

1. 理解和掌握决策的内涵及其在数字化管理决策中的核心作用
2. 了解传统决策和数字化管理决策的异同点
3. 具备数字化管理决策的思维、方法和解决问题的能力
4. 掌握数字化管理决策分析的方案设计
5. 设计组织中数字化管理决策的方案框架

【章首案例】

大数据分析：德国取胜巴西的“秘密武器”

在2014年巴西世界杯比赛之前的世界杯足球赛历史中，有一项“铁律”：凡在美洲举办的比赛，还没有一支欧洲球队夺冠。

“还没有一支欧洲球队能够在美洲举行的世界杯上夺冠对于德国并不是一个不好的前景。”时任德国队的助理教练Hansi Flick认为。

三届世界杯冠军德国队的信心来自自身的准备以及两年多与德国的学术机构进行的数据分析研究。这让他们在2014年7月8日对阵五届世界杯冠军巴西队时能够以7：1的悬殊比分赢下来。

“我们准备得非常非常非常充分。我们期待对巴西的比赛。”在赛前，Hansi

Flick 就对记者谈道。在回答德国队如何准备在南美洲举办的世界杯、对阵南美洲的强队时，他说："我们在过去两年中一直在为此努力，我们的一整套系统都是围绕这个进行的。"

在对阵巴西之前，目前保持不败的德国队在本届世界杯上还没有和南美洲的球队对阵。他们在小组赛分别战胜了葡萄牙和美国，与加纳打平，淘汰赛分别战胜了阿尔及利亚和法国。而主要的欧洲强队如西班牙、意大利和英格兰都败在南美洲球队的脚下。

Hansi Flick 表示，为了准备与南美洲球队的比赛，德国队与科隆大学合作，科隆体育大学的 50 个学生在过去两年内建立了一个巨大的数据库。这些数据与其他球探报告一起，成为详细分析巴西队及其每个球员的基础。

"科隆体育大学的学生们对我们的每个对手都做了详尽的分析，他们把他们参加的每场比赛，报纸上关于他们的每篇文章等所有有关他们的信息都收集和整理起来。" Hansi Flick 说，"这些数据与球探报告一起，能够帮助我们针对我们的对手制订比赛计划。这个项目我们已经紧锣密鼓地进行了两年了。我们从学生们的数据里发现了很多极具价值的信息。这有效地帮助我们准备比赛。"

德国队与科隆体育大学的研究人员合作可以追溯到 2006 年。曾任德国国家队的主教练克林斯曼是最早使用这些数据的德国队主教练，整理这些数据的大部分都是足球爱好者，他们对项目非常热情，希望通过自己的努力能够帮助德国队赢得世界杯。

这些学生们对于情报收集的情况进行过保密宣誓，不过项目负责人尔根-布施曼教授接受德国报纸采访时透露，学生们采用不同来源的数据来分析如球员在压力状况下如何反应、他们习惯的跑动路线、在被犯规后如何反应等信息。他说，他能够透露的就是顶尖球队会经常变换他们的比赛策略，除此之外，他不能透露更多了。

德国队对于 2014 年在巴西的世界杯赛的情报收集尤其重视，因为德国还从来没有在欧洲以外获得过冠军：德国的三届冠军分别是 1954 年瑞士世界杯、1974 年西德世界杯和 1990 年意大利世界杯。

（资料来源：Cashcow. 大数据分析：德国取胜巴西的"秘密武器"［EB/OL］. https://www.ctocio.com/ccnews/15991.html.）

第一节　传统决策

从概念上说来，决策是指为了达到一定目标或解决某个问题，设计并选择方案的过程。决策科学是建立在现代自然科学和社会科学基础上的，研究决策原理、决策过程和决策方法的一门综合性学科（Simon，1959，1979，2013）。

一、决策理论发展过程简述

在管理决策理论发展初期，学者们聚焦于围绕期望效用（Expected Utility）这一核心概念以分析“理性人”在风险条件下的一次决策行为。基于期望效用的决策分析模型最初出现于1738年Bernoulli对于风险测度的研究当中（Bernoulli，1954），到1944年，Von Neumann和Morgenstern给出完整的公理体系（Von Neumann and Morgenstern，1944），再发展到20世纪60年代的主观期望效用理论（Fishburn，1981；Schoemaker，1982），形成的丰硕成果有力地推动了管理学的发展和管理实践的进步。随后，大量实验发现了诸多偏离传统最优行为的决策偏差，一系列考虑个体认知及社会行为规律的理论被引入决策分析当中，如前景理论（Tversky and Kahne-man，1979）、确定性效应（Tversky and Kahneman，1981，1986）、后悔理论（Loomes and Sugden，1982）、过度自信理论（Gigerenzer et al.，1991）等，为行为决策理论的形成奠定了基础。进而，Simon提出了“有限理性”标准和“满意度”原则（Simon，1984），强调在决策过程中引入个人的行为要素，如态度、情感、经验和动机等，开启了行为决策理论的新领域。与此同时，以Wald为代表的学者开始使用统计决策函数作为工具来研究序贯决策，强调个体需要不断地从环境中收集新的信息来做出一系列决策，从而形成了动态决策理论（Irwin et al.，1956；Wald and Wolfowitz，1950），如马尔科夫决策过程（Bellman，1957）、贝叶斯学习过程等。此外，在动态决策过程中开始考虑个体的社会联系，分析个人偏好和集体选择之间的关系，形成了以群决策、博弈论（Luce and Raiffa，1989）、社会选择（Arrow，2012）为核心的社会决策理论。

总体而言，管理决策范式经历了由静态决策到动态决策、由完全理性决策到有限理性决策、由单目标决策到多目标决策的演化发展历程，并不断吸收统计学、计算机科学、心理学、社会学等相关学科的知识，既强调科学的理论和方法，也重视决策主体的积极作用。

二、决策概念

无论个人还是组织，几乎每时每刻都在做出决策。但现实中并不是所有的决策都是有效的，因“一着失误”而导致“全盘皆输”的事例古今中外屡见不鲜。

从管理者的角度，决策是管理工作的核心。有人曾对高层管理者做过一项调查，要他们回答三个问题：“你每天花时间最多的是哪些方面?”“你认为你每天最重要的事情是什么?”“你在履行你的职责时感到最困难的工作是什么?”结果，绝大多数人的答案只是两个字——决策。

决策最直接的定义：决策就是指在既定环境下，管理者从备选方案中选择一项行动方案的过程，即人们对行动目标和手段的一种选择或抉择。

有人形象地说，决策是人在一个分岔路口上选择一条通往目的地的道路。这是从抉择、决定、拍板定案角度对“决策”概念的传统认识。这种认识应该说是狭义的，尽管它抓住了决策最直接、本质的含义，即需要做出选择，而不能模棱两可。但广义上，决策不是指某一瞬间作出明确、果断的决定，还包括作决定前进行的一系列准备活动，以及在决定后采取措施落实决策方案。

决策理论学派的代表人物赫伯特·西蒙认为：决策是一个过程，可以划分为四个主要阶段，即：①找出决策理由；②找到一系列行动方案；③对诸行动方案评价和抉择；④确定和实施方案。前三个阶段，与人类解决问题的思维过程的基本步骤紧密联系，主要关心的是：问题是什么，备选方案是什么，哪个备选方案最好。显然，前三个阶段是决策过程的核心，然后经过执行过程中的评价阶段，又进入一轮新的决策循环，因此决策实际上是一个“决策—实施—再决策—再实施”的连续不断的循环过程，贯穿于全部管理活动的始终，即贯穿于计划、组织、人员配备、指导与领导和控制活动之中。可见，广义的决策实际上指的就是管理的全过程。

决策从结果上看是一个瞬间的事情，但从形成决策结论之前来看，却是一个漫长的过程，很难想象如果没有大量分析，很难确定该去选择什么样的方案；同样，如果没有大量选择，很难确定该去执行什么样的方案。所以，分析构成了选择的基础，精确的选择是方案能否执行的关键。决策是分析、选择、执行的全过程，而不仅仅是最终选定某个方案的那一步骤。决策远比抉择、决定的范围广泛。如此将决策概念从狭义拓宽至广义，有利于个人或组织全面地改进和提高决策的质量。换句话说，决策质量的高低、有效性如何，取决于决策全过程中每一步骤的质量，而不只是做出最后决定步骤的质量。

三、决策的类型

实践中企业管理活动涉及的决策问题范围十分广泛，内容较多，且各有特点。为便于决策者从不同层次上把握各类决策的特点，在决策中达到预期的目的，科学地划分决策的类型、合理地采用不同的决策方法和手段是十分重要的。

按决策问题的重复性程度分类：程序化决策和非程序化决策。

一个组织的决策根据其活动是否反复出现可分为程序化决策和非程序化决策。程序化决策即结构良好的决策，非程序化决策即结构不良的决策。一般来说，那种例行的反复出现的决策，如企业中的订货、材料的出入、产品的生产等，属于程序化决策；而那些对不经常出现的、非常规的事情做出的决策一般都是非程序化决策，如制定一个新的战略、对竞争对手的举动做出反应等，这些没有一定的章法可循，因此也就没办法程序化。

按决策活动所涉及的范围分类：战略决策和战术决策。

战略决策是指企业适应时刻变化着的外部环境的一种决策，具有全局性、长期性、纲领性和方向性的特点。战略决策实施是组织活动能力的形成与创造过程，是企业的根本性决策，一般由高层管理者做出。

战术决策是指调整在既定方向和内容下的活动方式，解决的是组织的某个或某些具体部门在未来各个较短时间内的行动方案。战术决策是战略决策的落实，属于执行性决策。战术决策由组织中层和基层管理者做出。

按决策问题的可控程度分类：确定型决策、风险型决策和不确定型决策。

从环境因素的可控程度看，决策还可以分为确定型决策、风险型决策和不确定型决策。

确定型决策是指决策执行后只有一种结果的决策。例如，某决策者想存钱，他有几个备选方案：①购国库券，年利率 2.55%；②存一年期银行定期存款，利率为 1.98%；③存银行活期存款，年利率 0.72%。如果这个决策者的目标只是想多获得利息，那么他的决策是一种确定型决策，在结果十分明确的情况下，选择购买国库券。一般来说，确定型决策是很少的。

风险型决策，是指一个方案可能会出现几种结果，但每种结果出现的概率可以预先客观估计。在每一种不同的状态下，某个备择方案会有不同的执行后果，所以不管选择哪个备择方案都有风险。要注意，决策中所指的风险是指可以计算概率的不确定性。

实际上，大多数企业的决策属于不确定性决策，即方案结果的概率未知。例如，某公司欲发展人工智能业务，但模型的种类、数据集、算法等具有高度不稳定性，采用不同的方案组合，其成功概率无法预估。

其他分类还包括按决策主体，决策分为个体决策和群体决策；根据决策时间的紧迫性，决策分为知识敏感型决策和时间敏感型决策；等等。在此不逐一赘述。

四、决策要素

无论哪种决策，一般都包括六项基本要素。

（一）决策者

西蒙等人认为，决策者在组织中起着核心和动力作用，对组织的影响很大。

决策者即决策主体，是决策系统中体现主观能动性的要素，在决策活动中占有特别重要的地位。在特定社会组织的决策活动中，决策者本身已经发展成为一个群体，不再是个人。即使是作为个体存在的决策者，也已不再是仅仅代表其自身的个体，而是代表群体意志的个体。

（二）合理性的决策标准

新古典经济理论假定决策者是“完全理性”的，认为决策者趋向于采取最优策略，以最小代价取得最大收益。西蒙认为人的认知能力也是单纯的，人的行为的复杂性也不过是反映了其所处环境的复杂性，在这样的环境中，人不可能做出最优的决策。由于现实生活中很少具备完全理性的假定前提，人们常需要一定程度的主观判断，进行决策。也就是说，个人或企业的决策都是在有限的理性条件下进行的。完全的理性导致决策人寻求最佳措施，而有限的理性导致决策人寻求符合要求的或令人满意的措施。

（三）决策目标

决策目标是指决策行动所期望达到的成果和价值。决策目标作为组织决策中不容忽视的要素，往往是与决策者的价值判断联系在一起的。组织决策中应该贯彻什么样的目标，有时很难有统一的标准。在这一时期或者一部分人看来是“恰当”的目标，可能在另一时期或被另一部分人看来是“不恰当”的。

（四）决策对象

决策对象是人的行为可以对其施加影响的客体系统，是决策的行动指向。大而言之如自然、社会和精神领域；小而言之如企业内部的人、财、物等方面。

（五）决策工具

决策工具包括决策系统所必需的决策信息、决策方法和决策手段。

信息是决策的依据，信息的数量和质量直接影响决策水平。决策的信息可分为内信息和外信息。内信息决定了系统的功能，是决策系统运动、变化、发展的依据。外信息是指决策运动、变化、发展的条件。信息的准确可靠是有效决策的前提条件，如何从正确的前提得出正确的决策结论，需要运用科学的决策方法与手段对前提条件进行科学的分析、综合、推理，而后得出正确的判断。

（六）决策结果

决策结果一般有两种形式：一种是存在于人体内的主观精神能力——人的意志，这种意志支配人的未来实践活动；另一种是决策作为一种判断，不仅存在于人的头脑中，而且可以用语言、文字、图表和计算机软件等多种形式来表示。

五、决策程序

人们一般把决策认为是从几个备选方案中选出一个最优的行动方案。但是西蒙等人认为，决策包括从一开始的调查、分析到选择方案等整个一系列的活动。它是一个分阶段、涉及很多方面的复杂活动。虽然决策问题复杂多样，但决策程序一般都遵循以下基本步骤：①调查研究，诊断问题；②系统分析，确定目标；③收集信息，科学预测；④拟订方案，采取对策；⑤全面比较，方案评价；⑥总体权衡，选定方案；⑦进行试点，检验决策；⑧实施决策，控制反馈。

1. 诊断问题

决策是为了解决一定问题所进行的管理活动，所有决策都是针对决策者要解决的问题展开的。所谓问题，就是应有状况与实际状况之间的差距。这里讲的差距或问题，可以是正向的，如提前一天完成生产任务；也可以是负向的，如管理费用超出预算2%。诊断的目的主要是通过研究现状，找出差距及其原因，以判断是否有改善的必要。通过诊断，可以使企业经营者了解企业内部活动及其目标与外部环境的不平衡是否已经存在，是何种性质的不平衡，它对企业的不利影响是否已产生了改变经营活动的必要。

2. 确定目标

发现问题之后，还要研究针对所存在的问题而采取的措施需要符合哪些要求，必须达到何种效果，即明确决策的目标。

决策目标既是制定和选择决策方案的依据，同时也是执行决策、评价决策执行效果的标准。任何组织，在任何时候，都不可能只有一种目标，多元目标之间既相互关联又相互排斥，决策中既要明确主要目标和次要目标之间的关系，以避免在决策实施中将组织的主要资源和精力投放到次要目标活动中去，同时也必须在决策中尽可能地兼顾其他目标。

3. 收集信息，科学预测

即收集组织所处环境中有关经济、技术、社会各方面的信息以及组织内部的有关情况。通过收集情况、分析现状和趋势，发现问题，并对问题的性质、发展趋势做出正确的评估，找出问题的关键。

以肯德基为例，肯德基进入中国市场前曾派人考察市场。他来到北京街头，看到川流不息的人群，穿着都比较低档，就报告说，炸鸡在中国有消费者，但无大利可图，因为中国消费水平低。他没有进行相关信息的收集整理，仅凭直观感觉和经验做出了预测。公司对这个结论表示怀疑，另派人考察。他在北京几个街道上用秒表测出行人流量，然后请500位不同年龄、职业的人免费品尝炸鸡样品，并详细询问他们对炸鸡的味道、价格、店面设计等方面的意见；还对北京的鸡源、油、面、盐、鸡饲料行业进行了详细的调查。经过整体分析，他得出结论：肯德基打入北京市场，每只鸡虽然是微利，但因消费群巨大，仍能赢得高额利润。总公司据此做出决策，于1987年在北京开了首家肯德基店，此店开张不到300天，盈利就高达250多万元。

4. 拟订备选方案

即在确定目标的基础上，从多方面寻找和发现实现目标的途径和措施，通过创造性的活动，拟订出各种可行性方案以供进一步选择。方案拟订的数量和质量对于决策的合理性有很大的影响，这是整个决策的中心环节。

方案的拟订应满足整体上的齐全性和个体间的排斥性这两个条件。整体上的齐全性是指应把各种可能实现的方案尽可能都考虑到，以免漏掉那些可能是最好的方案；个体间的相互排斥性是指可行方案本身要尽量相互独立，不要相互包含。

5. 选定方案和实施阶段

即从可供选用的方案中选定一个行动方案。这时要根据当时的情况和对未来的预测，从中选择最合适的一种方案。在选择方案时，首先要确定选择标准，且对各种方案保持清醒地估计，使决策保持一定的伸缩性和灵活性。

方案选好了以后就要制定实施方案。在执行决策中，要制订相应的具体措施，保证方案的正确实施，并确保与方案有关的各种指令能被所有有关人员充分接受、彻底理解，创造出一种有利于实现决策的氛围。

6. 检验与控制决策

决策是制定决策、实施决策、评价反馈决策的完整过程。在决策实施、执行过程中，即使决策方案事先经过了细致周密的考虑，也会由于各种因素的变化而出现偏离目标的情况，这就要求在决策执行过程中，实施控制反馈，进行追踪检查。通过评估和审查，可以把决策的具体的实行情况反馈给决策者；如果出现偏差，就及时纠正，保证决策顺利实施，或者修改决策本身，以使决策更加合理。

六、决策的方法

通常，决策方法分为定量和定性两大类。本书仅介绍两种定量决策方法。

定量决策是指决策的目标本身就表现为数量指标的决策，例如，企业管理中涉及提高产量、利润或降低成本等决策，其核心是把决策的变量和变量之间、变量和目标之间的关系用数学式表示出来，建立数学模型；然后根据条件，通过计算求得答案。定量决策方法主要应用于对组织在既定方向下从事一定活动的不同方案中做出选择。

（一）确定型决策

确定型决策是指各个备选方案都只有一种确定结果的决策。对确定型决策问题，决策的关键是判断什么样的行动方案能最好地实现既定决策目标。

例如，某企业向银行借贷一笔长期资金，利息要越低越好。假定有五家银行长贷利率分别为8%、7.5%、7%、6.9%和6.5%。这是一个简单的确定型决策的例子，它具有五个备选方案，从中选取符合决策目标（即利息最低）的方案非常容易，即这家企业应该向利率为6.5%的那家银行贷款。

（二）风险型决策

风险型决策下，方案实施可能会出现几种不同的情况（自然状态），但每种情况下的后果（即效益）是可以确定的，所不可确定的是最终将出现哪一种情况（自然状态）。犹如天气有晴、雨、阴等几种状态，哪种状态将最终出现，谁也无法事先作出肯定的判断，所以就面临决策的不确定性。但只要人们基于历史的数据或以前的经验，就可以推断出各种自然状态出现的可能性（即概率），那么这种决策就是风险型决策。

根据统计中的大数定律，当经营次数趋于无限时，平均损益是以损益的期望值为标准表现形式。所谓期望值，就是方案各不可控状态出现的概率与其出现时所带来的损益的乘积的总和，而标准差就是各状态损益值相对于期望值的离散程度。标准差与期望值之比，就代表经营的风险度。在风险型决策下，由于人们计算出的各方案在未来的经济效果只能是考虑到各自然状态出现的概率的期望收益，该数值与这一方案在未来的实际收益值并不会刚好相等，因此，据此选定决策方案就不免伴随着一定的风险。风险型决策的基本目标，就是要达到期望值最优（指预期平均收益最大或预期平均成本最小），但同时使方案的风险度保持尽可能低。

风险型决策的方案评价方法有很多，我们这里主要介绍决策树和决策表两种计算方法。举例如下：

某公司为投资某种新产品拟订两个方案：一是建设规模较大的工厂，二是建设规模比较小的工厂。假设两者的使用期一样，但建大厂需投资30万元，建小厂只需投资20万元。这种新产品未来的销路有好坏两种情况，它们出现的概率分别为0.7和0.3，相应的损益值预测结果是：建大厂方案下，如果销路好，生产经营这种新产品能带来100万元的收益，但如果遇到销路差，则要损失20万元；建小厂方案下，如果销路好，经营收益能达到40万元，而如果销路差，则只有20万元的收益。试问哪一种方案更可取？

（1）决策树法。这是一种以树形图来辅助进行各方案期望收益的计算和比较的决策方法。决策树的基本形状如图 4-1 所示。

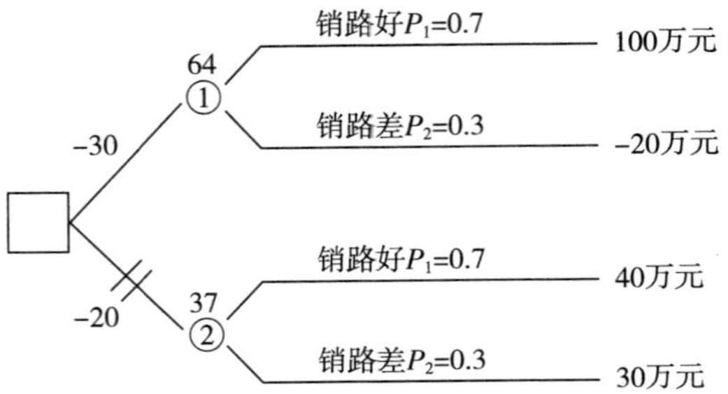

图 4-1 决策树法

在图 4-1 中，方形节点□表示决策点，由决策点引出的若干条一级树枝叫作方案枝，它表示该项决策中可供选择的几种备选方案，分别以带有编号的圆形节点①、②等来表示；由各圆形节点进一步向右边引出的枝条称为方案的状态枝，每一状态出现的概率可标在每条直线的上方，直线的右端可标出该状态下方案执行所带来的损益值。

用决策树的方法比较和评价不同方案的经济效果，需要进行以下几个步骤的工作：

1）根据决策备选方案的数目和对未来环境状态的了解，绘出决策树图形。

2）计算各个方案的期望收益值。这首先是计算方案各状态枝的期望值，即用方案在各种自然状态下的损益值分别乘以各自然状态出现的概率（P_1，P_2）；然后将各状态枝的期望收益值累加，求出每个方案的期望收益值（可将该数值标记在相应方案的圆形结点上方）。在上例中：

第一方案的期望收益=100×0. 7+(-20)×0. 3=64（万元）

第二方案的期望收益=40×0. 7+30×0. 3=37（万元）

3）将每个方案的期望收益值减去该方案实施所需要的投资额（该数额可标记在相应的方案枝的下方），比较余值后就可以选出经济效果最佳的方案。在上例中，第一方案预期的净收益=64-30=34（万元）；第二方案预期的净收益=37-20=17（万元）。比较两者，可看出应选择第一方案（在决策树图中，未被选中的方案是以表示“剪断”的符号“//”来表示）。

（2）决策表法。决策表法实际上与决策树法原理相似，只是表示的方式有所不同。仍以前述例子来说明，其决策表见表 4-1。

表 4-1　决策表

方案的自然状态		损益值	概率	期望收益	投资额	净收益
方案一	销路好	100	0.7	64	30	34
	销路差	-20	0.3			
方案二	销路好	40	0.7	37	20	17
	销路差	30	0.3			

以上介绍的对风险型决策方案的评价主要是考虑方案的收益情况，但忽略了各方案潜存的风险。实际上，风险型决策方案的选择并不能纯粹看期望收益值的大小，还必须同时兼顾方案的风险度，即各状态下的收益值与期望收益的偏离程度。在预期收益值相当的情况下，预期收益偏离程度越小，即风险度越低的方案，应该越可取。

第二节　基于数字技术的决策

近十多年来，大数据作为互联网、物联网、移动计算、云计算、人工智能等技术变革会聚而成的颠覆性力量，在经济、社会、生活各个领域不断触发日新月异的变革，同时也在国家、产业、组织、个人等各个层面上重塑着管理决策的过程和方式。大数据在经济社会、政府决策、产业政策、教育、商业、运营等各方面发挥了不可或缺的作用，同时也呈现出高频实时、深度定制化、全周期沉浸式交互、跨组织数据整合、多主体协同等新特性，亟待探索新的管理决策思想和手段，以驾驭其动能、开发其价值。数字时代的决策实践，具有跨越多学科（如管理、信息、数理、医学等）、多领域（如商务、金融、医疗健康、公共管理等）的特征，具有粒度缩放、跨界关联、全局视图等与以往决策截然不同的特质。

在大数据环境下，管理决策的理论与实践正在经历着一系列极为深刻的变化，管理决策范式开启了一轮新的转变。这种转变全面地体现在管理决策范式的信息情境、决策主体、理念假设、方法流程四方面要素之中。

一、大数据环境下决策范式概述

大数据环境下，管理决策正在从关注传统流程变为以数据为中心，管理决策中各参与方的角色和信息流向更趋于多元和交互，使新型管理决策范式呈现出大数据驱动的全景式特点，在信息情境、决策主体、理念假设、方法流程等决策要素上发生了深刻的转变。

第一，在信息情境方面，决策所涵盖的信息范围从单一领域向跨域融合转变，管理决策过程中利用的信息从领域内延伸至领域外，即“跨域转变”；第二，在决策主体方面，决策者与受众的角色在交互融合，特别是决策形式从人运用机器向人机协同转变，从人作为决策主导、以计算机技术为辅助，逐渐向人与智能机器人（或人工智能系统）并重转变，即“主体转变”；第三，在理念假设方面，决策时的理念立足点从经典假设转向宽假设，甚至无假设条件转变，支撑传统管理决策方法的诸多经典理论假设被放宽或取消，即“假设转变”；第四，在方法流程方面，决策从线性、分阶段过程向非线性过程转变，线性模式转变为各管理决策环节和要素相互关联反馈的非线性模式，即“流程转变”。

二、跨域转变

在决策理论发展演化过程中，建立决策模型所考虑的信息逐渐丰富。早期的期望效用理论忽略了人的个体差异以及环境因素。随后发展起来的行为决策理论引入了对个体行为信息的分析，动态决策方法的研究中则开始重视对环境信息的采集，而决策支持系统的提出则进一步考察了决策者与外部信息环境的交互。尽管情境信息逐渐丰富，但传统的管理决策仍然聚焦于将直接相关的特定领域情境作为解决问题的输入信息，经信息分析过程形成最终的管理决策输出。例如：在市场投资规划中，基于市场定价和交易信息刻画投资者偏好，依据企业年报内容评估投资价值及风险；在疾病检测中，以治疗为核心收集并分析患者的诊疗记录，通过病源和病理分析提取疾病特征；在公共安全管理中，结合历史活动经验和调查记录设计应急预案，借助现场监控数据进行突发事件初步分析；等等。

在大数据环境下，许多管理决策问题从领域内部扩展至跨域环境，将公众以及其他决策相关者的信息纳入考量。这些跨域信息的补充使决策要素的测量更完善可靠，进而提升管理决策的准确性（Davenport et al.，2012；McAfee and Brynjolfsson，2012）。首先，领域外大数据与领域内传统信息的结合，使决策要素的测量更完善可靠，进而提升管理决策的准确性；其次，领域外大数据的引入，使在经典模型中添加新的决策要素成为可能，对于不能完全用领域内信息刻画和解释的现实问题，大数据融合分析可以有效地突破领域边界，为管理决策提供更开阔的视野。在管理活动的各个具体领域当中，面向各种实际问题，大数据环境下的决策研究与实践逐渐形成了立足于跨域信息环境的决策范式，支撑管理决策的信息从单领域延伸至多领域交叉融合。

例如，在财务管理决策中，在传统的企业常规信息的基础上，引入了外部机构市场研究报告、新闻媒体、社交网络、行业/地区年鉴等多渠道非官方数据，并通过跨域信息的融合分析挖掘传统范式中不可测量的企业潜在价值，从而有效提升企业价值评估和投资管理决策的可靠性和准确性。在传统的投资管理决策中，企业财务报表等官方发布的内容是主要的决策参考信息。传统范式采用的财务三张报表（即资产负债表、现金流量表和利润表）旨在反映企业的运营能力、偿债能力和盈利能力。投资者根据对企业经营现状的判断来制定多种投资决策。然而，滞后的财务记录和传统的财务视角往往无法及时捕捉业务变化。此外，互联网环境中积累了关于用户特征、忠诚偏好、交易记录、商誉口碑等的动态大数据，基于这些信息引入的“第四张报表”可以更灵敏地反映企业的数据资产和未来价值。以用户为中心的新增报表将分散在各领域、系统中的大数据集合起来并分析其与企业价值之间的关联，具体内容包括但不限于口碑、忠诚度、品牌、公允价值/无形资产等，被视为财务管理决策范式转变的关键。新型的财务管理决策范式将互联网非官方大数据与企业官方信息相结合，综合现状分析和发展预判，形成更为全面有效的价值评估和投资决策。这也标志着成型于20世纪初期、主导世界近百年的财务价值测量体系面临转变，经济活动测量的焦点从绩效记录发展到价值创造。

三、主体转变

在传统决策理论中，决策主体经历了由个人决策到组织决策、由个体决策到群体决策（如群决策、博弈论、社会选择理论）、由决策者独立决策到决策支持系统辅助决策者共同决策的转变。大数据环境下，担任决策者的决策主体发生了重大的转变。

首先，由于数据环境的繁荣和开放，部分决策受众转化成了决策主体。例如，在许多情境中，产品的消费者已经能够参与到产品的设计和生产过程中。随着人工智能技术的迅速发展，智能系统越来越多地主动参与到决策过程之中。在某些领域，完全由智能系统和计算机算法直接做出决策已成为可能并且在实践中得到应用（如智能投顾系统、自动驾驶系统等）。决策主体不再是单一的组织或个人，而是人、组织与人工智能的结合。面向特定的管理决策问题，人与智能机器人/智能系统分工合作，共同对决策目标、方案和信息进行分析和判断，从而形成有效的决策。在这样的转变中，智能机器人/智能系统所扮演的不仅是决策支持者的角色，而是拥有部分直接决策权，甚至在某些情境下拥有完全直接决策权的主体决策者的角色。

其次，决策主体的转变也使智能化技术在管理决策中的作用范围延伸到了管理决策的全过程，既包括方案的制订和选择，也涵盖了效果跟踪、评估与反馈等其他关键环节。在传统决策理论中，西蒙提出决策者是“有限理性”而非“完全理性”，主要指的是决策者无法在决策之前获取全部备选方案和全部信息（Simon，1984）。而在大数据的环境下，稀缺的关键性资源不仅是数据本身，还包括处理和利用这些数据与信息的能力。一方面，大数据的可得性使更多的决策要素能够被纳入决策方案的制定过程中，使智能化决策变为可能，可以极大地提高决策过程效率并产生更高的一致性与透明度；另一方面，人工智能分析方法和技术可以根据完整数据集综合分析来提供智能建议，将决策结果量化展示，在很多情形下可以避免决策者个人的主观理解和解释偏差。随着机器行为学研究的深入以及人机协同理论与应用的进一步发展，新型管理决策范式以人与智能机器人/智能系统共同作为决策主体，逐渐趋向于管理决策全过程的主体智能化。

一个典型的例子是在人力资源领域，在人员招聘与配置、人力资源开发和组织文化建设方面，可以通过整合多源数据，挖掘和建立人员评估、管理风险评估、组织文化合理性评估的量化模型，形成基于大数据的智能化人才管理，使传统的基于经验性、主观性、滞后性的人力资源管理向基于分析性、客观性、前瞻性的新形式转移。

传统的人员招聘与配置过程中主要依靠经验判断与简单的统计分析，存在很强的主观性和模糊性。此外，在人力资源开发过程中也可能存在关注不够及时、了解不够全面等问题，因此管理也往往具有滞后性。基于大数据的智能化人才管理，可以利用系统中全面的数据对人力资源管理形成一个“闭环系统”。在人员招聘与配置方面，通过基础的人工智能包括自然语言处理、深度学习、语音识别等技术，实现智能简历的筛选、智能的人岗匹配、智能的面试评估，从而做到对整个招聘流程智能化地改造。在人力资源开发方面，能够科学识别优秀管理者与人才潜力，预判员工离职倾向和离职后影响，并为有针对性的人才获取、培养与保留提供智能化支持。在组织的文化建设方面，通过分析部门活力和人才结构，能够科学评估组织稳定性，揭示组织间人才流动规律，为组织优化调整、高效人才激励与促进人才流动提供智能化支持；同时人工智能技术也可以及时呈现组织内外部舆情热点，智能分析外部人才市场状况，为管理者提升公司口碑，提振员工士气，为公司在文化战略相关工作的制定提供智能化决策。

四、假设转变

在传统管理决策中，通常需要基于领域内的经典理论假设构造模型，进而提出并解决具体的现实问题。例如：在理解消费者行为时，假设消费者的行为决策完全理性、其对商家营销的反馈遵循归因理论；在分析金融市场环境时，假设各资产收益间线性相关、价格变动遵循有效市场假说、市场主体依据效用函数进行博弈；在管理产品库存时，假设供给稳定、需求连续发生且服从某种先验分布；等等。这些假设在决策理论的演化过程中也在发生着变化，例如，期望效用理论中的客观概率逐渐被替代为主观概率，传统理性决策中效用最大化的假设被替代为有限理性假设。但总体而言，传统管理决策所长期采取的是强假设范式，大部分决策分析模型都需要较强的理论假设作为依托。

在大数据环境下，管理决策对于理论假设的依赖大幅降低。首先，大数据所提供的新途径、新手段能够帮助我们识别经典假设与现实情况之间的差异。相较于仅依据经典假设来进行建模和问题求解，结合大数据分析结果的管理决策更加准确和有效。例如，通过大数据分析拟合出产品需求的真实复杂分布情况，可以有效取代那些借助经典分布的先验假设来动态制定生产计划的方法。其次，大数据有助于放宽或消除那些为了简化问题而设置的经典假设。传统管理决策中，人们已经意识到这些假设的局限性，例如，西蒙在决策过程中引入个人的态度、情感等行为要素，即是试图突破理性人假设对决策理论的制约，但由于观测手段和数据可得性的限制，传统决策理论仍然难以摆脱这类基础假设的限制。直到大数据环境的形成，更丰富信息的可测可获，才使这些局限被打破、视角被放宽。例如，基于竞价行为数据，可以构建可迭代更新的决策模型，以突破市场主体效用函数的不准确性和不可观测性。

假设转变的一个典型例子是运营管理决策。对于库存管理等典型运营管理决策问题，可以根据具体问题的情境特点建立不依赖于传统特定假设的新模型，并借助大数据及其分析方法来完成模型求解和影响机制探究，进而提升管理决策效果。供应链中的企业在其库存管理决策中，需要考虑产品供给、需求、库龄等多种因素，可通过构建优化模型并求解来指导现实决策。为使优化模型具有较好的数学形式和性质，进而可计算出显式解，传统范式预先对各因素的属性特征和概率分布进行简化假设（如订货点法），但可能与现实情况和精准决策生成相去甚远。例如，传统的订货点法假设供给已知且稳定、需求连续发生且服从先验分布、库龄统一等，但实际情况中产品的特殊性可能导致供给不可靠、需求分布可变、多库龄共存等复杂特性。在大数据驱动的新型管理决策范式中，领域大数据的获取使库存管理优化模型得以纳入上述更多可测因素，大数据分析方法和技术也能够支撑更复杂的模型的求解。

五、流程转变

传统管理决策通常遵循线性的过程展开，按照目标制定、信息获取、提出方案、选择方案、评估方案等环节按步骤生成解决特定问题的决策结果。在决策理论发展历程中，对决策过程的划分不断细化。早期的观点将决策的过程分为初步讨论、深入讨论、解决问题三个前后衔接的阶段（Hansson，1994）。在此基础上，许多学者对决策过程模型进行了扩充和修正，代表性学者有西蒙（1960）、Brim 等（1962）和明茨伯格等（1976）。尽管在各个决策阶段的划分和名称上有所不同，这些模型都认为决策是线性、分阶段的过程，也一直在管理决策实践中被广泛应用。例如：在分析消费者行为时广泛采用的“营销漏斗”理论（Elzinga et al.，2009），根据行为数据判断消费者所处购物阶段，进而依次在其后续各阶段实施针对性营销；在实现健康管理时，结合患者入院后的临床记录和面对面交流内容依次对其进行疾病诊断和治疗，再基于诊疗效果提供院外护理建议。

在大数据环境下，线性流程的适用性和有效性显著降低。首先，大数据及其融合分析方法使全局刻画成为可能，现实情境常具有多维交互、全要素参与的特征，且涉及的问题往往复杂多样，使能实现多维整合并能针对不同决策环境进行情境映现和评估的非线性流程更为适用，如通过融合患者各方面健康信息为其在疾病治疗前、中、后期制定不同的健康管理方案。其次，大数据“流”的特性支持对现实场景中各要素间动态交互的刻画，能发现非线性、非单向的状态变化并对管理决策进行相应的动态调整，因此信息的实时捕捉和反馈令新型范式更及时有效，如根据灾害现场的实时信息监测和措施反馈动态生成应急疏散路线。为提升管理决策范式在新情境下的效力，出现了向连续、实时、全局决策且允许信息反馈的非线性流程转变。

流程转变的一个典型例子体现在营销领域中。传统"营销漏斗"理论的"意识—考虑—购买—忠诚—宣传"模式对应着"吸引—转化—销售—保留—联系"的线性步骤和策略，而在大数据环境中，可以构建以消费者为中心的消费市场大数据体系，通过对其线上购物行为的全景式洞察形成面向消费者全生命周期、非线性的市场响应型营销管理决策新模式。如图 4-2 所示，这种传统的线性管理决策流程往往生成的是被动、滞后的营销策略，且因缺少对消费者所处购物场景的全局洞察而具有较低的灵活性和准确性。而大数据分析结果表明，消费者在"营销漏斗"的各个阶段间的转换率和转换方向具有高度随机性，因此通过实时分析技术可以显著缩短信息获取和处理周期，令数据融合、全景洞察、智能策略、长效评价等各环节迭代进行，对动态信息进行即时判断和实时响应，并通过决策结果与消费者的最新交互反馈回流来修正模型中有关阶段转换概率的假设和分布，从而通过新型非线性流程准确分析消费者行为、优化管理决策效果。

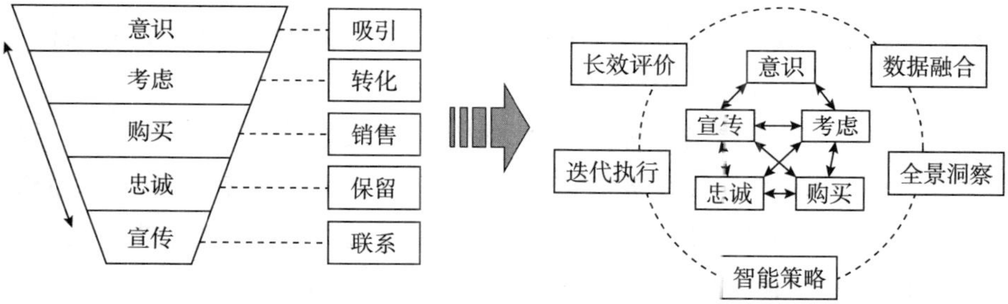

图 4-2　营销领域管理决策范式中的流程转变

第三节　大数据决策带来的创新

在新型大数据决策范式下，激发了一批大数据使能的管理研究与应用，相关的研究方向包括机器人行为学与智能技术增强的管理决策行为、企业大数据能力培养及战略性数据应用、面向数据市场的商业价值建模与评估、大数据环境下的市场新机会发现、基于大数据共享的新型企业协作与联盟建模、新兴移动商务模式下社会化互动模式的创新扩散机制、用户生成内容对金融市场表现的影响机制、基于大数据全景式洞察的“智慧零售”等。

下面重点从行为洞察、风险预见和模式创新三个方面归纳和讨论基于大数据决策范式和使能的价值创造。其中，行为洞察指的是基于对大数据的分析，发现不同领域中个体或组织潜在的有价值的行为模式或模式演化路径，更深入地认识事物的真实状态和事物间的影响关系；风险预见指的是借助大数据从多个维度动态跟踪行为/事件/行业的变化，更系统、精确、及时地评估和监测潜在风险；模式创新指的是通过构建大数据能力，持续驱动服务、决策和应用模式的推陈出新。

一、行为洞察

在商务领域，一个关键性的管理挑战在于识别不同层次的对象（如消费者、企业等）潜在的、有价值的行为/活动模式，以及不同模式的演化过程。传统管理范式中，对行为模式的分析往往依据现有理论或实践经验。通过对不同领域的大规模、细粒度的数据进行分析能为更科学、及时、精确的行为或活动规律洞察赋能。

在基于开放媒体数据的市场新机会发现方面，搜索引擎由于其用户的广泛性和通用性，是一类非常重要的大数据的来源，对于了解和分析市场用户的意图、动态、潜在模式等都具有重要的意义。相关研究通过将搜索日志数据作为深度了解和感测市场用户对品牌和公司的竞争性和竞争强度的一个重要数据来源，设计了相应的竞争者识别的测度，提出了基于随机游走的识别模型，从而智能识别出反映市场用户意图和认知的竞争品牌（Wei et al.，2016）。

在大数据信息搜索服务领域，面对迅速发展的互联网电子商务环境，即使有高性能搜索引擎的帮助，对于在线电子商务平台和消费者而言，仍需面对数据过载的现象，如成千上万的有效搜索结果、成百上千的在线评论等。如何从大数据集合中提取出最优价值的小集合是大数据洞察的一个重要挑战。针对这一问题，相关研究从三个不同的信息维度（覆盖性、冗余性、结构性）设计新颖的测度来评价数据集合的整体质量，洞察代表性意见和用户意见分布情况（Ma et al.，2017）。

此外，从用户行为机制的视角，相关研究探索了用户个体使用社会媒体的行为动机，针对社会媒体具有满足某些心理需求的可供性，在自我决定和心理所有权的理论基础上，识别出五种心理需求，并基于 Facebook 的行为记录数据发现人们会通过使用具有不同可供性特征的社交媒体功能来满足这些心理需求（Karahanna et al.，2018）。在组织内新型信息系统应用的场景下，有研究结合社会网络视角分析了新信息系统的用户采纳行为，例如，通过综合分析医院电子病历系统使用数据，发现寻求型网络闭包和给予型网络闭包特征对用户的采纳行为具有关键性的影响（Wu et al.，2017）。在移动互联网场景下，有研究基于移动应用程序的多样化使用行为数据，分析了用户在移动应用程序的消费过程中的探索行为，发现具有强烈探索倾向的个体表现出寻求多样性、冒险和更高参与度的行为模式，流行度较低的移动应用程序具有更大的、能激发个人探索行为的潜力（He and Liu，2017），借助于这些对用户行为特征的洞察，移动应用程序的功能体验设计能够得到有效的持续改进。在旅游管理领域，研究者利用多渠道的旅游景点评论数据，从评论可读性和评论作者的情感习惯倾向等角度，探索了影响用户对评论有用性进行投票的因素，识别出用户对评论有用性投票时的行为模式（Fang et al.，2016），从而为有效理解和开发用户投票信息的潜在价值提供了机制上的依托。

可以看到，上述研究所面临的相关问题包含着不同的决策情境，涉及不同的决策理论和过程。从大数据决策范式的视角审视，也呈现出不同的决策要素转变。例如，在竞争者识别问题中通过引入用户意图和兴趣等信息，体现了管理决策的跨域特点；同时不再依赖于业务领域的既有知识和基本假设来设定竞争者的范围，也体现了宽假设特点。在搜索行为洞察问题中，提出的智能算法作为决策主体的一部分，与决策者共同完成信息凝练的决策，也在一定程度上体现了智能主体特点。此外，在移动应用使用行为问题中，借助对用户使用行为的实时洞察，应用功能设计决策成为动态持续过程，呈现出非线性特点。

二、风险预见

风险评估与监测是管理决策中的重要议题。传统管理决策中的风险预见主要依托于领域知识，选择既定的风险评估方法并设置相对固定的风险预警阈值。通过大数据能力构建，可以更加高效、精准地对不同领域中个体、企业以及行业存在的风险进行评估、监测和实时预警。

从企业运营和绩效的角度，相关研究发现企业应用系统可以有助于降低企业风险。在外部环境剧烈波动的情况下，基于企业应用系统的配置决策影响是非线性的，即模块配置数量存在一个最优值，而非越多越好（Tian and Xu，2015）。

此外，企业应用系统与市场资本环境存在内在因果关系，可以据此进行企业风险评估和检测，例如，在运营透明度、内部信息环境、审计质量和效率等方面（Pincus et al.，2017）。又如，通过设计组织内社会化媒体平台的代表性信息提取方法，为组织内更有效地发现“群体智慧”和监控舆情以更好地支持决策提供了有力支撑，从而降低组织内风险（Guo et al.，2017）。

在企业 IT 投资风险管理方面，相关研究从 IT 治理体系入手，探讨了所有权集中所带来的治理效应，分析了企业治理与 IT 投资的因果关系，发现企业在做 IT 投资决策时，一般默认以行业平均水平为锚定，但这并不一定是经济上最优的决策，而偏离锚定的 IT 投资需要配备充分的治理动机和能力才能真正形成正向的经济影响（Ho et al.，2017）。进一步的研究分析了企业如何通过 IT 减弱在资本市场中的信息不确定性。信息不确定性理论（Information Uncertainty，IU）认为，资本市场的弱有效性可以部分归因于企业披露信息的不确定性，即信息中可能存在的波动性。研究发现，企业应用系统的实施能够通过减缓两种导致产生信息不确定性的因素来降低这种不确定性，这两种因素分别是基本面波动、企业内部信息噪音（Jia et al.，2019）。此外，对于建立强制性信息安全标准是否能够有效地降低企业的安全风险的问题，研究发现，更高的安全标准并不一定会带来更高的公司安全性（Lee et al.，2016）。

同样，上述问题和决策情景也呈现出不同的决策要素转变特点。例如，企业应用系统与市场资本环境的关系研究突出体现了跨域信息特点；组织内社会化媒体平台的代表性信息提取问题和求解具有宽假设和主体智能的特点；企业治理与 IT 投资相关问题则在一定程度上反映出宽假设和非线性过程的特点。

三、模式创新

在不同领域，大数据持续驱动传统决策方式、服务模式或者商业模式的转变。通过大数据能力构建和使能，新的服务/商业模式不断涌现。作为新兴互联网商务的一个典型场景，传统的零售模式得到升级重塑，通过综合运用物联网、云计算、人工智能等技术手段，形成线上线下深度融合的零售新模式。在这样的新模式下，迫切需要探索如何在多个决策点融入大数据应用，实现“产品+服务+社交”的管理决策优化。

在高维大数据的用户辨识以及环境要素建模方面，相关研究从个性化推荐的角度入手，通过融合更多的用户行为信息以提高推荐的准确率并创新业务推荐模式（He et al.，2019；He and Liu，2017；Liu et al.，2017；Wang et al.，2016）。同时，考虑用户消费过程中的探索行为，设计基于目标的探索性模型以发现探索倾向模式以及移动应用的特点（He and Liu，2017）；考虑涉入理论（Involvement Theory），设计整合下载和浏览行为的新颖推荐策略（He et al.，2019）；考虑产品关系以及组合购买动机，设计基于概率图模型的新的捆绑推荐策略（Liu et al.，2017）。此外，通过分析异质性消费者的在线搜索行为，设计预测消费者搜索增益等智能算法，从而可以帮助消费者解决“何时停止”的问题，并在此基础上设计更优的推荐模式（Wang et al.，2016）。

在新兴商务模式下的社会影响机制分析中，相关研究揭示了商家突出展示某选定用户点评并注明此点评的营销性质对消费者决策的影响。这种新型的营销策略有两种互相抵触的效果：一是凸显效应，即页面上更显著的信息往往更能让人记住，并对人的判断有更大的影响；二是消费者可能生成的怀疑心理带来的负面作用（Yi et al.，2019）。针对在线评论的有用性问题，研究工作将评论意见的一致性引入建模和分析中，形成更为新颖全面的代表性评论意见的提取方法和展示策略（Zhang et al.，2016）。同时，研究发现，企业在社交媒体上与消费者的互动能够深入影响消费者未来的满意度；尤其对于当前满意度较低的消费者来说，商家对消费者发布在社交媒体上的抱怨内容进行及时回复可以显著提高该部分顾客未来的满意度（Gu and Ye，2014）。在广告模式创新的研究中，通过分析电商广告在吸引顾客流量中的竞争作用，发现如果考虑电商广告的抵消作用，竞争的电商企业应该选择不同的广告规模，从而削弱价格竞争、增加利润。广告成本的降低会导致电商企业扩大广告规模，但是未必会导致更激烈的价格竞争，企业利润也未必会增加（Wen and Lin，2019）。在移动数据服务模式创新的研究中，对于如何影响潜在的用户创新者参与并鼓励现有的用户创新者再次进行创新的问题，相关研究发现，预期的外在奖励会影响潜在的和实际的用户创新者的创新意图，其中潜在的用户创新者比实际的创新者更重视预期的外在奖励。但是，预期的认可和移动服务平台的工具性支持仅仅影响实际的用户创新者，而预期的享乐感仅影响潜在的用户创新者（Kankanhalli et al.，2015）。在基于社会化协作的众包模式分析以及新兴业态建模方面，针对众包平台的最优定价模式的研究发现，在实践中广泛使用的线性费用模式并不是最优的，建模分析发现服务费应该是任务奖金的递增凹函数，即平台应该降低高额竞赛的费用。此外，众包平台中竞赛数量和参赛者数量应该保持在一个最佳比例，以提高整个平台的收益（Wen and Lin，2016）。

类似地，上述研究工作也反映出管理决策范式转变的不同情境。例如，高维大数据的用户辨识以及环境要素建模问题突出体现了跨域信息特点；捆绑销售策略以及异质消费者搜索增益预测问题，呈现出鲜明的主体智能特点；新兴商务模式下的社会影响机制问题在一定程度上体现了非线性和宽假设特点。

第四节 数据驱动决策的流程

一、根据特征确定问题类型

第一种是确定型决策问题，其所对应的问题是指问题本身非常明确、目标清晰、数据充沛、各个备选方案都只有一种确定的结果的决策。对确定型决策问题，制定决策的关键环节是判断什么样的行动方案能最好地实现既定决策目标。

例如，某位大学新生，在办理完入学手续后，手上还有笔余款，他想把它存起来，或保留在其他能绝对保证它安全的渠道，利率要尽量高一些。他有几个备选方案：①购国库券，年利率 2.55%；②存一年期银行定期存款，利率为 1.98%；③存银行活期存款，年利率 0.72%。如果这个决策者的目标只是想多获得利息，那么他的决策是一种确定型决策，在结果十分明确的情况下，选择购买国库券。

确定型决策问题的特征是：

- 问题清晰。本例中“存钱”。
- 目标明确。本例中“多得利息”。
- 数据需求明确。本例中“三种方案，回报率固定”。
- 数据相对容易获取。本例中“咨询不同的机构和人员即可获得”。
- 决策标准清晰。本例中“计算三种方案哪个回报最高”。

第二种是风险型决策问题，即问题中存在不确定性因素，一个方案出现几种可能的结果，但每种结果出现的概率可预先客观估计。每种不同状态下，某个备选方案会有不同的执行后果。此处的风险，是指可以计算出概率，或具有客观概率的不确定性。

第三种是不确定型问题，其特征是：问题本身不清晰、目标不清晰、结果不清晰、所需数据更不清晰等。例如，上例中的大学新生如果选择把资金投入股票市场，则这个方案的结果至少有三种：盈利、亏损、保本。但该位大学生盈利、亏损和保本的具体概率却无法预估或计算出。

二、决策程序

总体而言，无论决策问题的类型是哪类，其决策过程基本类似。都包括以下环节：

（1）明确问题和目标。

（2）收集相关数据。

（3）对各方案的数据进行处理、分析，得出损益值。

（4）按决策标准进行选取。

（5）形成决策行动方案。

（6）执行决策，获得反馈，评价决策。

三、决策的数据方面

数据驱动型决策与传统决策一个重要的区别在于数据方面。

（一）决策中的数据环节

1. 问题转化形成数据需求

确定型决策问题本身问题清楚，可以非常精确地描述出来，同样其目标也可以以此精准导出，其后就可将目标转化为清晰的数据需求。

在上文的大学新生存钱的例子中，决策问题是：如何在保证资金绝对安全以支持该位学生在大学期间的生活和学习的同时，获取一些安全收益。所以其决策问题的目标可概括为：①资金绝对安全；②一定的安全收益。相应地，所形成的数据需求是：资信和风控水平最高的几家银行、各家银行的存款利率、理财收益率、存取款办理的具体规定。

对于风险型决策和不确定型决策，由于这两类问题属于决策者对于决策问题的认识不高、决策情况不明的情形。因此，首先要求决策者在一个更广的范围内对问题进行全方位分析，获取关于问题的更多知识，增加对于问题的认知，从中提炼出数据指标，转化为数据需求。

例如，对于中国企业三一重工而言，如何更好地为客户提供服务是一个不确定的决策问题。此时，企业要想解决这一问题，就要全方位地分析自身和客户的情况：客户如何低成本、高效率地使用工程机械？而这一问题又可以转化为：如何帮助客户正确使用工程机械、减少故障？这一问题可以继续转化为：如何获得客户使用工程机械的数据？至此，“如何更好地服务客户”这一不确定性决策问题的数据需求浮现出来，就是：获取用户实时使用三一重工工程机械的数据，公司以此数据提供最佳的综合服务方案。

2. 数据收集

当决策目标转化为数据需求后，就要利用各种工具、技术和手段，寻找数据来源和渠道，去获得数据。这个过程要注意以下几点。第一，定义所收集的数据范围。传统决策中，受限于信息和数据来源，特别看重在定性分析基础上寻找相关信息；而在大数据时代，有时很难提前判断数据是否具有相关性。因此，在收集数据时，要保证一定的数据范围，避免漏掉决策支持数据。第二，避免在数据收集过程中，提前下结论。

3. 数据整理

研究表明，数据分析过程中50%~80%的分析时间花在整理存在错误、不一致和分析组织不良的数据上。因此，如何将质量不高的数据改造成能用的高质量数据，对于决策非常重要。数据整理是指当收集到一定数量规模的数据后，要及时对这些数据进行必要的评估、测试、清理、清洗等，它是一个汇集来自各种数据源的数据并清理数据以便于访问和分析的过程。最终目标是简化数据准备工作流程。这个过程更多地用到数学、统计学等专业知识和技能。

4. 数据计算

数据计算是指对数据（包含数值和非数值类型）进行分析和加工的技术过程，也就是对数据进行采集、检索、加工、变换和传输，将数据转换为信息的过程。数据计算的基本目的是从大量的、杂乱无章的、难以理解的数据中抽取并推导出对于某些特定的人们来说是有价值、有意义的数据，将数据变为信息。数据计算过程是基于数据的决策过程中最重要的环节。只要经过计算过程，数据的价值才能得以显现。

（二）大数据处理的流程

大数据处理的流程包括六个环节：数据收集、数据预处理、数据存储、数据处理与分析、数据展示/数据可视化、数据应用。其中数据质量贯穿于整个大数据流程，每一个数据处理环节都会对大数据质量产生影响作用。

在数据收集过程中，数据源会影响大数据质量的真实性、完整性、一致性、准确性和安全性。对于互联网数据，多采用网络爬虫的方式进行收集，这需要对爬虫软件进行时间设置以保障收集到的数据的时效性。

大数据的预处理环节主要包括数据清理、数据集成、数据归约与数据转换等内容，可以大大提高大数据的总体质量，是大数据处理过程质量的体现。

数据分析是大数据处理与应用的关键环节，它决定了大数据集合的价值性和可用性，以及分析预测结果的准确性。在数据分析环节，应根据大数据应用情境与决策需求，选择合适的数据分析技术，提高大数据分析结果的可用性、价值性和准确性质量。

数据可视化是指将大数据分析与预测结果以计算机图形或图像的直观方式显示给用户的过程，并可与用户进行交互式处理。

大数据应用是指将经过分析处理后挖掘得到的大数据结果应用于管理决策、战略规划等的过程，它是对大数据分析结果的检验与验证，大数据的应用直接体现了大数据分析处理结果的价值性和可用性。

【本章思考】

1. 传统管理决策和当前数字驱动的决策的异同是什么？

2. 在数字驱动的决策中，数据来自哪里？取得数据需要什么手段？

3. 面对一个不确定型决策问题，应该如何用数据驱动的决策进行分析？

4. 假如你是某大学校园内一家咖啡馆的经营者，面对校园内的师生，你如何设计咖啡馆的数据收集、分析、决策方案？

第五章　数字化管理中的战略与商业模式

我们正处在一场静悄悄的大变革中——它是全世界人类创造力和创业精神的胜利。我相信它对21世纪的影响将等同或超过19世纪和20世纪的工业革命。

——杰弗瑞·蒂蒙斯

著名创业教育学者

【学习目标】

1. 了解战略管理和商业模式理论发展过程
2. 掌握战略管理和商业模式的基本概念和理论观点
3. 熟悉数字技术的创新和应用对企业环境的影响
4. 了解数字技术下企业战略和不同行业的商业模式特点

【章首案例】

数字时代三一重工的制造业商业模式

三一集团有限公司（以下简称三一集团）始创于1989年，是中国基建装备制造业的主导企业之一。在数字时代，三一集团对传统的工程机械行业进行突破性的变革，以网络技术、数字技术创新了制造业在数字时代的新商业模式。1994年，三一集团创建三一重工；2021年5月13日，三一重工入围福布斯全球企业2000强榜单，排名第468位，首次跻身全球企业500强，是榜单中排名中国第一、全球第二的工程机械企业。

三一集团在数字化时代商业模式构建过程可以分为三个阶段：产品数字化—智能化、制造数字化—智能化和服务数字化—智能化。其中，产品数字化—智能化处于初级阶段，制造数字化—智能化处于中级阶段，服务数字化—智能化处于高级阶段，它们的数字化—智能化程度由低到高逐渐升高。

1. 产品智能化

为了实现智能制造转型，三一集团，特别是三一重工，积极进行智能产品的研发。随着物联网的发展，三一重工敏锐地洞察到物联网对装备制造业将会有十分重要的作用。2005 年，三一重工率先开始研究基于物联网的装备制造核心部件和技术，并开始着手将 GPS 应用到装备制造行业，实现了使用 GPS 技术对设备进行定位、跟踪、监控、识别、诊断和生产管理等，这是国内第一家可实现此功能的企业。

三一重工通过大数据分析，对设备运行数据进行更加精准的监控，提高产品的动力效率，减少油耗。同时，大数据应用还可以帮助研发人员分析产品结构，使用基于数据的开发模型，找出哪个模型更受欢迎、哪个模型更面向市场，对产品设计有较高的参考价值。

三一重工的产品智能化过程经历了初步使用 GPS、建立智能设备公司和建立数字科技公司三个阶段；同时积极应用大数据分析，逐步实现产品智能化。产品智能化是企业智能制造转型的初级阶段，在这一阶段，企业侧重于产品研发过程中的智能技术和大数据等的应用，致力于研发生产智能化产品。

2. 制造智能化

在进行产品智能化研发的同时，三一重工也积极进行制造过程的智能化转型。2007 年，三一重工开始探索研发 M2M 平台，与中国移动长沙分公司合作开发了“三一工程机械设备智能服务系统”项目，建立了“M2M 远程数据采集与监控平台”。这个平台共包括三个子系统，分别是数据收集和反向控制系统、智慧通道系统、M2M 应用系统。

2010 年以后，三一重工加强了 M2M 系统在收集和运输信息以及开发解决方案中的应用，细分了“M2M 远程数据采集与监控平台”，将其划分为三个子平台：第一个子平台是设备远程监控平台，其中包括监控技术支撑平台和设备数据统计平台，它们可以提供设备质量提高、设备售后跟踪及服务等其他参数信息；第二个子平台是泵车监控和维护系统，用装备制造业机械智能化的先进理论，研发具有自主知识产权的智能化产品，提高监控水平及维护能力，使企业的工作效率得到了优化；第三个子平台是智能服务系统，通过实时共享有关现场、混凝土配送消耗信息、车辆使用情况以及泵和混合设施的实际操作信息，实现现场机器之间的协同效应和工作。

经过多年的发展，到2011年，三一重工成功建立了全国最大的M2M系统，在具有50万终端的基础上还可进行动态扩展。

随着三一重工制造智能化的不断发展和物联网平台的应用，2012年，三一重工建成了位于长沙产业园的18号厂房，成为中国智能制造示范车间。在厂房建设前，就利用信息化模拟设计工厂模型，通过物流仿真、生产过程的推理等提前规划整个厂房的设计，防止建造过程可能出现的问题，节省成本。在整个厂房可实行柔性生产，机器和生产线可进行不同零件和产品的生产组装，还可以根据需求随时改装。在员工工作的工位安装智能终端，可帮助员工查询标准作业流程及安装方法等。

2019年，三一重工决定将18号厂房打造成制造机械行业的“灯塔工厂”。经过一年的发展，18号厂房实现了更高的智能化，技术工人可以通过一台设备对所有工位的物料需求作出反应，智能机器人的利用更加纯熟，使人均效率、人均产值及资源利用率都得到了提高。

三一重工通过构建物联网平台——M2M远程数据采集与监控平台，进行生产过程的智能化转型，积极应用大数据分析，最终建立智能工厂，实现了制造智能化。制造智能化是企业智能制造转型的中级阶段，在这一阶段企业由侧重单一产品的智能化转向于在整个制造过程中应用智能技术，构建物联网平台和应用大数据，实现全过程的智能制造。

3. 服务智能化

随着三一重工智能产品的制造，为了更好地解决设备售后问题和产品维修问题，三一重工在2008年率先研发了ECC系统（企业控制中心），避免设备停工给顾客带来的损失。这个系统可以准确实时定位服务人员和车辆，当设备有问题发生，客户可以拨打24小时服务电话，ECC可以用最快的速度进行合理、有效的调度，指导客户排除故障或安排维修人员上门服务。除此之外，该系统还可以为客户提供其他增值服务，如设备离开设定的工作区会自动触发警报。

2014年，工业大数据时代的到来使三一重工意识到早期建立的客户售后服务设备监测和控制系统仍具有较大的价值。三一重工优化改进了早期的ECC系统，研发建立了新的ECC平台——客户服务平台，对大数据进行存储与分析。通过ECC平台，三一重工主动开展大数据应用，对生产、制造和服务的全过程进行数字化、信息化的改造，并通过计算机存储分析和共享沟通。ECC 平台可以对所有设备控制的硬件和软件进行双向控制和远程监控，将 20 多万台客户设备实时运行的数据信息发往后台系统进行优化分析。ECC 平台主要面向的用户为代理商、操作者、客户和研发人员。

通过 ECC 平台，三一重工使客户服务更加智能化，客户通过使用 ECC 平台，实时监控操作自己的设备，接收来自系统传达的关于设备的信息，使客户使用更加方便。当设备出现故障时，ECC 平台会根据实时检测的结果快速地排除故障，改变以往“被动服务”的情况，提升了客户服务水准以及更好地进行资金的风险控制。甚至在故障发生前，三一重工通过设备运行情况的数据诊断，进行故障预测，将设备可能出现的故障告知客户，使客户可以在故障未发生时就实施预防措施，延长和提高设备的使用寿命和健康程度，减少客户的损失；同时，通过大数据对客户服务需求进行挖掘，设计更加符合客户需求的产品，以及在服务流程中进行大数据分析，优化服务过程。

三一重工通过建立 ECC 客户服务平台监测客户设备的运行状况，更快地帮助客户解决设备运行中的问题，并且通过应用大数据技术挖掘客户需求，更好地为客户服务。服务智能化是企业智能制造转型的高级阶段，在这一阶段，企业可对产品全生命周期进行管理，深度融合了产品、制造和服务，实现了智能化的产品服务系统。

三一集团，以三一重工为代表的探索，为中国制造业企业实施智能制造、发展工业物联网和在数字时代变革商业模式提供了可供借鉴的宝贵经验。

（资料来源：武艳军．三一重工数字化转型之路［EB/OL］．https：//www.enicn.com/Enicn/2023/article_0912/69896.html.）

第一节　战略管理和商业模式理论概述

一、战略管理理论概述

（一）战略管理概述

“战略”一词原来是军事术语，《中国大百科全书》中的解释是：战略是指导战争全局的方略。英语中战略叫“strategy”，在《简明不列颠百科全书》中的解释是：在战争中利用军事手段达到战争目的的科学和艺术。

什么是战略管理？1965 年，美国著名的战略学家安索夫在其著作《企业战略》一书中开始使用“战略管理”一词，将“战略”从军事领域拓展至经济管理领域。自此，战略管理成为管理学科中的一个大的领域。

对于战略管理的看法有两大学派，即行业结构资源学派和内部资源学派。管理大师明茨伯格将战略管理划分为十个学派：设计学派、计划学派、定位学派、企业家学派、认识学派、学习学派、权力学派、文化学派、环境学派、结构学派。

这十个学派可以分成三类。从性质上看，最前面的三个学派属于说明性的学派，它们关注的是战略应如何明确地表述；其后六个学派对战略形成过程中的具体方面进行了思考，它们侧重于描述战略的实际指定和执行过程，而不是侧重于描述理想的战略行为；最后一个学派是其他学派的综合。各个学派都是从某个角度定义和论述企业战略。

（二）传统战略理论产生的背景

战略管理理论起源于 20 世纪的美国，它萌芽于 20 年代，形成于 60 年代，在 70 年代得到大发展，80 年代受到冷落，90 年代又重新受到重视。

从战略管理理论发展的“冷热”变化这个过程来看，人们对战略管理的认识经历了一个比较曲折的过程。其背后的原因主要在于五六十年代，“二战”后的美国经济上出现了空前的繁荣，随之而来的则是竞争的加剧。到了 70 年代，国际上政治、经济又出现了动荡，企业生存和发展越来越艰难。在这种新的竞争环境下，企业深切地感到，以前那种低价格必胜的原则已经不适应新情况的发展了，必须改变。要获得持续的生存和发展，企业必须从战略的高度思考问题。随着部分企业多元化经营的成功（产品多样化、市场多样化、投资区域多样化等），一些企业家认为应该走向多元化经营这样的“战略之路”保护自己。但到了 80 年代，“战略热”降温，加之分析性战略方法使一些企业陷入财务型经营的困境，部分企业战略应用不当导致失败等原因，战略管理理论一度受到冷落。但到了 90 年代时，人们又开始反思战略管理理论，因为许多企业运营七八年就倒闭了，许多产业都成了“短命产业”，而“短命”的根源之一在于缺乏战略管理，缺少立足长远的战略规划。

（三）传统的战略管理理论

战略管理理论的产生和发展只有 40 多年的时间，要对理论的演进作精确的分期或阶段划分可能是困难的，因为理论的探讨有其连续性和反复性，对同一问题的探讨在不同的阶段、不同层次有联系、交叉和重叠。但理论的发展总是随实践的发展而发展，并和实践产生互动。若承认历史实践发展具有规律性，则战略管理理论的发展也有其内在的逻辑。本书将战略管理理论的演进概括为早期的企业–环境综合范式分析阶段、以环境适应范式为中心的分析阶段、多种范式并存阶段。

1. 早期的企业–环境综合分析范式

20 世纪 60 年代，欧美国家企业出现的最大变化是由卖方市场逐渐变为买方市场，国际市场逐步开放，关税壁垒逐步被打破，大多数大企业以并购方式采取多元化经营（尽管并购的失败率将近 50%）。在这种情况下，企业不满足于年度预算，开始采用运筹学和改进的预测技术进行规划，这是战略规划学派的兴起。战略规划理论以未来可以预测为前提或假设，认为战略是要让企业自身的条件与所遇到的机会相适应。制订战略规划的步骤包括资料的收集与分析、战略制定、战略评估、战略选择与战略实施。可以看出早期的战略管理思想具有集成、综合的特征。

2. 以环境适应范式为中心的企业战略管理理论

20 世纪七八十年代，在美国，以 1973 年的石油危机为代表，企业经济环境变化表现出突发性的特点，科技竞争日益激烈、企业兼并有增无减，同时要面对来自日本和欧洲的挑战，全球性竞争加剧。随着环境变化步伐的加快，人们越来越认识到未来是不可预测的，环境是不确定、不连续的，这就从根本上动摇了战略规划关于未来可以计划、可以预测的思想。这时，以环境变化分析为中心的战略理论（如波特的产业组织理论）开始占主导地位。同时，由于环境的复杂性，仅从分析外部环境的变化出发制订战略具有局限性。因此开始出现基于企业内部分析（如价值链理论）的战略理论及基于企业社会关系分析的战略理论（如网络优势理论）。

环境适应范式认为战略决策是一个适应的过程，强调战略的动态变化，认为最适合的战略制定与决策过程依赖于环境波动的程度。这个学派包括：安索夫关于企业战略行为的观点（认为企业战略行为是对其环境的适应过程及由此导致的企业内部结构化的过程）、伊丹敬之的战略适应性观点（认为战略成功的本质在于战略的适应性，包括环境适应、资源适应与组织适应）、奎因的逻辑改良主义（认为战略就是对环境变化的逻辑反应）。

产业组织分析也可以视为一种环境适应，只是更重视环境中的产业结构分析。产业组织分析集中表现为“结构-行为-绩效”（S-C-P）范式，主要对市场结构、竞争行为、经营业绩及三者的关系做实证研究，探索各种不完全竞争模型的实证与规范含义、政府反托拉斯活动的组织及其后果，旨在制定提高市场绩效的各种政策。产业组织理论早在 1959 年随着贝恩的《产业组织》一书的出版而成熟，从时间上可以看到，产业组织理论是在卖方市场条件下形成的。在卖方市场条件下，市场结构决定厂商的行为，而行为又决定企业的业绩，这种观点显然是成立的。

始于 1980 年的迈克尔·波特基于产业分析的竞争战略思想，既可以视为早期产业组织理论的发展，也可以视为环境适应理论的深化，其假设是产业结构是企业营利的决定因素。

由于波特的竞争战略理论无法解释为什么一些处在无吸引力行业的企业能够获得高利润，而平均营利水平很高的行业存在经营业绩很差的企业，为什么许多企业采用多元化经营进入平均利润率高的不相关行业后会失败。为此，1985 年波特提出了价值链理论，试图从企业内部价值创造过程中来寻求竞争优势来源，并弥补对企业内部因素不够重视的缺陷。很明显的是，企业内部是一个复杂的系统，仅将企业看作一组活动，显得过于简单。而且，波特的战略只是告诉人们在何种市场结构下采用何种战略，至于如何改变市场结构，没有提供策略指导。同样是基于环境的分析，网络优势论与波特的产业环境分析理论有相近之处，但波特是从产业结构的角度，来分析企业在其中的定位。网络优势论是从关系的维度，强调的是企业在一个个不同的组织所构成的网络中的定位。这些组织包括与企业有直接或间接关系的公共部门、政府、大学、公共实验室、图书馆和其他信息中介机构，以及私人部门、独立科研机构、供应商、客户、竞争对手等。任何一个企业总是位于一个由这些组织构成的网络之中。成功的企业往往位于一个高效的网络之中，并在其中居于优势地位。

3. 多种范式并存阶段

进入 20 世纪 90 年代，科技迅猛发展（尤其是信息技术），全球化步伐加快，顾客需求多样化及产品设计和产品生命周期缩短，客观要求企业通过提高自身能力，全面考虑内外部环境要素，以适应不断的变化。在这种背景下，基于企业内部分析和企业内外部综合分析的战略理论得到了进一步发展，包括资源论、钻石模型、平衡计分卡、竞合论、超强竞争论等战略理论，可以说是多种范式并存。

资源论。1984 年，沃纳菲尔特的“企业的资源基础论”的发表意味着资源论的诞生。资源论的假设是：企业具有不同的有形和无形的资源，这些资源可转变成独特的能力；资源在企业间是不可流动的且难以复制；这些独特的资源与能力是企业拥有持久竞争优势的源泉。资源论的基本思想是把企业看成是资源的集合体，将目标集中在资源的特性和战略要素市场上，并以此来解释企业的可持续的优势和相互间的差异。尽管资源论不断发展并在 20 世纪 90 年代盛极一时，但资源论的缺陷是致命的，且不说它没有分析企业外部环境和企业外部关系，将复杂的企业内部结构仅以资源、能力或核心能力来解释，或者说以资源涵盖整个企业，难免以偏概全。

钻石模型。1990 年，波特提出了钻石模型，形成了关于企业战略理论的综合分析。波特认为生产要素，需求条件，支持产业与相关产业，企业战略、结构与竞争状态这四大要素构成了国家环境，企业在其中诞生并学习如何竞争。波特还分析了政府，机会，每个国家的社会政治的历史背景、整个社会的价值观（国家文化）对企业竞争优势的影响，并进一步指出在国家经济中，钻石体系会形成产业集群，其内部的产业之间会形成互助关系。

在历史分析中，波特认为，从国际竞争观点看，每个国家可以根据他们的产业表现，分成几个不同的竞争优势阶段，这些阶段就是该国经济发展的详细过程。每个阶段所强调的产业、产业环节和企业战略都不同，就连政府的产业政策也因不同阶段而有所不同。一般说来，国家经济发展经历四个阶段，即生产要素导向阶段、投资导向阶段、创新导向阶段和富裕导向阶段。波特对每个阶段中各个要素的不同表现进行了详细的分析。

可以看出波特的钻石理论是对早期企业内外部分析战略理论的完善，使这种理论不仅提供了分析的基本框架，而且有了丰富的理论内容。波特的战略理论真正上升到了科学的层次。因为科学的理论不仅是解释现象，还能指导人们正确行动。波特理论的不足包括：第一，对企业内部结构的分析过于粗糙；第二，没有对企业社会关系的分析。

平衡计分卡。在此阶段，基于企业内部制度分析战略管理理论也开始出现，典型的有平衡计分卡理论。平衡计分卡是基于企业绩效评价的战略理论，因而可以将这个理论看作基于企业内部管理制度的战略理论。由于传统单纯的财务指标评价不能全面反映企业绩效状况，该理论提出用顾客满意度、内部程序（流程）及组织的学习和能力提高三套绩效测评指标来补充财务测评指标，例如，经理可以通过把企业的战略和任务转化成具体的目标和测评指标，建立平衡计分测评法。

关于企业社会关系的理论。企业社会关系是与企业社会资本概念相联系的一个概念。尽管企业社会关系更多的源于企业外部环境，但它确实不同于一般企业环境分析。二者的差别在于，企业可以在一定的程度上协调整合甚至管理控制其社会关系；但对于环境来说，企业则无法或难以进行协调整合，更谈不上管理了。从企业社会关系方面看，一个企业既要处理好企业内部组织与组织、人与人、组织与人之间的关系，又要处理好与竞争对手、供应商、客户、互补生产商、潜在生产商、政府、企业协会、大学、研究所、社区及其他组织间的关系，从而使企业社会资本最大化。20 世纪 90 年代从企业社会关系维度考虑企业战略的理论主要有以下几个方面：

（1）博弈论。博弈论是研究决策主体的行为发生直接相互作用时的决策以及这种决策的均衡问题的，也就是说，当一个主体，如一个人或一个企业的选择受到其他人或其他企业的影响，而且反过来影响到其他人或其他企业的选择时的决策问题和均衡问题。博弈论的基本概念包括：参与人、行动、信息、战略、结果、均衡等。博弈论与战略决策问题有着直接的联系。

以博弈论为基础来研究战略问题，特别强调对竞争对手的行动的研究，强调企业的战略制定要考虑对手的可能反映，要根据对手的反映或可能的反映来不断调整自己的战略和行动，以达到击败对手或至少领先于对手的目标。在传统经济学所谓的寡头垄断产业中，博弈论的思想在战略制定中的运用已很广泛。

（2）超强竞争理论。在竞争理论方面，理查·达维尼提出超强竞争理论，认为在新的历史时期，企业无法建立持续的竞争优势，每一种优势都有消失的一天。所以企业应当顺应市场竞争的动态发展，积极“瓦解”自己的优势以及竞争对手的优势，不断创造新的暂时的优势，以一连串短暂的行动积累成持久的优势。

（3）组织理论中的新制度主义的观点。以资源为基础的观点，并没有超越资源及资源市场的属性来解释企业间的差异，尤其是它没有考虑包含着资源选择决策的社会背景因素（如企业传统、网络关系、管制压力等），以及这种背景因素是如何影响企业间长期的差异的。以资源为基础的观点也没有提出资源选择的程序，也就是企业是如何做出或未做出理性的资源选择来追求经济回报的。决策的制度背景在个人、企业以及企业外部的层次上，深刻地影响了资源的选择和可持续的竞争优势。这里的制度背景即是指规则、准则和围绕着经济活动的信念。围绕着资源决策的制度因素影响着企业获得经济租金的潜能。在个人的层次上，管理者的准则、习惯以及对传统的审慎的认同，影响着管理者的决策。在企业的层次上，公司文化、共享的价值观和政治程序，以及在企业外部，政府压力、工业联盟和社会制约（规则、准则、产品质量标准、职业安全、环境管理）等都影响着资源的选择及战略决策。

（4）有机战略观。进入 21 世纪后，少数学者意识到战略管理理论丛林中绝大多数理论观点存在机械性和片面性，因此以 Moshe 为代表的学者提出了有机战略观。有机战略观将战略看作一个适应性协调过程，引入了“组织-环境-战略-绩效”（OESP）综合理论模型，展现了战略管理的一个有机模型。有机战略观有三个核心问题：战略的概念、将战略与其他结构联系起来的因果模型、战略管理和选择模型。在战略的概念中，强调战略就是公司目标和行动以及公司内部属性与外部环境在时间和空间上的相互协调一致。在“组织-环境-战略-绩效”模型中，强调将公司内部各要素和公司外部环境中各要素融合在一起同时考察，而不像传统大多数理论只考虑公司内部结构的某一维度，并将内部和外部割裂开来。在战略管理的有机模型中，强调战略管理不是一个给定的过程，而是一个需要发起、培育，并且偶尔需要修改、不断发展的过程，战略管理过程不限于单一循环或一个特定的战略。

另外，进入 21 世纪，战略管理理论加强了对人的重视，表现为企业家战略。这种观点是指公司努力将组织各个层次的员工培育为普遍具有企业家精神、思维和行动的人（战略家），并努力发挥企业家精神。以企业家精神为特征的公司是以异质性的企业家人力资本和企业家智力资产持续创新，破坏均衡，形成竞争优势和显著业绩的。企业家战略可以被看作企业内部基于人的要素考虑的战略理论。

二、商业模式理论概述

（一）商业模式现象

人类从事商业活动有着悠久的历史。随着天气和地理条件、农业条件、社会生活特点的不同，人们从事商业活动的方式各有不同，形成了形式多样、各具特点的商业模式现象。进入现代，随着经济活动范围不断向全球拓展，以及新一代信息通信技术的快速创新和扩散应用，企业从事商业活动的方式受技术的影响，发生了巨大变化。企业之间激烈的竞争也不再局限于产品竞争，而是逐渐演变为商业模式间的竞争。经济全球化和环境的动态复杂性持续地影响着企业的生存和发展。对企业来说，拥有一个好的商业模式相当于成功了一半，而另一半则是在于后续经营中商业模式的持续推进。

（二）商业模式概念

对于商业模式现象，有多种称呼，如商务模式、运营模式或业务模式等。本文使用“商业模式”一词。由于方法和视角的差异，学者们对商业模式研究的侧重点不尽相同。

1939 年，创新理论的提出者 Schumpeter 就指出，“价格和产出的竞争并不重要，重要的是来自新商业、新技术、新供应源和新的商业模式竞争”。管理学者德鲁克后来明确指出：现代企业之间的竞争，不是不同产品之间的竞争，而是商业模式之间的竞争。虽然商业模式现象已引起部分学者的注意，但长期以来，商业模式研究并没有得到研究者们的太多关注，商业模式作为一个独立领域引起研究者的广泛关注，应是 1999 年以后的事情。

目前，尽管商业模式在国内外已受到企业界和学术界的广泛关注，但迄今为止，学术界对商业模式的概念本质还没有达成共识。

Amit 和 Zott 将商业模式定义成一个活动系统，其中各项活动是互相联系、互相支撑和互相依靠的，并且决定了企业和它的合作伙伴们如客户和供应商之间的关系以及合作方式。Amit 和 Zott 从对电商企业的研究中，将商业模式概括为价值主张、交易结构和交易治理。

Timmers 和斯图尔特（Stewart）等从营运角度提出，商业模式是描述企业获取利润的逻辑系统，他们将商业模式定义为盈利模式；Chesbrough 和 Rosenbloom 从价值创造的角度出发，认为商业模式是指企业创造价值的模式，是连接技术开发和价值创造的桥梁，即利用技术创造价值的方式；也有一些学者从系统论角度出发，认为商业模式是由诸多因素组成的有机系统，包含一系列要素及要素间的关系，是企业自身和其利益相关者共同构成的伙伴关系网络。

乔治（George）和波克（Bock）从组织管理的角度解释商业模式是重新配置组织资源来创建新的获利机会，是包括顾客关系、产品服务和价值链在多个相互联系的活动所构成的不规则体系，其包含了企业内部各部门之间的关系，描述了企业是如何获得、创造和传递分享价值的。

彼得斯（Peters）等则认为商业模式不应局限于关注企业的盈利情况或者市场份额，而应该从多个角度全面调节和协同企业开展业务。在这种理解下的商业模式主要包括业务活动、组织架构、合作对象、价值主张、成本模式和盈利来源等构成要素。

Teece（2010）认为，企业创建伊始便明确或隐含地采用了某种反映价值创造设计或构建的商业模式。国内学者原磊（2007）认为，商业模式是一种描述企业如何通过对经济逻辑、运营结构和战略方向等具有内部关联性的变量进行定位和整合的概念性工具，说明了企业如何通过对价值主张、价值网络、价值维护和价值实现四个方面的因素进行设计，在创造顾客价值的基础上，为股东及伙伴等其他利益相关者创造价值。傅世昌、王惠芬（2011）认为，商业模式隐含一系列假设成立的前提条件，具有生命周期性，是具有层次和要素的一个结构化的系统，具有系统整体性；其本质是制度结构和制度安排的连续体，其核心是组织的价值产生机制。朱武祥、魏炜（2009）认为，商业模式本质上就是利益相关者的交易结构，它解决的是企业战略制定前的战略问题，同时也是连接客户价值和企业价值的桥梁。

综上所述，本书综合 Amit、Zott 和国内学者朱武祥、魏炜的观点，认为商业模式就是利益相关者的交易结构，包括价值主张、交易结构和交易治理三个层面。

（三）传统商业模式

传统的商业模式是指在大数据、云计算、物联网、移动互联等技术广泛应用于企业商业活动前，在互联网出现的早期，以及互联网出现之前的广阔时空里，商业活动、企业的运营活动所呈现出的特征的汇总，也可以说是数字时代之前的商业活动的模式。

以零售行业为例，其传统的商业模式表现为：

上游的产品厂家→各级代理商→各级零售商→客户

零售行业传统的商业模式特征是各级从上级进货、买断上级的商品所有权、赚取差价、代理销售的品牌数量有限、供货渠道较稳定。在零售行业传统的商业模式中，重要的因素包括渠道建设、人员促销、商品展示。其传统做法包括：花大量精力建设各区域市场的各级经销商、代理商，建设密集的分销网络；利用广告营销活动扩大品牌，提高商家及产品的知名度；利用权威机构对产品的认证向消费者进行宣传；在销售终端，开发各种促销方法，如返券、打折、节日促销等。

【案例】

利乐公司的商业模式

利乐包装是一家瑞典公司，是全球最大的饮料纸包装生产商之一，早在20世纪50年代最先为液态牛奶提供包装的公司，1972年进入中国市场，1994年在中国成立第一家由利乐集团控股75%的利乐华新有限公司；在上海、北京等9个重点城市均设立办事处，1997年卖给伊利第一台灌装机；蒙牛、伊利、娃哈哈、汇源等知名品牌都选用了利乐作为包装供应商，利乐在饮料纸包装领域已经处于绝对垄断地位。到目前为止，利乐在全球共有57家销售公司，公司拥有20261名员工，获经营许可的有48家包装材料厂及12家包装机器装配厂。

在早期的乳业市场，卖牛奶这种保质期短的食品需要把牛奶装进玻璃瓶，再运送到零售店。但是玻璃瓶重、成本高，利乐创始人劳辛抓住了这个行业的痛点，研究出了一种复合纸质包装。既减少了成本，又解决了高效运输问题。利乐就靠着这种独特的纸质包装，打开全球市场。

利乐公司的业务分为两大块：机器装备、包装材料。包装材料占据整个利乐公司份额的80%，且利乐的装配机械流水线只能用利乐包装纸。

利乐1972年开始进入中国市场，却发现所有牛奶企业都没有规模，根本买不起利乐的机器。但利乐公司的商业模式不是靠卖设备盈利。利乐公司在考察了乳制品和饮料行业各个企业发展的状况后，设计采取了一种与众不同的商业模式：公司把这些设备送给乳业、果汁、凉茶行业的公司，让这些饮料企业免费使用。利乐公司在这些饮料公司发展的同时，靠包装材料，靠耗材去获取收益。

最终，利乐建立起“产品免费、耗材收费”的商业模式，也就是“核心产品免费+附加产品收费”。利乐只收取产品设备价格的20%，剩下的80%只需要为利乐提供的包装材料付费就可以。

利乐通过这种创新的商业模式，拿下了伊利、蒙牛、光明、娃哈哈、汇源等诸多国内乳品及饮料企业，成为名副其实的“垄断者”。利乐包装材料远高于在市场上的售价，例如，利乐包装占据了每盒牛奶成本的20%，一盒牛奶5元，乳品企业要拿出1元给利乐。

不仅如此，利乐还将其业务拓展到看似“不赚钱”的领域。利乐每年研究包装消费趋势，给客户提供包装设计和营销方案，将世界上顶级的零售方法拿来给中国乳品企业使用。中国乳业企业最早的分销渠道是利乐协助谈判和建立的；中国乳业企业人员的培训都是由利乐完成的；在中国乳业行业早期的发展过程当中，最大的推手就是利乐。

可以说，利乐不仅不是在卖包装设备，甚至也不是在卖包装的耗材，而是在卖帮助客户赚钱的能力，它超越了传统的眼光，用“不务正业”的这种系统推动了中国乳业行业的快速发展，同时，也使利乐的包装耗材使用量呈现几何级数的爆炸式增长。目前，利乐包装占据了中国饮料包装市场70%以上的份额。

（资料来源：利乐商业模式设计，大企业顶层商业模式设计案例及框架分析！［EB/OL］. https：//www. xkbaba. com/3094. html. ）

第二节　基于数字技术的战略管理和商业模式

一、数字时代战略管理和商业模式概述

（一）战略管理

数字化逐渐成为全球技术变革的核心战略方向。全球知名调研机构 IDC 于 2018 年发布的一项调查显示，全球 1000 强企业中有 67%的企业将数字化转型作为其战略核心。埃森哲与国家工业信息安全发展研究中心合作发布的《拥抱革新思维　深化数字转型：2019 埃森哲中国企业数字转型指数》研究报告也显示，2018 年中国数字经济规模达 31. 3 万亿元，已占我国 GDP 的 1/3。

虽然数字化产业发展前景明朗，但企业向数字化转型的进程却非一帆风顺，《拥抱革新思维深化数字转型：2019 埃森哲中国企业数字转型指数》显示，中国企业在数字化转型方面成效显著的比例仅为 9%，平均成绩只有 45 分。数字化转型之路曲折也非中国特例，如学者指出的，全球企业的数字化转型实践都需具备现实洞察力和战略导向的系统性理论框架来指导（Agrawal et al. ，2018）。而作为企业发展与定位的核心指导思想，战略管理理论应当是考察与研究的重点，在数字化成为无可逆转的趋势背景之下，战略管理理论能否指导企业实践关乎一个

企业乃至整个产业的兴衰。

有关战略管理的学科来源和理论边界问题，Rumelt 等（1991）和 Foss（2005）将其总结为四大核心：

（1）企业的存在问题：在市场经济中，企业为什么能作为资源分配的独特机制而存在？

（2）企业的边界问题：为什么有些企业实施多元化，而另一些则相反？

（3）企业的内部组织问题：为什么我们能观察到不同类型的组织结构以及与之伴随的诸多现象？

（4）企业的竞争优势问题：哪些因素导致了某些企业具有超强的盈利能力？

数字化深刻影响了战略管理理论的上述四个议题，从而给其核心理论带来了拓展机会。

1. 企业的存在问题

战略管理理论研究的一个经典问题是企业为何存在。不同理论视角都试图予以不同的解读，例如：交易成本理论认为，企业存在是因为企业相对于市场能更有效地降低交易成本；知识基础观认为，企业存在是因为企业相较于市场能更有效地创新和整合知识；资源依赖理论和利益相关者理论则将企业看作一种对外部刺激的响应器，根据不同不确定性或利益相关者的诉求而做出相关的反应。数字化时代，技术的赋能使企业相较于市场在降低成本、资源调配以及环境响应方面都显示出截然不同的效率；与此同时，战略管理的研究对象也由以往的单一企业或交互企业网络转变为模块化、多变化、动态化的企业，共享平台以及生态系统。在此背景下，现有组织存在的必要性受到了前所未有的挑战，如何适应新的市场逻辑并激发企业生态间的合作潜能成为重要的研究课题。

（1）人工智能挑战人力资本。数字化革命也被称为第四次工业革命，人们进入到智能时代。在这一轮革命中，最重要的区别在于，过去所有的技术革命都是淘汰生产资料，而这一轮技术革命开始淘汰人这一生产力。现有研究一方面承认了数字化变革大幅度提高了企业相较于市场在配置效率上的先进性，另一方面也开始探讨数字化对传统工作模式与人力资源的威胁与挑战（Arntz et al.，2016）。

首先，人工智能对人力资本的替代成为重要的研究话题。智能算法的纯粹理性与高计算能力已经使其在许多情况下成为优于人类的潜在决策者，AI 对管理者的控制权与决策权产生了挑战。

人工决策与算法决策可靠性的比较也引发了广泛的探讨。对于多数管理者而言，算法决策过程仍是一个“黑箱”，他们需要为算法决策的结果负责，这成为阻碍管理者对算法授权最重要的考量，因此大多数管理者仍将自己决策作为首选。

对算法的依附已成为管理者决策时的一个相关考虑因素；同时，管理者对算法的授权行为存在文化差异，不同国家管理者对算法的依赖度、不确定性规避方面的表现不同。

其次，数字化也对劳动力市场构成了潜在威胁，强个体的出现导致雇佣关系趋于不稳定乃至消失，从而削弱了企业作为企业的权力及地位。人力资本的流动性加剧，跨界流动已成为大势所趋。全球知名咨询公司 Gartner 于 2019 年发布的一项针对全球 3000 名企业 CIO 的调研报告显示，有 95%的 CIO 认为，数字化时代改变了工作内容。数字化转型替代现有工作岗位加剧了减弱员工自主权、降低员工工资、降低决策理性、提高组织风险及增加社会不稳定性的可能（Arntz et al.，2016）。

（2）无组织工作模式的涌现。在电商、社交等场景中，更高频的数据交互驱动了业务逐渐向数字化转移，价值创造的过程发生了根本性的变化。传统组织难以作为独立的个体置身于数字化商业环境中（Jacobides et al.，2018），数字化工作平台等新型工作模式的出现挑战了传统组织形式存在的必要性。研究员工关系的文献指出，数字化工作平台已成为 21 世纪最主要的组织形式。

Mosmann 等（2019）通过对共享经济中 13 个组织的比较案例分析，研究了社群内的组织如何通过有效治理来协调其成员的活动与培养其社群意识，并为平台提供了三种层级的治理模式：冒险（Adventuring）、协调（Harmonization）、游戏（Gamification）。冒险，指使社区成员在风险与特殊情境下面临挑战，例如社群成员在时间压力下准备并通过测验、参与夜间挑战等；协调，指组织为社群成员创造在特定氛围中定期互动的机会，例如通过展会、主题派对、每周早餐等在线和离线活动建立社群成员之外的朋友关系；游戏，指在社区成员中通过评论、反馈等具体行动实施排名、级别、奖励等竞争机制，就像在游戏中获得积分、升级的模式，以提升其社交形象与声誉。

2. 企业的边界问题

对企业边界问题的研究，始于亚当·斯密的劳动分工论，兴起于科斯对交易成本概念的提出，并经过众多学者发展，已成为战略理论的重要课题。企业边界问题既关心企业到底是内部研发还是外包（即“make or buy”的问题），也关心企业到底在哪个产业竞争的问题（即多元化问题）。数字化背景下，随着各种新型组织形式的出现，传统组织与新型组织之间的竞争、合作与行业生态等议题以探析企业的边界问题成为研究重点。

（1）新创企业冲击传统企业。数字化革命带来了线上繁荣，同时也对传统行业产生了冲击与挑战。一方面，创新企业存在先天优势，成立时就自带新的商业模式，而传统企业则需要付出更多，才能适应新的市场规则。这些创新企业的商业模式对行业内的传统企业和人员构成了巨大威胁，这些动态可能会影响市场的规模经济和集中度，并影响企业实现和保持竞争优势的方式，正如平地造高楼比拆除改建更为高效。研究发现，Uber、Airbnb、TaskRabbit 等点对点平台的进入会对同一细分市场的现有企业的绩效产生负面影响，这些平台上的供应增加不仅导致竞争加剧，还引发了消费者偏好向直接搜索产品和在线交易的转变，这种需求方式的转变也促使现有企业越来越多地使用点对点平台的竞争平台以吸引消费者并在线推广其产品（Lanzolla and Frankort，2016）。

另一方面，像星巴克、联合利华这样的老牌企业，拥有客户基础深厚、覆盖规模广等资源优势，数字化优化也可能催生出更为强大的竞争优势与价值创造，因此说明，不同类型企业受到的影响程度可能并不相同。Meyer 和 Cennamo（2019）基于酒店业的样本进行了二重差分分析，指出由于现有企业的资产所有权状况不同，数字化转变对现有企业会产生不同程度的影响。研究发现，随着 Airbnb 住宿供应量的增加，与只拥有核心资产的酒店相比，同时控制着核心资产和能够补充下游资产的酒店，点对点平台对他们的互补性资产产生了替代效应，大大削弱了他们的竞争优势，这些酒店的业绩出现了显著下降。

（2）跨界竞争打破产业边界。数字化时代也被称为新产业时代。工业时代是原有生产要素的组合，而在新产业时代，数字化把原有要素全部更新为数字的价值，出现了新的组合；新组合完全改变了各个产业的空间。

数字技术带来的跨界竞争成为最重要的研究话题。从未涉足这个行业的新创产业加入该行业对这个行业边界的理解是截然不同的。例如腾讯觅影的 AI 辅诊，不仅有效降低了全科医生漏诊率，辅诊准确率高，而且能提供实时诊疗建议。此时人工智能和医疗产业之间的空间完全改变了，腾讯这一高科技平台企业就成功打入医疗健康行业。又如，过去全球折扣零售连锁店的代表是沃尔玛，如今在零售方面最代表未来、成长性最高的则是亚马逊——一家数字化智能企业。

大量新创企业的涌现使企业应更注重内部研发还是外包的争论再次成为探讨热点。Li（2019）基于资源基础观与需求方视角，分析了数字化环境下创业者开放式创新与商业模式之间的关系。研究发现，外部知识搜寻（External Knowledge Search）的深度会促进数字化环境下需求驱动和技术驱动的商业模式，但外部知识搜索的广度会抑制数字化环境下需求驱动和技术驱动的商业模式。

（3）竞争逻辑转向共生逻辑。数字化时代拓展了产业边界的同时，也改变了商业竞争的底层逻辑（Cennamo，2019）。数字化转型是对传统商业关系进行重构的过程，重构之后的新型商业关系形态重新定义了企业、产品、用户的市场角色，代表着更强连接、更多交互、更多维度的价值创造模式，也成为企业在数字化革命中赢得竞争优势的关键所在。

首先，平台间的竞争不再是一场零和博弈，如何通过强强联盟的生态构建与产品组合以扩大市场成为平台企业竞争的关键（Panico and Cennamo，2015）。率先与大型平台、与更多其他平台或企业展开联合的企业平台，会在更广泛的领域内获得强链接能力和协同优势。据此，一些研究也对平台竞争与融合的基本方式展开了讨论，指出数字化平台竞争的本质建立在两个战略维度上——平台规模（反映其用户数量与互补网络的大小）与平台身份（反映其技术与市场概况），这一框架可用于识别平台竞争与市场融合的各种情况（Cennamo，2019）。

其次，除了平台企业间的合作，更为重要的改变是数字化时代的消费革命带来了消费需求与生产过程的融合。随着数字化平台上产品数量和种类的不断增加，产品市场不再成为定义竞争边界和竞争者的关键要素。顾客本身要求参与创造和体验，此时赢得市场的关键不再是以更低的成本、更高的效率来满足顾客，而是如何迎合顾客本身提出的个性化需求。在这一阶段的消费变革中，就需要企业调整边界以和整个供应链乃至利益相关者进行合作，创造一种新的富有生产力联结型商业模式。研究发现，基于算法、机器学习和人工智能预测的更准确的消费者需求信息使行业中的“合谋企业”能够设定更为定制化的价格，同时也提高了合谋企业成员在高需求时期采用低价格的可能性。也就是说，更准确的消费者需求预测能够降低产品价格，提高消费者剩余（Miklós-Thal and Tucker，2019）。

信息与资源的有效共享以及新联系的形成也为创新提供了新的可能性。Hakanen（2019）从五个制造业企业的案例研究出发，从商业模式、平台与经理人三个不同的角度探讨了数字化时代的创新途径。研究发现，制造业企业通过加强合作来利用其数据创造价值，是推动制造业企业向网络化企业转型的关键。

3. 企业的内部组织问题

战略管理学界关于企业内部组织的研究主要探讨企业如何统筹管理其内部生产运营、人力资本、部门间协调模式，以及企业如何根据其内部资源禀赋及外部环境特征设计合适的架构以提升组织效率，实现组织目标等问题（Foss，1999）。

数字化时代涌现的新技术以及伴随而来的新生产方式和竞争格局使这些经典问题迸发出新的生命力。以下主要针对数字化对企业内部组织架构、人员管理及对新型组织形式——平台的治理产生的影响进行辨析。

（1）企业数字化进程中的组织架构模式选择。组织架构通过影响组织中的信息流动和决策倾向，影响企业的战略制定及未来绩效。企业往往按照其所处发展阶段、战略定位、外部环境、行业特点等采取最为合适的组织结构，即一种基于权变思想的战略选择（Ramus et al.，2017）。企业向数字化转型的过程中常因为对新技术、产品及市场反应没有十足的把握和预测而面临较高水平的不确定性和模糊性（Matt et al.，2015）。

数字化时代的组织架构设计逻辑和机制也发生了变化。第一，在以往的研究中，企业内部的组织和结构设计常常依赖于产品线。目前常见的事业部式组织架构即如此，各事业部其实是相对独立的产品或产品群体系。但数字化新技术的发展改变了企业内外产品组合的方式，传统定义下无关的产品在数字化情境中可能成为一个有机整体。数字化技术的发展将会打破传统产品线之间的界限，以往毫无关系的产品可能会被重新组合，因此亟待依据一种更新的方法对企业的硬件、软件等产品及服务进行分类，并以此为依据设计出合适的组织架构。

第二，数字化时代下企业竞争已从“大鱼吃小鱼”转变为“快鱼吃慢鱼”的模式。所谓“快鱼”，就是能够快速适应客户、市场、竞争环境变化的企业。在数字化时代高竞争强度的环境下，企业要获取竞争优势，打造敏捷、快速决策、高绩效的组织方式就显得尤为重要。数字化企业中的信息需要快速在组织层级中传播，企业因而需要组织多功能的、集成的指挥中心来增强组织感知和响应内外部需求的能力。

（2）平台的治理问题。数字化浪潮中企业发展一个明显的趋势即平台的大量涌现，平台经济甚至逐渐成为主流的经济模式。平台往往由一个相互作用的社区形成，社区中互补的企业和个人共同发展其能力，定义其角色，并受到统一的架构和规范的约束（Baldwin and Woodard，2009）。由于这一组织形式与生俱来的高竞争、高互补、网络性和长尾效应等特点，平台的概念已经受到来自产业经济学家（Evans，2003）、技术管理学者（Gawer and Cusumano，2008）以及战略管理学者的极大关注。主导性平台的出现、平台中的网络效应、平台中的互补资源、平台的竞争优势、平台中各方价值共创等主题都收获了大量的研究。

另一大趋势即平台定制化服务的广泛推广。Loh（2019）发现，在数字音乐平台中使用同行推荐系统能够有效地提高消费者发现新产品的效率，扩大新产品的搜索范围，降低新产品搜索过程中的不确定性，进而提高消费者的平台使用效率和购买倾向。Tabasinejad（2019）区别于以往的平台治理观念，强调将平台看作社区和市场进行治理。基于制度治理理论（Institutional Governance Theory），本书将平台所有者与政府以及平台生态系统和政体的概念进行类比，提出了平台竞争和平台战略的互补观点。具体来讲，平台增长和盈利能力的关键决定因素是参与者对平台的经济信心和社会信任的感知度。平台所有者通过制定建立上述感知吸引新的参与者，并增加现有参与者在平台上的参与度。

（3）组织内的人-机互动问题。随着全球越来越多的企业开始了数字化转型之旅，以及数字化新创企业数量的爆发式增长。企业内人与人，以及人与数字化系统之间的协调互动模式也发生了极大的转变（Yoo et al.，2012）。

首先，企业内所需要管理的人力资源的本质可能发生变化，具备数字技术和分析能力的员工可能取代已有的员工。其次，大量的人际互动和信息传递开始通过基于数字化技术的线上系统实现。这种转变往往能够提高信息传递的及时性和准确性，从而降低沟通成本，提升协调效率。但数字化系统也有其局限性，数字化企业的运营和管理依旧需要人的大量参与，而算法不同于人类，在其决策建议和结论推演的过程中不会关注道德、情绪、诚意等情感因素，因而人们对某些情境下基于数字化或算法衍生的决策建议和结论的真实性存疑（Logg et al.，2019）。Jago（2019）指出，组织可以通过强调算法创建和培训过程中的人为参与来提高人感受到的算法的真实性。除情感因素外，数字化的人际协调系统也可能因为缺乏弹性而使信息传递和加工的过程变得僵硬和不透明，从而形成有失偏颇和低效率的决策。针对这一问题，Claggett 和 Karahanna（2018）的研究探讨了如何提高数字化协调系统的效率表现。他们认为，企业已有的面对面人际协调程度越高，数字化协调系统在非结构化的沟通中更能够选择合适的对象和内容，进而提高绩效表现。该结论表明打开数字化协调系统的运作“黑箱”是确保该系统正常运转的必要条件，而良好的人际协调氛围培养的共同的目标、共享的知识及相互的尊重和认可是该系统发挥作用的重要前提。这一研究为数字化转型企业的协调系统构建问题做出了理论和实践的重要贡献。

除企业内部员工管理体系外，还有研究采用高阶理论的核心观点，关注高层领导者在企业数字化转型中的贡献。例如，高管团队间合作的密集程度会通过增强信息流通和业务协作来提高企业数字化转型的倾向（Lomana et al.，2019）。首席数字官（Chief Digital Officer），这一数字化背景下孕育的新职能成为领导企业进行数字化创新、实现数字化转型的关键要素（Haffke et al.，2016）。重要的是，首席信息官（Chief Information Officer）、首席数据官（Chief Data Officer）、首席创新官（Chief Innovation Officer）以及首席战略官（Chief Strategy Officer）等高管也需在企业数字化转型过程中提供必要的支持以实现企业范围的联动。

4. 企业的竞争优势问题

企业为什么会有不同的战略行为？什么是决定企业间绩效差异的根本因素？数字化转型过程中，企业需根据自身资源禀赋、能力优势、业务环境和特定的组织需求发展出一套合适的转型路径。数字化背景下，传统理论中的企业特定竞争优势的资产来源可能发生改变，同时竞争优势的创造方式也可能与之前不同。

（1）数字化对企业竞争优势来源的影响。就竞争优势的来源而言，本书对以传统内部化理论中跨国企业的技术资本和人力资本为主的竞争优势形成进行举例阐述，对于企业技术资本而言，数字化技术增强了跨国企业技术型特定资产的跨境可转让性，提高了企业遏制模仿的能力，同时也提高了企业技术型特定资产的跨境可利用风险。对于人力资本而言，通过数字化平台，跨国企业提高了与东道国市场人力资本捆绑的能力，提升了高级人力资本的企业专有性，降低了一般人力资本的企业专有性，并通过内部化提高了企业以较低成本在外国市场开发先进人力资本的能力（Banalieva and Dhanaraj，2019）。该研究结论说明在数字化背景下，要素市场的可流动性被大大提高。这挑战了资源基础观从企业内部资源和能力的视角解释企业竞争优势来源的假设。在资源基础观视角下，要素市场被假设为是不完全流动的，能够获取有价值的、稀缺的、不可模仿的、不可被替代的生产要素是企业获取可持续竞争优势的关键（Barney，1991）。数字化背景下跨国沟通以及交通、资本、熟练工人在跨国、跨区域流动中成本更低。资源的本质属性发生了极大的转变，以往能够创造竞争优势的资源在数字化时代可能迅速贬值，而新的关键资源逐渐涌现，比如，网络优势可能成为一种有别于传统的基于资产与交易基础上的独特的战略资源和战略优势。基于平台这一数字化时代的重要标志性新形态组织，网络效应可能成为组织价值创造的源泉和超额绩效的来源。

（2）数字化对企业竞争优势获得方式的影响。除竞争优势的来源外，数字化时代企业获取竞争优势的方式同样发生了巨大的转变。以往，产业经济学家认为企业获得竞争优势的方式是选择合适的行业和恰当的行业定位以获得垄断租金。资源基础观则认为构建独特的资源组合是企业赖以长青的关键。这两个视角一个非常重要的假设是世界是相对稳定的（D’Aveni et al.，2010）。而数字化新时代下的技术发展、全球化、产业聚集、激烈的竞争以及去管制化使环境不确定性进一步提高。企业需要的不再是一成不变的定位和资源组合，长期的竞争优势比较难被建立，因此不断重塑企业临时竞争优势可能成为未来企业持续增长的主要方式。企业因而可能更依赖于动态能力来提高资源配置和重建的表现，以获得竞争优势和超额绩效。

（二）商业模式

1. 数字化特点及对企业商业模式的影响

第一，**数字孪生**。物理空间的物质呈现转由数字化形式呈现，是数字化技术的一大特点（Adner et al.，2019）。数字化数据尤其是捕捉行为的数据，使算法（机器学习、云计算等）变得空前重要。以算法方式而非以人工命令（如传统的描述性统计或假设检验的统计模型）的形式呈现和分析数据的能力，是区别于以往任何技术变化的重要特点。

第二，**无限收敛性**。数字技术的基本特性是可重新编程性和数据均质性（Yoo et al.，2012）。这种特点使普及的数字技术所带来的创新将以前分开的用户体验汇集在一起。抖音、快手等平台使无数的用户体验可以在同一时间汇聚，也使以往分散的需求、体验和反馈突破空间限制而“收敛”到各自的数字终端。智能终端技术的发展又使这种“收敛”进一步增强——单个智能终端可以汇集以往需要成百上千的机器、设备或产品才能完成的工作。基于此，产业的边界越发模糊，“网红经济”在各个产业扩散体现出的产业渠道“收敛”也是此特点的具体呈现之一。

第三，**自我迭代性**。数字化的一个显著特点体现在其会在众多变化无常且不具统一协调的受众群体驱动下自发产生技术变革（Zittrain，2006）。数字化时代技术和商业模式的迭代往往超出技术原有预定的轨道，更不能为人所预测，仅仅是在某种技术或模式被广大受众群体采纳之后才被称为“潮流”。这和数字化技术的天生动态性和无限延展性密切相关。正是因为其可重编程的性质，数字化技术表现出对组织形式和功能的延迟绑定（Procrastinated Binding），即在设计和生产产品或工具之后再添加新功能，如智能手机的 App 和微信的小程序等。在此基础上，创新和服务就是“海量的”，它不受企业传统资源和能力的约束。例如，在建筑行业引入 3D 可视化工具大大改变了测量工程师的作用和范围，极大地增加了他们在建筑工程中测量定位点的数量，而这些创新又反过来影响了企业与这些工程师、业主和供应商之间契约关系和组织形式的管理（Yoo et al.，2012）。数字化技术的迭代性还体现在它留下了数量空前的数字痕迹，而这些数字留存为衍生性创新（Derivative Innovations）奠定了坚实基础。

2. 几类典型的数字化商业模式

C2C 的商业模式主要指交易的供需双方都是个人，相应的企业主要为个人间的交易提供一个平台，该平台在交易中扮演市场的角色，为交易双方提供聚集的信息，交易双方使用此类平台交易能够降低产品或服务搜寻成本。近年来大量成立的该类别下的企业均为数字化企业，如中国的电商交易平台淘宝网、社交媒体微博、在线医疗咨询好大夫；对应的非数字化企业则包括线下跳蚤市场、婚介所、房产中介等。

与上述原则相似，C2B 的商业模式在个人与企业间建立联系，如招聘网站猎聘、智联招聘、前程无忧。B2B 的商业模式则着重建立企业与企业之间的关系（如阿里巴巴、找钢网）。在此类别中，我们同时列举了转型数字化企业，如 IBM 对认知计算系统 Waston 的常年投入。此类别与特许经营权之间的重要区别是：经纪人不设置价格，也不规范访问权限。具体来讲，特许经营权下允许的产品或服务提供商需要借助平台的声誉获取利润，平台为了维护自身的名誉，往往会限制产品或服务商的基本资质和平台行为。例如，滴滴会要求平台司机上传照片、无犯罪记录、车况良好等，一旦司机违反平台的规定，平台有权解除与该司机的合作。

第三类数字化企业扮演的角色基本为产品或服务的零售商或分销商，例如，爱奇艺、优酷等视频网站会转售其他影视或音乐制作平台的产品和服务。除此之外，有些企业选择利用电商平台销售自家的产品和服务，这种电商平台往往以官方 App 的形式出现，如苏宁易购、12306 火车购票系统。

二、零售业的商业模式

随着数字时代的到来，零售商业模式的资源环境、需求环境、技术环境等受到影响并逐渐发生改变，零售企业亟须思考新的商业模式。

有观点认为，新零售就是“线上+线下+物流”，三者相结合是产生新零售的基础；也有观点认为，新零售就是借用数据和各种数字技术推进线下零售，实现人、货、场景的全面重构和互通；杜睿云、蒋侃（2017）强调，新零售就是基于互联网背景，利用大数据、云计算等新型技术对零售商品的不同领域重塑结构和升级改造，进而打造的全新商业模式生态圈；王宝义（2017）认为，新零售实质上就是零售本质的回归，其是以大数据驱动为背景依靠泛零售形态和全渠道整合来满足顾客多维一体的综合零售业态。综上所述，数字时代零售业的商业模式就是利用大数据在零售中的关键驱动作用，实现更优质的客户价值和企业价值，即“依靠数据驱动的商业模式”。

（一）基于大数据能力的价值主张

价值主张是企业宣称其产品和服务可以为客户带来的独特价值，是客户能够感受到的全部利益的总和。在消费升级背景下，新零售商业模式的价值主张是以顾客为中心，其重点在于通过提升顾客场景化体验式服务，以满足消费者享受型的心理需求。新零售商业模式背后沉淀着海量的用户消费行为数据，只有把这些数据进行深层次的挖掘和分析，才能深刻洞察其隐藏在数据背后的商业逻辑和商业价值。对此，首先，大数据资源整合能力可以对新零售中产生的各种用户真实数据进行收集和标准化整合，并作为企业投入的重要生产要素。其次，大数据的深度分析能力是企业价值主张实现的关键，其能够基于之前对消费者数据的整合，通过分析消费者的心理偏好和历史行为，从而深层次地挖掘用户潜在价值需求，以实现顾客细分和目标市场的精确界定，进而为实现企业价值主张明确方向。最后，大数据实时洞察与预测能力是价值主张实现的保障。面对多变的消费环境，零售商必须基于海量的历史数据来洞察和感知用户的消费趋势，并根据信息价值发现层中对客户需求的新洞见和新认知来指导企业精准营销，这是为客户创造满意的产品和服务、实现企业的价值主张的必然要求。

（二）基于大数据能力的价值创造

价值创造是指企业为了实现顾客价值进而从事资源投入到产品产出的产业链运行过程。新零售的价值创造主要集中于 C2B 业务系统，即顾客逆向推动企业价值生产的倒逼过程。价值创造过程需要多方利益主体跨界参与，同时也需要依靠大数据技术将企业的交易活动数据化，从而寻求和发现新的价值创造方向。随着大数据技术的应用，企业的资源整合能力能够快速收集有关顾客的各种数据信息，并通过深入分析繁杂数据，将顾客对原产品的机会需求与商业态度及时传输给商品上游的制造商、采购商、供应商等，进而实现客户信息的互通与共享，以发掘顾客新的价值追求。

通过实时洞察与预测能力，基于用户大量历史数据和需求偏好，及时调整企业行为，能够确保制造商对产品质量的保障和其他利益主体对服务提升的跟进，从而创造价值。

举例来说，网易严选作为我国首家ODM（初始设计制造企业）模式的新零售典范，其为了全方位满足C端消费需求，先对海量用户数据实现全面聚合和整理，在对数据进行有效深度分析后，网易严选将消费者新的消费需求点逐步演化为其注重的商品美学设计和情感风格。基于新的消费需求，网易快速实现了信息价值的全产业链互通和共享，从根源上发现问题并提升产品质量和价值。最后，基于顾客消费数据所呈现出的新需求，网易严选实施精准营销和智慧预测，从而最大化地创造了企业价值。

（三）基于大数据能力的价值传递

价值传递是指企业通过自有的营销模式和服务手段将产品和服务送达至顾客手中的过程。在物流供应链升级的背景下，新零售的价值传递主要是基于大数据重构物流供应链，从而提升供应链柔性，以更好地对商品和服务进行传递。

大数据技术作为一种对数据整理、分析、运用的能力，可以对产品和服务运输过程中产生的海量数据进行充分利用，从而更好地满足消费者个性化、品质化、专业化的配送需求，同时这也提高了供应效率，缩减了库存成本，降低了运输风险。因此，新零售模式要借助大数据资源整合能力助力传递模式，通过构建一套适合新零售业务需求的大数据系统，应对快速增长的业务，并在使用过程中实时监控、跟踪，完成对价值传递所产生消费数据的记录与量化。

由于不同地域、不同年龄、不同职业的消费群体的购物偏好和配送需求存在很大不同，因此为了进一步实现企业价值与客户价值的相容性和一致性，要充分利用大数据分析的实时洞察与预测能力，从而更加精准地为顾客传递企业的价值。

例如，以京东为代表的全球领先的零售物流供应链体系，采用以大数据处理为核心的自营智慧物流系统——青龙系统，能够从广度上和深度上对从供应商到用户整个数据信息链进行深层次采集与整合，其通过对线下消费者供给数据深入分析，能够将新的客户价值诉求共享至线下门店、仓库和供应商，从而依据大量历史数据和客户配送要求，按地域、年龄、性别、职业等不同因素对消费者进行划分，进而为其提供有针对性的差异化、专业化的配送服务；尤其是在面临地域因素时，青龙系统采用线上线下联动的智能分仓配送模式，其通过从就近门店

（仓库）取货发货，提高了消费者收货时效、降低了其等待时间，这大大提升了供应链柔性，彻底解决了物流配送“最后一公里”的问题。

（四）基于大数据能力的价值实现

价值实现主要由成本和盈利两个维度构成。在成本不变的前提下，收益越高就越利于企业价值的实现。而在收益一定的前提下，消耗的资源成本越少，越利于企业价值的实现。

从要素构成的角度来讲，价值实现是企业商业模式构成中最后一个关键要素，其是价值主张、价值创造、价值传递的最终归宿和结果呈现。

从成本和收益的角度来看，价值实现存在于价值主张、价值创造、价值传递的每一个要素之中，这是因为每个要素的实现都离不开成本的投入和利润的产出。

回归到新零售商业模式当中，并由上文论述可知，大数据能力分别对新零售模式的价值主张、价值创造、价值传递三个要素产生驱动作用，因而可以认为大数据能力间接地驱动了新零售商业模式的价值实现。

例如，在价值主张中，大数据能力基于 C 端消费升级需求，从根本上实现精准营销，这不仅减少了线上资源过多投入造成的成本浪费，也有利于线下成本的减少和利润的提高，进而实现了企业商业模式价值。在价值创造中，大数据能实现 B 端到 C 端的数据整合、数据分析、智慧预测的全部流程，能够及时把 C 端所呈现出的消费动向以信息的形式分享至全产业链中的各方利益主体，使其第一时间全面了解商品供应链动态进程，并据此生产出适销对路的商品和提供相应的服务，最大化地降低生产成本和服务成本，同时也满足了 C 端的个性化需求，使企业获取更多利润，最终实现价值。在价值传递中，大数据技术能够有效提升供应链柔性，并可为不同的消费群体提供精准的快递配送和情感服务（增值服务）。此外，在地域配送中，实行门店仓库一体化的就近配送模式，能够从根本上减少库存储量和资源成本，这有利于企业商业模式的价值实现。

三、制造业的商业模式

制造业就是指依据市场的要求，用制造加工的方式把设备、能源以及技术等资源变成可以让人们使用的大型工具、工业产品以及生活消费用品的行业。依照国民经济行业分类标准中的有关依据，把制造业分成为 31 类行业，如食品加工行业、医药制造行业等。

面对第四次工业革命的浪潮，全球制造业正经受着前所未有的冲击、调整和变革。各工业发达国家纷纷制订国家战略，以求在即将到来的变革中取得主动权。美国于2011年颁布了先进制造伙伴计划，以“确保美国在先进制造业中的领导地位”，随后又提出了再工业化和制造业回归的口号；德国提出《德国2020高技术战略》；英国制订了“英国工业2050战略”；日本相继提出物联网和机器人战略；法国起草了《未来产业》规划；韩国则有“未来增长动力计划”；等等。这些都是为了促进本国制造业适应未来、赢得发展。

（一）基于数字技术的价值创造

制造环节和过程，是制造业企业商业模式的核心。进入数字时代，制造业企业商业模式的创新首先体现为制造环节的创新。

近年来，由于人工智能、数字制造和工业机器人等基础技术的成熟和成本下降，制造业企业开始利用以数字制造和智能制造为代表的现代制造技术对既有制造范式进行改造，正在逐渐形成基于现代制造技术的新型制造范式。其核心特征是制造的数字化、智能化和个性化。

制造数字化，是指在数字化技术和制造技术融合的背景下，并在虚拟现实、计算机网络、快速原型、数据库和多媒体等支撑技术的支持下，根据用户的需求，迅速收集资源信息，对产品信息、工艺信息和资源信息进行分析、规划和重组，实现对产品设计和功能的仿真以及原型制造，进而快速生产出达到用户性能要求的产品整个制造全过程。

数字化制造定义的内涵是，制造领域的数字化，它是制造技术、计算机技术、网络技术与管理科学的交叉、融合、发展与应用的结果，也是制造业企业、制造系统与生产过程、生产系统不断实现数字化的必然趋势。

制造智能化，是指具有信息自感知、自决策、自执行等功能的先进制造过程、系统与模式的总称。具体体现在制造过程的各个环节与新一代信息技术的深度融合，如物联网、大数据、云计算、人工智能等。智能制造具有四大特征：以智能工厂为载体，以关键制造环节的智能化为核心，以端到端数据流为基础，以及以网通互联为支撑。其主要内容包括智能产品、智能生产、智能工厂、智能物流等。目前，亟须建立智能制造标准体系，大力推广数字化制造，开发核心工业软件。传统数字化制造、网络化制造、敏捷制造等制造方式的应用与实践对智能制造的发展具有重要支撑作用。

制造个性化，以往消费者作为市场消费产业链的末端，总是在被动地接受企业设计的产品，而如今，随着互联网的发展以及用户个性化需求的逐渐凸显，消费者的市场位置正在发生颠覆性变化。而正是这种变化革新着制造企业的生产模式。随着个性化定制的兴起，未来制造企业的生产线将由大规模批量化生产转向小批量定制化生产，这将彻底改变企业的采购、生产、配送以及供应链模式。为实现产品的小批量定制化生产过程，敏捷制造已经作为一种直接面向用户个性化需求的解决方案被提出。敏捷制造通过对企业内部的生产工艺、流程、机构的迅速重组，实现对市场需求的敏捷反应。

（二）基于制造业服务化的价值传递

制造业服务化首先由 Vandermerwe 和 Rada 提出，指在制造业中服务份额占比的增加为产品带来的增值，实质是生产性服务业向制造业价值链渗透融合的过程。宏碁电脑创始人施振荣提出“微笑曲线”，认为研发、设计和营销是为企业创造高附加值的核心活动，这些环节主要由生产性服务来提供。Hansen 认为技术进步为服务专业化提供了很大潜力，服务成为产品增值的重要部分。电脑市场大约 2/3 的增值来自服务部门提供的软件和维修服务而非制造业部门。Gemmel 和 Van 估计服务部门产出的 1/4 被用作制造业中间品，如果包括企业内服务的情况，占比会更高。瑞典的研究进一步证实服务对制造业的重要性日益增强。服务业不仅为制造业提供高份额的中间投入，它们在制造业收入份额中的比重也不断上升，并推动出口。例如，瑞典机床制造商使用 40 种不同的服务以维护其交付链，以及在销售过程中为其客户出售 15 种不同类型的服务。

经济全球化和生产组织方式的变化使服务越来越成为提升一国或地区制造业附加值及全球市场竞争力的关键中间成分。制造业和服务业间的界限越来越模糊，之前从制造业价值链中分离出的生产性服务，在专业化水平和运营效率不断提升的基础上，根据制造业价值链各环节的需求，在市场因素和产业关联的作用下，重新嵌入制造业相应环节，与制造业价值链动态匹配进行价值链重构。生产性服务在与制造业价值链融合的过程中，向制造业价值链注入知识、技术等高等要素，通过信息技术、模块化组织方式等，提升制造业生产效率和管理效率，带来了“1+1>2”的价值链整合效应，重构为新的更高附加值的产业价值链。

【案例】

从制造商到服务商：数字技术助力远景能源蜕变

2007 年，从英国伦敦的一家企业辞职的张雷回到家乡江阴创立远景能源有限公司（以下简称远景能源），他憧憬在中国能源和环境发展的美好前景中获得企业发展。那时，中国风机制造已经风生水起，虽然是“迟到者”，但远景能源的发展速度、技术水平和创新模式却令人瞩目。2009 年，张雷作为“福布斯中国科技先锋”登上《福布斯》中文版封面。

作为制造业，扩大规模、追求规模效应是当时企业的普遍追求，但远景能源却有不同的想法。因此，当中国其他风机厂商一掷千金、投资扩产时，张雷亲自当起了“产品经理”，花费两年时间自主研发，突破了风电核心控制技术和载荷优化技术，成为中国第一家掌握这两项技术的风电企业。2013 年，中国风电整机企业新增装机排名中，远景能源位列第四，但却是前十风机制造商中唯一没有上市的公司。远景能源与第二、第三名的差距微弱。2014 年，远景能源年新增装机量超过 200 万千瓦，并成为中国最大的海上风机供应商。

正当远景能源在通过掌握风机核心技术，在制造业升级发展的道路上快速发展的时候，随着新一代信息通信技术的迭代创新和快速扩散，企业负责人张雷敏锐地意识到，随着物联网、大数据、云计算、移动互联等技术深度介入传统行业，能源领域的竞争将会加剧，传统、单一的能源设备制造企业将会逐渐消失，取而代之的将是集设备制造、场地设计、能源管理、运营和维护于一体的、综合的能源管理解决方案供应商，即依托新一代信息通信技术的制造业的服务化。随即，远景能源开始了战略调整：

当企业风电企业蜂拥而上，抢夺中国“三北”地区（即东北、华北、西北）的风场资源时，远景能源已研发出全球首台低风速风机，并由此打开一片“蓝海市场”；当业内开始关注低风速市场时，张雷已经布局全球，在丹麦锡尔克堡建立中国企业在海外的首个全球风电创新中心，布局海上风机；当对手们还徘徊在风机制造竞争时，张雷引入大批软件和云计算人才，在硅谷建立全球数字能源创新中心、在日本建立全球能效技术研究中心，开发智慧风场和智慧能源管理软件。

远景能源的未来要超越制造，它想要用能源互联网的思维颠覆传统能源市场。因此，远景能源花费数年时间建立了全球能源互联网平台——不仅能管理风能，而且能管理其他能源，甚至能管理用电侧资产，为工商业客户提供能源采购、能源管理、能效优化等综合技术解决方案。

中国广核集团（以下简称中广核）是2013年中国新增装机量第一、效益第一的风电开发商。远景能源利用从风场的前期设计管理到智能风机再到智慧风场的全生命周期管理体系为中广核提供服务，在2013年中广核针对所有风机厂商从发电性能、可靠性、检修运维成本等六个维度进行的综合运行评价中，远景能源超过全球第一大风机厂商维斯塔斯（Vestas）而排名第一。不仅如此，远景能源还帮助一些风电开发商优化现存的风场资源，让原本效益一般的风场大幅提升收益。中国电力投资集团江苏公司的一个资源一般的风场经过优化后，成为全省高收益的风场之一。

远景智慧能源云中心是上海研发与运营中心里最引人注目的，来访者仿佛置身电影《阿凡达》，就连为谷歌位于俄克拉荷玛州的巨型数据中心提供电力的风电场也在这里实现远程管理。目前，这里管理着包括北美、欧洲、中国等在内的超过1000万千瓦的全球新能源资产，其中包括美国最大新能源公司伯顿能源（Pattern Energy）的数百万千瓦风电和光伏资产，可以说远景能源是现今全球最大的智慧能源资产管理服务公司。

通过远景能源的智慧能源云平台，管理者可以随时查询远景能源管理的任意一座风场乃至风机的实时运行状态。不仅仅是监视和控制，通过这个智慧风场全生命周期管理平台，还可以实现对价值数以亿计的资产进行资产管理和优化。

凭借自主的风机制造技术和对制造业服务化的敏锐觉察，远景能源如今已不再是一家单一的风电制造企业，成为融制造、设计、供应链、能源管理的综合能源服务集成商。

（资料来源：远景能源：风光并进 为行业重塑标准［EB/OL］. https：//solar. ofweek. com/2017-05/ART-260006-8600-30131204. html. ）

四、互联网企业的商业模式

（一）什么是互联网企业

互联网企业广义上是指以计算机网络技术为基础，利用网络平台提供服务并因此获得收入的企业。按照网络企业间的协作关系，可以将广义的互联网企业分成三类。

第一类，基础层互联网企业。主要是以提供网络设备、通信环境、接入服务等网络运营所必需的基础设施为主。基础层互联网企业是整个互联网产业的基础，提供了网络运营的大环境。这类互联网企业包括：基础网络设备提供商，如思科、华为等；电信网络运营提供商，如中国电信、中国网通等；宽带接入服务提供商，如长城宽带、歌华宽带等。

第二类，服务层互联网企业。这类互联网企业主要从事网络应用设施的生产和开发，提供技术服务、技术咨询、技术创新等服务，其产品是网络软件、网站开发等，如微软（Microsoft）、IBM，以及我国的青鸟天桥、神州数码等，都属于这类互联网企业。

第三类，终端层互联网企业。这类企业主要是基于互联网平台，提供相关的免费及增值信息服务的公司，它的主要经营模式是通过建立自己的网站，提供网络接入、搜索引擎、门户站点、电子商务等众多业务，以吸引大量用户（访问者），从而获得巨大商机，如雅虎、亚马逊，以及我国的搜狐、新浪、网易、百度等。

狭义的互联网企业则是指在互联网上注册域名，建立网站，利用互联网进行各种商务活动的企业，也即上面所述的第三类企业——终端层互联网企业。这些互联网企业所从事的商务活动主要包括通过互联网进行商品采购和销售；通过互联网对实体企业进行宣传和对其他产品进行网上营销；通过互联网向特定顾客提供信息服务；通过互联网向上网的人们提供虚拟的社区服务，如聊天、讨论、交友、游戏等。

（二）互联网企业的经济特性

1. 互联网经济具有网络经济特性

互联网经济具有网络经济效应。网络经济效应就是指用网络的人越多，网络越有价值，如电话网、电网等。随着使用人数的大量增加，一方面每个人的使用成本显著降低；另一方面更多的用户联网为每个使用者提供了更多的便利性和连接可能性，提高了价值。互联网企业往往着力于吸引大量的客户，吸引的人越多，越有价值。

2. 互联网经济的规模经济特性

互联网经济具有明显的规模经济效应，体现在网站使用人数达到一定规模后，成本会显著降低，经济效益显著增加，如团购网站的模式。现实中大量的网站建立以来会一直亏损，但是当用户规模达到一定数目时，迅速扭亏，并获得高额利润，这是规模效应的具体体现。

3. 互联网经济是低成本、高效率的经济模式

通过建立基于互联网的通信、交易平台，使传统商业业务流程减少，降低了交易成本。例如，电子商务网站，减少了传统交易模式中的中间环节，降低了成本，利用平台优势，使许多交易流程依靠电脑程序自动进行，用户不受地域时间限制，不仅低成本，而且高效。

4. 互联网经济是创新型、速度型经济

互联网经济以知识和信息为载体，以虚拟形式发展，由于其生产方式不同于传统模式，需要不断对信息进行再加工，从而表现为不断地创新、高速发展：现实中优秀的互联网企业都是创新的“龙头”，那些创新能力不足的企业会很快被淘汰，从这个意义上来讲，创新就是价值。

（三）互联网企业的商业模式

1. 新媒体模式

互联网是一种新的媒体资源，与传统媒体相比，具有高效、便利、低成本、互动性强等特点，在与传统媒体的竞争中，互联网的优势正在不断地被发挥出来，同时也在大量“蚕食”传统媒体的广告收入，而广告收入是搜索引擎类网站、门户类网站的主要收入来源。

2. 平台运营商模式

此处的平台运营商模式是指，通过网站搭建一个平台，联系交易双方，促成服务或交易，如电子商务平台、网上支付平台、网上金融交易平台。平台运营商从每笔交易中获得极小的“抽成”，由于客户数量的巨大，一个成功运营的平台，其收入也不可小视，这种“抽成”类似于中介费收入，从一个平台每年的交易量，能够轻易地评估出平台的收入和价值。

3. 有偿信息提供模式

各类专业网站，如中国电子元器件网、中国自动化网等，这类网站收集和发

布有偿信息，使用者多是通过缴纳会员费的形式，获得有偿信息服务。这类信息往往只针对专业受众，因而具有特殊价值。对于这类网站的价值，仍然很容易从用户数量获知。

4. 虚拟体验模式

这主要是指各种各样的网络游戏平台、社区交友平台，通过创造一种虚拟空间的游戏体验，获得用户获取价值。网络游戏曾经创造了大量的收入，网易等著名门户网站靠网络游戏收入走出了上一轮“互联网泡沫”的“泥潭”，其收入潜力可见一斑。

5. 电子商务

电子商务是目前发展最好的互联网经济商业模式之一，其发展历程将互联网经济特性体现得淋漓尽致。相较于传统商业模式，电子商务的高效、低成本、少中间环节、规模效应等优势都在充分地发挥着，所以成长空间很巨大。

【本章思考】

1. 数字技术的广泛应用带来了商业模式的哪些变化?
2. 数字技术的广泛应用带来了战略管理的哪些变化?
3. 如何理解企业的“跨界”?

第六章　数字化管理中的组织

我们不是靠人来领导这个公司，而是用规则的确定性来对付结果的不确定。

——任正非

华为公司创始人

【学习目标】

1. 掌握组织管理的基本概念和基本原理
2. 掌握传统组织结构的特点和适用环境
3. 掌握互联网时代环境特征及其对企业的要求
4. 掌握数字化管理中组织变革的核心
5. 掌握数字化管理中组织结构、运行的概念和原理

【章首案例】

数字化的组织：中国海尔

海尔在全球有十大研发中心，108个制造工厂，66个营销中心，2017年市场收入增长20%，海外的市场收入占全球收入的40%。随着不断的发展，海尔制定了以用户为中心的全球多品牌战略，针对不同的市场和定位，满足用户个性化需求。

连续九年蝉联全球大型家用电器第一品牌，是海尔近几年数字化转型的成果。卡奥斯CIO熊嫒嫒从两部分阐述了海尔数字化转型的实践经验。

一、业务上的4个数字化转型实践

企业在新的经济时代下面临着很多挑战，商业模式、制造模式、消费模式的

三大颠覆促使企业转型发展：要求企业变成去中心化的平台，满足用户个性化的需求，实现由传统的大规模制造变成大规模定制，改变从产品生产到经销商再到分销商的产品经济模式，变成围绕用户体验不断迭代的社群经济模式。

数字经济时代下，数字化转型对企业来说最大的挑战是什么？熊媛媛认为，最大的挑战是人的观念、企业的战略，不是技术的问题，而是全体系、全流程的问题。针对这一大挑战，海尔从新动能、新平台、新机遇实现人单合一的全面探索。

从新动能方面，海尔集团变成一个平台，从战略、组织和机制上颠覆，让员工在平台上创业，打造创业的新动能。主要体现在：战略转型，以用户为中心；组织重构，变成网状的节点组织；机制颠覆，以用户付薪代替按岗付薪。

从新平台、新机遇方面，海尔推动变革，从体验经济、创客经济、社群经济、共享经济各方面，打造和用户的触点，衍生出大量平台，如智能制造的平台、创业孵化的平台、社交平台、产融结合的平台、共享平台；涉足地产、金融、农业、健康等领域。

企业转型的核心是从内往外走，连接用户。熊媛媛指出，以体验经济为例，海尔建立两大体系：对内的互联工厂、对外的智慧家庭。其本质是希望在智慧家庭的部分，能够从产品端连接到用户，打造全流程、全生态的场景服务，实时感知用户需求。在互联工厂的部分，从工厂、制造连接到用户，连接各个供应链节点，实现大规模定制。

熊媛媛认为企业转型的本质核心，不是从单一产品变成智慧生活的解决方案，也不是从大规模制造变成大规模定制，而是从产品端连接到用户。

1. 从产品到场景商务

海尔馨厨冰箱是智慧家庭平台上的一个产品，它不是简单地在冰箱上加了一个屏，而是代表着在企业转型的路上，希望借助任何方式连接到用户，为用户提供一种美好生活的解决方案。冰箱不仅是一个提供保鲜功能的电器，还是一个美食场景，不仅可以在烹饪的时候欣赏音乐、查食谱，还可以一键购买食材，并能对果蔬溯源，自动记录储存时间，自动提醒保鲜时间等。馨厨产品现在依然在不断迭代，海尔智慧家庭平台上有很多类似的产品，海尔希望把电器打造成一个有情感连接的网器，连接到生态，共创生态价值。

2. 从智能制造到互联工厂

海尔从2012年开始做智能制造，熊媛媛认为，在平台打造的过程中，最核心的一点是让用户参与进来，连接所有环节，打造新的互联工厂模式，将工业化、数字化、物联网技术等融合，实现生产的智能化和产品的智能化。

海尔有九大互联工厂，从内部实践来看，海尔整体的订单交付周期缩短了50%，生产效率提升了60%，最关键的一点是实现了50%的客户定制，不入库率达到了61%。

3. 从互联工厂到COSMOplat平台

海尔将互联工厂解决方案从私有云打造成公有云——COSMOplat，服务广大中小企业，一端连接用户、一端连接资源，为企业提供智能制造、个性化定制的解决方案。目前，COSMOplat已经成为全球最大的工业互联网大规模定制解决方案平台。

熊媛媛以“汽车行业数字化转型专场”的房车为例，表示海尔可以为其打造一个整体的解决方案。在个性化定制的平台，用户可以参与互动讨论，在交互的过程中发现用户的需求，对设计进行改良。此外，在采购定制的平台，帮助用户将采购成本降低20%，其次海尔在房车生产过程中可以提供整体的家电家居场景个性化定制方案。最关键的一点是，平台将房车用户连接到营地，在旅游的过程中，也可以一键下单（如烧烤需求），服务直达营地。解决方案平台不仅提供的是平台、工具，更重要的是提供管理实践经验和管理模式。

4. 智慧服务

数字化时代，服务转型是大势所趋。海尔以服务起家，最早的信息化建设也是从服务系统的建设开始的，通过移动技术、大数据，把用户和“服务兵”连接起来。服务不再是安装维修，而是让“服务兵”变成用户的生活管家，把用户评价和体验信息实时反馈到各个节点，让各个节点不断的改善服务和产品，为用户提供家电健康生活的解决方案。

二、IT如何支撑业务发展

业务转型的核心是跟用户连接更紧密，而IT则是构建互联互通、共享协同的能力。IT的转型，是要从企业内部的职能部门、服务转型，是要转变为价值创造部门，不再只是用户提需求、IT建系统的简单模式。

熊媛媛认为，IT要转型，首先要跟上时代的发展，不仅是从技术上，更要从观念上改变，更加开放、更加智能，内外连接，创造出一种新的商业模式。海尔

IT 正走在从“智能服务化→服务产品化→产品平台化→平台生态化”的转型路上。

基于这个变化，海尔总结了 IT 的核心是构建三方面的能力。第一个是连接的能力，不仅要连接企业内部的系统数据，还要连接到用户，实现真正的万物互联。不断地扩大范围，提升数据获取的速度、连接的速度、显示的速度。

第二个是安全的能力，从企业内部的系统安全，发展成如何保护数据安全，再到工厂和物两端的连接安全。

第三个是数据的能力，实现从事后显差到实时显差再到预先知差的能力提升。

熊媛媛指出，海尔的 IT 战略重点投入在四个方面：“数字化+信息化”的云战略；“数字化+商业安全”的信息安全战略；“数字化+业务洞察+制造服务”的实时大数据战略；“数字化+用户体验”的数字运营战略。

安全方面，海尔打造了“海安盾”安全平台，实现全流程全方位的安全防护，保护着内部近 1P 的数据。通过这个平台，海尔可实时感知安全态势，可感知、可追溯、可运营、可关差，正逐渐从企业安全扩展到工业互联网和物联网的安全。

大数据方面，大数据战略的核心可以归纳为两部分：一部分是显差驱动，另一部分是数据赋能。对企业内部来说，利用数据可感知内外部的经营状态，发现问题、分析问题，能够及时做出反应。另外，利用数据还可连接赋能，产生新的价值。

（资料来源：时任海尔集团数字技术服务（DTS）副总经理熊媛媛在“中国数字企业峰会”上的介绍。）

第一节　传统组织

一、组织的基本概念

（一）组织现象

所谓组织现象，是指在社会运行的方方面面，包括政治、法律、经济、文化、艺术等领域，由于组织的参与、介入其中，所表现出的一些外在的形式、过程等，包括政党、公司、艺术团体、演出、经济项目、研发、经济增长等。组织现象是由于各种组织介入所创设、形成的一系列外在表现。能感知、观察和体验到组织现象，是认识组织的前提。

（二）组织含义

组织，一般有两种含义：一种是动词，指有目的、有系统地集合起来，如组织群众，这种组织是管理的一种职能；另一种是名词，指按照一定的宗旨和目标建立起来的集体，如工厂、机关、学校、医院、各级政府部门、各个层次的经济实体、各个党派和政治团体等，这些都是组织。从名词上说的组织可以按广义和狭义划分。

从广义上来说，组织是指由诸多要素按照一定方式相互联系起来的系统。系统论、控制论、信息论、耗散结构论和协同论等，都是从不同的侧面研究有组织的系统的。从这个角度来看，组织和系统是同等程度的概念。在这个定义中包含有：生物学中有机体的组织，在西方原义来源于“器官”（Organ），因为器官是自成系统的，如皮下组织、肌肉组织等，都出自细胞组成的活组织；动物的群体组织，如一窝蜜蜂就是一个以蜂王为核心、秩序井然、纪律严明的群体；还有人的组织；等等。

从狭义上来说，组织就是指人们为实现一定的目标，互相协作结合而成的集体或团体，如党团组织、工会组织、企业、军事组织等。狭义的组织专门针对人群而言，运用于社会管理之中。在现代社会生活中，人们已普遍认识到组织是人们按照一定的目的、任务和形式编制起来的社会集团，组织不仅是社会的细胞、社会的基本单元，也是社会的基础。本书所指的是指狭义的组织。

巴纳德认为，正式组织是有意识地协调两个以上的人的活动与力量的体系。卡斯特对组织的定义是：一个属于更广泛环境的分系统，包括怀有目的并为目标奋斗的人们；一个技术分系统，即人们使用的知识、技术、装备和设施；一个结构分系统，即人们在一起进行集体活动；一个社会心理分系统，即处于社会关系中的人们；一个管理分系统，即负责协调各分系统，并计划与控制全面的活动。组织的定义有很多，随着人类实践的发展，人们的认识还会进一步演变和深化。

（三）组织结构

组织结构（Organizational Structure）是表明组织各部分排列顺序、空间位置、聚散状态、联系方式以及各要素之间相互关系的一种模式，是整个管理系统的“框架”。管理者在进行组织结构设计时，必须正确考虑6个关键因素：工作专业化、部门化、命令链、控制跨度、集权与分权、正规化。其本质是为实现组织战略目标而采取的一种分工协作体系，组织结构必须随着组织的重大战略调整而调整。从管理学的角度来看，主要是为了保证有效的通信和协调。

组织结构是描述组织的静态方面，它的直观体现是组织结构图。

（四）组织运行机制

组织结构是企业静态的“框架”，组织运行就使其结构动态化。组织运行包括组织制度的建立、组织冲突的协调、运行机制的健全、运行过程的调控等。组织运行的目标要看是否实现了效率目标、促进了发展。组织运行依赖于人与组织的关系以及组织与环境的关系。

组织运行机制描述的是组织动态方面。

（五）组织分类

第一，从组织的规模去分类，可分为小型组织、中型组织和大型组织。例如，同是企业组织，就有小型企业、中型企业和大型企业；同是医院组织，就有个人诊所、小型医院和大型医院；同是行政组织，就有小单位、中等单位和大单位。按这个标准进行分类是具有普遍性的，不论何类组织都可以作这种划分。以组织规模划分组织类型，是对组织现象的表面的认识。

第二，按组织的社会职能分类，可分为文化性组织、经济性组织和政治性组织。

文化性组织是一种人们之间相互沟通思想、联络感情，传递知识和文化的社会组织，各类学校、研究机关、艺术团体、图书馆、艺术馆、博物馆、展览馆、纪念馆、报刊出版单位、影视电台机关等都属于文化性组织。文化性组织一般不追求经济效益，属于非盈利组织。而经济性组织是一种专门以追求社会物质财富的社会组织，它存在于生产、交换、分配、消费等不同领域，工厂、工商企业、银行、财团、保险公司等社会组织都属于经济性组织。政治性组织是一种为了某个阶级的政治利益而服务的社会组织，国家的立法机关、司法机关、行政机关、政党、监狱、军队等都属于政治性组织。

第三，按组织内部是否有正式分工关系分类，可分为正式组织和非正式组织。

如果一个社会组织内部存在着正式的组织任务分工、组织人员分工和正式的组织制度，那么它就属于正式组织。政府机关、军队、学校、工商企业等都属于正式组织。正式组织是社会中主要的组织形式，是人们研究和关注的重点。而如果一个社会组织的内部既没有确定的机构分工和任务分工，没有固定的成员，也没有正式的组织制度等，这种组织就属于非正式组织。非正式组织可以是一个独立的团体，如学术沙龙、文化沙龙、业余俱乐部等；也可以是一种存在于正式组织之中的无名而有实的团体。这是一种事实上存在的社会组织，这种组织现在正日益受到重视。在一个正式组织的管理活动中，应特别注意非正式组织的影响作用。对这种组织现象的处理，将会影响到组织任务的完成和组织运行的效率。

二、传统的组织结构

（一）直线型组织结构

又称单线型组织结构，是最古老、最简单的一种组织结构类型。其特点是组织系统职权从组织上层“流向”组织基层。上下级关系是直线关系，即命令与服从的关系。

优点：①结构简单，命令统一；②责权明确；③联系便捷，易于适应环境变化；④管理成本低。

缺点：①有违专业化分工的原则；②权力过分集中，易导致权力的滥用。

小结：直线制或称直线结构（Line Structure）是沿着“指挥链”进行各种作业，每人只向一个上级负责，企业老板的最高权威沿着不同的生产单元被切分下去。当企业的规模较小，生产系统不复杂时，管理者可以凭借自己的“全能”“全知”来管控企业时（不需要太多的参谋人员），此时的指挥非常灵活、高效，但同时，此时的企业也无法处理大规模的生产任务。这和企业一般被认为是工厂、生产型作坊、前店后厂，通常出现在企业的初创期。这类企业的职能部门基本是不存在的。例如，在浙江、江苏、福建和广东等地的小型工厂中，老板的妻弟担任财务人员，老板的姑姑担任人力管理人员，只要具有基本的信任就可以，不需要太多的专业知识和技能。

（二）职能型组织结构

又称多线型组织结构。其特点是采用按职能分工实行专业化的管理办法来代替直线型的“全能管理者”，各职能部门在分管业务范围内直接指挥下属。

优点：①管理工作分工较细；②由于吸收专家参与管理，可减轻上层管理者的负担。

缺点：①多头领导，不利于组织的集中领导和统一指挥；②各职能机构往往不能很好地配合；③过分强调专业化。

小结：职能制又称“职能结构”（Functional Structure），是在每个级别的行政主管之下都设置了人力、财务、法务、研发等专业的职能管理部门，将行政主管本来的权力按专业拆分成不同条线，完全由这些条线分别进行管理。这种管理方式相对专业，能够处理简单市场的大规模标准化需求，但由于存在专业之间的不同，容易产生隔阂，形成所谓的“部门墙”，造成决策中强调本专业特征和利益、决策迟缓等现象，面临复杂市场时，存在巨大隐患。正因为这种标准化的市场是很少见的，将权力全部授予到职能部门会让企业老板、组织最高负责人不安，所以这种组织模式在现实中并不常见。

（三）直线-参谋型组织结构

又称直线-职能型组织结构。其特点是吸收了上述两种结构的优点，设置两套系统，一套是直线指挥系统，另一套是参谋系统。

优点：①直线主管人员有相应的职能机构和人员作为参谋和助手，能进行更为有效的管理；②可满足现代组织活动所需的统一指挥和实行严格责任制的要求。

缺点：①部门间沟通少，协调工作较多；②容易发生直线领导和职能部门之间的职权冲突；③整个组织的适应性较差，反应不灵敏。

小结：直线-职能制（Line and Function System）兼具了上述两类组织模式的特点，实行行政主管统一指挥和职能部门参谋指导相结合的组织模式，这一模式最早由通用电气采用并由此兴起。这种组织模式的出现显然是为了在灵活性和规模经济之间取得最佳的平衡点，职能部门实际上充当了老板管理半径的“放大器”，而老板又保留了对于业务部门的直接指挥权。从严格意义上讲，这种模式依然是相对强势的，老板依然是决策的“超级中心”。

在国外，直线-职能型组织结构是主流的组织模式。1917 年，美国制造业 236 家公司有 80%采用了这种结构。在国内，由于现代企业管理的历史比较短，许多企业在实际的运作中还没有充分领会到直线-职能制的精髓，老板和职能部门之间的关系一直没有理顺，老板强势一些，其组织结构就偏向直线制结构，职能部门强势一些，其组织结构就偏向职能制结构。

（四）事业部制组织结构

事业部制组织结构的特点是在高层管理者之下，按地区或特征设置若干分部，实行“集中政策，分散经营”的集中领导下的分权管理。

优点：①有利于高层管理者集中精力搞好全局及战略决策；②有利于发挥事业部管理的主动权。

缺点：①职能机构重叠；②分权不当容易导致各分部闹独立，损伤组织整体利益；③各分部横向联系和协调较难。

小结：事业部制结构（Multi Divisional Structure），又称为M型结构（M-form）。相对前面几种组织结构，这种组织模式更加放权，但相对H型结构[①]，这种组织模式又更加收权。可以说，M型结构是一种高度集权下的分权管理体制。

在这种组织模式里，企业会收一部分职能在总部，放一部分职能在事业部。这样就既形成了资源的高度共享，又保证了业务的灵活。分权比较少的，有可能把某项或某几项职能留在事业部，而其他职能则由总部进行统合，例如，形成了产品事业部或销售事业部。而分权比较多的，直接把所有职能全部装到事业部里，每个事业部变成了一个个职能模块完整的“模拟公司”。

当然，必须留在总部的是人事决策权、预算控制权和监督权，并通过利润等经营性的绩效指标对事业部进行控制。这样就既给予了业务部门足够的灵活性，又保证了业务运行的规范。这种模式形成了若干战略业务单元（SBU），能够在公司职能的支持下，基于自己控制的职能、面对的市场进行独立决策。

事业部制是美国通用汽车总裁艾尔弗雷德·斯隆于1924年提出的，又被称为“斯隆模型”，也叫作“联邦分权化”。当时，通用汽车公司合并收购了许多小公司，企业规模随着产品种类和经营项目的扩张而急剧膨胀，而内部大一统管理适应不了这种变化而变得十分混乱。时任通用汽车公司常务副总经理的斯隆参考了杜邦化学公司的经验，以事业部制的形式完成了对原有组织模式的改造，这使通用汽车公司在当时获得了很大的成功。

但事业部制也存在一个天然“瑕疵”：如果将各类职能下放到事业部里，会

① H型结构，也称为控股公司结构。在H型结构中，母公司持有子公司或分公司部分或全部股份，下属各子公司具有独立的法人资格，是相对独立的利润中心。H型结构的显著特征是高度分权，各子公司保持了较大的独立性。

获得“灵活性”，但却“不够经济”；如果将各类职能统一整合到总部，会获得“经济性”，却又“不够灵活”。

（五）委员会

委员会是组织结构中的一种特殊类型，它是执行某方面管理职能并以集体活动为主要特征的组织形式。实际中的委员会常与上述组织结构相结合，可以起决策、咨询、合作和协调作用。

优点：①可以集思广益；②利于集体审议与判断；③防止权力过分集中；④利于沟通与协调；⑤能够代表集体利益，容易获得群众信任；⑥促进管理人员成长；等等。

缺点：①责任分散；②议而不决；③决策成本高；④少数人专制；等等。

小结：委员会制主要是指大型企业、企业集团在对涉及企业整体发展的重大事项进行决策时，由一些重要的利益相关者派出相应的代表，加上一些专业人士，组成专门的决策委员会，以开会的方式对这些事情做出决策。在上市企业中，由于资本市场对于上市企业的信息公开披露有严格的规定，所以上市企业为了满足资本市场的信息披露要求，常常以专业人士加重要股东代表组成各种专业委员会，如提名委员会、战略委员会、薪酬委员会等，对这些事情进行决策。

委员会不是常设机构，只有遇到具体的事情时，才由企业的某一个常设机构负责召集、组织会议，以开会的方式对具体的事情讨论、决策。事情讨论完，会议即结束。

委员会只负责对涉及企业全局的重大事项进行讨论、决策，而不管具体的执行。实际上，委员会制属于企业治理方面的制度安排，负责解决企业所有者、管理者、执行者之间的权力分配问题。大型上市企业常采用委员会制。

（六）矩阵制

矩阵制，又称矩阵式组织（Matrix Organization），即“在一个机构之机能式组织形态下，为某种特别任务，另外成立小组负责，此小组与原组织配合，在形态上有行列交叉之式，即为矩阵式组织”。矩阵制是由职能部门系列和为完成某一临时任务而组建的项目小组系列组成，它的最大特点在于具有双道命令系统。矩阵制组织形式是在直线职能制垂直形态组织系统的基础上，再增加一种横向的领导系统，可称之为“非长期固定性组织”。矩阵制的英文是 Matrix，它创始于 20 世纪 80 年代中期，其设计思想是要摆脱原来层级制本质的缺陷。

在组织结构上，矩阵式组织可以将企业中各个办事处更有效地结为一体，矩阵式组织结构可以解放各个职能部门经理间的限制，以使职能部门经理间更好地就资源进行全面的沟通。矩阵式组织可以帮助企业暂时减少员工招聘的成本，特别是对一些刚刚建立的部门。各个部门中关键的人员可以同时被企业中各个项目所使用，如每个部门的经理。因此，矩阵式组织可以在项目管理过程中，帮助企业在时间、成本和绩效上达到平衡。

在组织结构上，矩阵制是把按职能划分的部门和按产品（项目）划分的小组结合起来组成的一个矩阵，一名管理人员可既同原职能部门保持组织与业务上的联系，又参加项目小组的工作。

矩阵式组织是为了改进直线-职能制横向联系差、缺乏弹性的缺点而形成的一种组织形式。它的特点表现在围绕某项专门任务成立跨职能部门的专门机构上，例如，组成一个专门的产品（项目）小组去从事新产品开发工作，在研究、设计、试验、制造各个不同阶段，由有关部门派人参加，力图做到条块结合，协调有关部门的活动，保证任务的完成。这种组织结构形式是固定的，人员却是变动的，需要谁，谁就来，任务完成后就可以离开。项目小组和负责人也是临时组织和委任的，任务完成后就解散，有关人员回原单位工作。因此，这种组织结构非常适用于横向协作和攻关项目。

小结：矩阵制结构（Matrix Structure）是为了改进直线-职能制“相对僵化”和事业部制“不够经济”的弱点而产生的一种组织结构模式。一方面是将总部的权力下沉到按产品划分、能够接触到市场的项目小组；另一方面则是将职能在总部层面予以进一步整合，在总部形成研发、生产、营销等整合的职能模块。项目小组可调用总部的若干职能资源，形成有效的跨部门合作，完成商业从“创意”到“货币”的全过程。需要说明的是，职能部门是固定的组织，项目小组是临时性组织，完成任务以后就自动解散，其成员回原部门工作。

有很多企业在采用矩阵制的过程中，对其进行了大幅度的改造，例如，IBM就实现了多线矩阵的组织结构模式，其矩阵内有按区域、按用户行业、按产品、按职能等维度划分的多个条线，组成了一个庞大无比而复杂的网络。

矩阵制在专业分工的基础上，让项目小组可根据用户需要来调用各类资源，但这也带来了一个问题，每个人在企业内都有不同条线的归属，需要同时向几个领导汇报，这就大大延迟了组织决策过程，降低了组织效率，还有可能最终调不动资源，以至于企业不得不通过若干委员会来进行协调，进一步把决策权“碎片化”。

三、金字塔型组织的演变

从 19 世纪 20 年代开始，人类正式开始大规模思考“组织”这个话题，泰勒、法约尔等人的研究也开始从量变走向质变，凝结为一套系统的组织管理方法论，并惠及现在的管理实践。

而此前，更多是“问题解决者”零散进行的尝试，《管理百年》的作者科雷纳·斯图尔特这样评价福特汽车缔造者：“福特的成功是雄心壮志的结果，而不是组织管理的成功。他成功地建成了一个没有管理的企业王国，没有精心构建的组织结构，甚至连非正式的结构也没有。”

尽管组织管理兴起于 19 世纪 20 年代，但真正的鼻祖要追溯到德国的社会学家马克斯·韦伯。韦伯对组织的理论和实践进行研究后指出，工业化趋势就是科层制（Hierarchy）或官僚制（Bureaucracy）。在纵向上，成员的位置遵循等级制度的原则，低层级受到高层级的控制和监督；在横向上，则是按照亚当·斯密的分工理论进行划分，各司其职。因此，组织犹如一台机器，有着精心制定的等级秩序（纵向）和部门界限（横向），而每个成员都只是其中的“人肉零件”，负担明确的责任。可以说，韦伯提出的金字塔型组织，就像是一个典型的德国产品，浓浓的工业气息，秩序第一，精准无比。

韦伯认为金字塔型组织的效率很高：“从纯粹技术的角度来说，组织管理采用官僚体制才能保证获得最大效率；也是从这个角度来说，官僚体制是对人类实现必要的控制所需采用的最理性的方法。与其他形式相比，官僚体制无论在精确程度、稳定性、纪律的严格性，还是可靠性方面，都更胜一筹。”

切斯特·巴纳德（1886—1961）认为，刚性的科层构架无法达到“自动沟通”的效果。他认为：“经理职能的关键，首先是建立沟通系统；其次是促进保证关键活动的安全（稳定性）；最后是构建和定义目标。”

韦伯和巴纳德的组织管理理论在实践中取得了很大成功。通用汽车公司及其管理者小艾尔弗雷德·斯隆是典型。斯隆认为：“如果通用汽车想抓住未来的远大机会，就必须在组织智慧的指引下发展。”所谓的“组织智慧”就是职业经理人模式和事业部制，它追求更加理性、开放的经理人和更多明确的分权。

通用汽车公司的组织模式当时受到了一致好评。《经济学家》杂志评论道：“亨利·福特为管理奠定了基础，而艾尔弗雷德·斯隆为此建立了向上发展的阶梯——他将管理变成可靠的、有效的、像机器一样的过程。”

分权带来了更大的灵活性，但也带来了更高的决策风险，因此，斯隆用委员会制来推动决策。随着时间的推移，通用汽车公司内建立了越来越多的委员会，但决策线条越来越复杂，决策效率越来越低下。责权利从“分不清楚”到“分得清楚”，最后又回到“分不清楚”。

四、金字塔型组织的变革

金字塔型组织在其漫长的发展过程中，在不同的社会经济发展阶段，遇到了不同的问题，也经历了不同的变革，企业发展表现出“适应—不适应—调整—适应—不适应……”的螺旋过程。其中，对金字塔型组织发展、演变影响比较大的变革有以下一些。它们试图解决当时遇到的问题，也在一定程度上缓解了当时金字塔型组织遇到的问题，推动了金字塔型组织的向前发展。

（一）流程再造

1990 年，麻省理工学院计算机学教授兼电气工程师迈克尔·哈默（Michael Hammer）在《哈佛商业评论》发表了一篇名为《企业再造：不要自动化，要裁撤》（“Reengineering Work：Don't Automate，Obliterate”）的文章。1993 年，哈默和 CSC 指数公司创始人詹姆斯·钱皮（J. Champy）联合出版了《企业再造》一书，掀起“再造”高潮。

“流程”是指企业里的一项创造价值（包括显性价值、隐性价值，后者如财务流程）的工作，必然涉及若干前后协作并创造价值的节点，将这些节点串联到一起，明确上下游关系、节点职责和交付标准，就成为了“流程”。

流程需要“再造”的原因在于，一方面，流程破不了上下级之间的“隔热层”。流程里的节点分布在不同层级里，受到纵向的上下级关系的制约，节点之间的连接效率是有问题的。举例来说，某个部门内，如果专业节点签批但领导不签批，流程就一定无法向下走，领导的作用实际上是对最终结果进行了二次判断，这个动作本身并不产生价值。

另一方面，流程破不了专业分工之间的“部门墙”。流程里的节点分布在横向的协作关系里，专业极度细分，节点太多导致了效率拖沓。现实中，采用金字塔型组织的企业越大，越会形成过细的专业分工，让流程变得越冗长。实际上，每个节点里各司其职而又按部就班，信息、物料等在企业内传来传去，还不一定能为用户创造价值，这显然降低了效率。某些机构常常有这样的场景：一个偌大的房间里有无数个工位，每个工位都有一名专业人员负责在拿到表格后签字，然后再将表格传递到下一个工位，整个流程走下来，一张表格上有无数的签字。

因此，“流程再造”应运而生：一方面，这种方法把所有节点串联到一起，并为这些节点设置高于上下级关系的“至高权力”，打破了上下级之间的“隔热层”（其实是去除了上级的权力）；另一方面，这种方法去除了不能为用户创造价值的节点（被哈默和钱皮称为“外围员工”），合并某些极度细分的工作，从而使流程精简化，打破了“部门墙”。在此基础上，对于流程的考核得以下沉到每个节点，每个节点的处理速度和处理结果都成为考核对象。由此，每个节点为了撇清责任（速度、质量、数量的责任），都会尽快完成任务，再向下游“交割”，把责任推出去，流程就可以快速运转。

可以说，流程再造是“藐视”金字塔型组织专业分工和上下级授权规律的一次大胆尝试。哈默和钱皮甚至认为，流程再造是工业革命以来企业思考中最激进的改变。它告诉经理人如果想继续生存，必须抛弃现在所有关于企业的观念，抛弃老旧的传统，重新绘制组织蓝图。哈默甚至宣称：“我以扭转工业经济的逻辑为使命。”

由于触碰到了欧美企业管理问题的核心，流程再造大受欢迎。财富 500 强企业中的 78%和英国大型企业中的 68%，执行了某种程度的再造工程。

（二）KPI 管理

关键绩效指标（Key Performance Indicaton，KPI）管理渗透到了许多企业的“血液”里，至今依然产生巨大影响。

严格意义上说，KPI 管理并不是一个典型的管理词汇，却是一种被企业普遍接受的管理方法。其原理很简单，即将公司的战略目标或经营目标分解到各个职能或经营领域，再逐级下沉，直至员工个体，而后再基于考核结果发放奖励。

当每个部门、团队、个人身上被绑定了数字，KPI 犹如悬在每个被考核单元头上的“达摩克利斯之剑”，为他们注入动力，要求他们交付结果，驱动他们打破横向的部门隔阂和纵向的层级障碍，主动平行协同，主动向上和向下管理。由此，企业犹如机器一样精密，最大限度地消除了各个环节的不确定性，确保生产品质可靠的标准品。

KPI 管理经历了两个维度的发展，一是越来越走向精准量化，二是越来越走向平衡量化，逐渐形成了今天以平衡计分卡为代表的体系。

（三）企业文化

1982 年 7 月，美国哈佛大学教授特伦斯·迪尔（Terrence E. Deal）和麦肯锡咨询公司顾问阿伦·肯尼迪（Allan Kennedy）出版了《企业文化——现代企业精神支柱》一书。他们认为，每一个企业（事实上是每个组织）都拥有一种特殊的文化，无论是软弱还是强势，都在整个企业内部发挥了巨大的影响力。他们解构了企业文化包含的五种因素：企业环境、价值观、企业英雄、风俗礼仪、文化网络。

同时期的另外三部企业文化相关著作为《Z 理论：美国企业界怎样迎接日本的挑战》《日本的管理艺术》《追求卓越：美国管理最佳公司的经验》，共同宣告了企业文化研究和实践的兴起。他们的共同观点是：强有力的文化是企业取得成功的新“金科玉律”。

实践中，企业文化管理的确有作用，但企业文化发挥作用必须得有企业管理机制设计作为基础。否则，越是宏大的企业文化越会流于形式。当企业基本的管理制度、机制等健全和运转正常，企业文化就可以发挥如下三个作用：第一，营造氛围，为管理机制的认同赢得空间；第二，强化认同，为管理机制的渗透放大威力；第三，弥补漏洞，为管理机制的改进，求得全体员工对管理改进的理解和认同并提供支持。

（四）阿米巴组织

1. 阿米巴组织的出现和演变

“阿米巴”（Amoeba）在拉丁语中是单个原生体的意思，属原生动物变形虫科，虫体赤裸而柔软，其身体可以向各个方向伸出伪足，使形体变化不定，故而得名“变形虫”。变形虫最大的特性是能够随外界环境的变化而变化，不断地进行自我调整来适应所面临的生存环境。

日本京瓷株式会社（以下简称京瓷）就以其“变形虫式”管理而闻名。该公司成立时间短、规模也比较小，但其增长速度和营利性却高得多。2000 年，京瓷营收达 116 亿美元，利润 20 亿美元，净利润率高达 17%。而五强中表现最佳的三菱当年营收为 373 亿美元，盈利仅为 11 亿美元，净利润率只有 3%。

京瓷刚成立时向松下电子提供显像管零件 U 型绝缘体。松下电子对供应商的要求是极为苛刻的，无论是哪一家供应商，他们每年都会提出降价要求，虽然京瓷只要求5%的利润，但仍然满足不了松下的要求。时任京瓷总裁稻盛和夫总结，要得到订单，就必须盯住市场价格，不断地降低成本。只要其他公司原料的价格少2元钱，就说明公司努力不足。他提出“要以最低的成本获得最大利润”，绝不能说“拿到5%的利润就可以了”。稻盛和夫要让京瓷成为一个获利率极高的公司。为了强化员工的成本意识，京瓷形成了一套“变形虫经营”的管理方式。

虽然与其他公司一样，京瓷也有事业部、事业本部等部、课、系、班的组织设计，但是，京瓷却由“变形虫”的最小组织单位构成。“变形虫小组”是其独立的核算单位，公司在各“变形虫小组”之间形成竞争。这是京瓷的一大特色。京瓷的1.3万名员工分别从属于1000个“变形虫小组”。每个“变形虫小组”平均由13人组成。但是，由于各种工作对人员的需求和要求不同，多的小组成员在50人左右，而小的只有两三个人。具体的工作方式如下：每个小组独立计算原料采购费、设备折旧费、消耗费、房租等各项费用，再由营业额和利润求出“单位时间的附加价值”。在公司内部，小组采购半成品按一般的市场价格支付，向下一小组出售也按市场价格。这样，每个小组就可以向下一小组的销售计算出自己的营业额，按照各种费用的累加，计算出成本，求出利润。“变形虫管理”终于使京瓷成为利润显赫的大公司。

阿米巴组织或称阿米巴经营，是指将组织分成小的集团，通过与市场直接联系的独立核算制进行运营，培养具有管理意识的领导，让全体员工参与经营管理，从而实现全员参与的经营方式，是京瓷自主创造的独特经营管理模式。

举例来说，某陶瓷产品有混合、成形、烧结、精加工四道工序，就将这四道工序分成四个“阿米巴”，每个“阿米巴”都像一个小企业，都有经营者，都有销售额、成本和利润。“阿米巴经营”不仅考核每个“阿米巴”的领导人，而且考核到每个“阿米巴”人员每小时产生的附加价值。这样就可以真正落实“全员经营”的方针，发挥企业每一位员工的积极性和潜在的创造力，把企业经营得有声有色。另外，“阿米巴”可以随环境变化而“变形”，即具有适应环境的灵活性。

2. 阿米巴经营的目的

确立各个与市场有直接联系的部门的核算制度。公司经营的原理和原则是“追求销售额最大化和经费最小化”。为了在全公司实践这一原则，就要把组织划分成小的单元，采取能够及时应对市场变化的部门核算管理。

培养具有经营意识的人才。经营权下放之后，各个小单元的领导会激发起

“自己也是一名经营者”的意识，进而萌生出作为经营者的责任感，尽可能地努力提升业绩。这样一来，大家就会从作为员工的“被动”立场转变为作为领导的“主动”立场。这种立场的转变正是树立经营者意识的开端，于是这些领导中开始不断涌现出与稻盛和夫一同承担经营责任的经营伙伴。

实现全员参与的经营。如果每一个员工都能在各自的工作岗位为自己的“阿米巴”甚至为整个企业做出贡献，如果“阿米巴”领导及其成员自己制定目标并为实现这一目标而感到工作的意义，那么全体员工就能够在工作中找到乐趣和价值，并努力工作。我们要激励全体员工为了企业的发展而齐心协力地参与经营，在工作中感受人生的意义和成功的喜悦，实现“全员参与的经营”。

总而言之，阿米巴经营最根本的目的是培养人才，培养与企业家理念一致的经营人才。

3. 阿米巴组织的经营优势

阿米巴组织能够提高员工参与经营的积极性，增强员工的动力，而这些正是京瓷优势的根源。另外，阿米巴经营的小集体是一种使效率得到彻底检验的系统。同时，由于责任明确，能够确保各个细节的透明度。

这种管理方式可以在公司直接对比生产活动与产值，通过数字把握内部日常生产状况，以及原材料、人工、机械的市场价格和利润率的变化。各个小组所创造的利润及占公司利润百分比的情况一目了然，使员工对自己的工作成果有实实在在的了解，从而激励员工更加努力工作。除此之外，可以通过准确的数据对每个组员进行评估，通过评估数据使优质人力资源流动到合适的岗位上，从而使各个岗位上的人员配置达到最佳。

五、金字塔型组织的弊端

（一）横向的部门间阻碍

从横向关系上看，金字塔组织最大的问题是部门间阻碍，俗称“部门墙”，斯密和韦伯所谓的分工实际上是“很难分清楚的”。在大多金字塔型组织的企业内，员工大多会感觉到，一旦跳出本部门而涉及“横向协作”，就难以获取支持。

金字塔型组织里，原本两个部门之前各司其职，但又不可能做到楚河汉界一样分明，一定会存在一个区域是双方的“交叉职责”。很多人不理解什么是交叉职责，认为研发、供应、生产、销售等职能分工很清楚，但实际上却并非如此。分工的难度不在于界定每个角色做什么，而在于界定每个角色在各种情况下做什么。只要能够找到没有完成工作的理由，那么职责就一定没有划分清楚。此时，“交叉职责”就很有可能落到每个人头上。为了避免这种情况，交叉职责的双方都开始往后退，撇清责任。曾有某企业某部门的负责人居然将其职责简化到几乎可以忽略不计，每项该自己做的事情，该部门负责人都能轻易找到理由踢出去，导致很多项目无人负责。

（二）纵向的层次间隔断

从纵向关系上看，金字塔型组织最大的问题是不同层次间的沟通、信息和分工等的不均衡、不公平等，俗称“隔热层”，韦伯、巴纳德、斯隆的授权理论也都很难把权力的边界“划分清楚”，导致上下级之间沟通不畅，信息传递不上来，任务落实不下去。

金字塔型组织原本的设想是，在专业分工之后将权力赋予各个层级，以便形成控制和监督的“链条”。因此，上下级之间有明确的授权界限，上级负责决策和完成重要事宜（如某领域顶层战略设计），下级在上级决策方向和工作结果的基础上，决策和完成次重要事宜，以此类推，一直到将任务落实到最微观的行动上。

按理说，这种“链条关系”上的每个层级都应该有明确的责权利（责任、权力、利益），并向上级负责。但实际上，每个层次的责权利都是不明确的，或者说，下级通常不会获得明确的权力。一方面，是因为上级不愿放权；另一方面，是由于上级不相信下属，不敢放权。下级们通常会把一个简单任务分成十次和上级沟通。这样做导致工作节奏拖慢，更重要的是下级把应是自己的责任推得一干二净。

（三）弊端

横向的“部门墙”和纵向的“隔热层”把企业分成了若干的“小方格”。员工在“方格”里，头顶“职位”（Title），不碰上下（上下级），不碰左右（协作者），把自己的工作内容缩减到极致，“推诿”成为了常态。这种问题早在福特制时代（金字塔型组织的代表时代）就被发现了。正如老福特所言，“头衔”几乎就是不干活和不能为别人创造价值的同义词。即使员工要跨出“小方格”去做事，多半也是揽功推过，抓权卸责，只会制造一个又一个的麻烦。

由于每个职位的责权利说不清楚，企业的员工都有一些共同的特点：一是员工怨声载道，每个人都埋怨自己权力小、责任大；二是由于责权利没有说清楚，员工缺乏一个明确的“责任边界”；三是员工更喜欢讨论、就问题发表观点，而不能提出、实施解决方案。

“小方格怪象”让企业呈现出“大企业病”，效率低下、内耗严重。这导致的一个直接后果就是缺乏创新。创新要跳出自己的“小方格”，进入到“部门墙”和“隔热层”所在领域进行协调，这对传统金字塔型组织而言，是很难克服的。

（四）弊端的成因

企业的组织模式是随着企业规模、业务形态和用户需求的变化而变化的。越来越多的变量导致企业面临越来越高的复杂性和不确定性，企业也一直在适应组织模式。从组织模式演变的历史看，企业组织模式从关注“灵活性”到关注“经济性”，而后走向二者平衡，是一个基本特征。但在互联网时代，这个平衡却一直没有“对准”。

从严格意义上说，从直线制到矩阵制，尽管分权越来越明显，但都还是逃不出科层制的逻辑——“以上级领导为中心”而非“以用户为中心”。在金字塔形态的科层制里，即使分权的幅度再大，员工尽管可以掌握更多的市场信息，但他们毫无权力决策，无须担责，也无权获得经营的红利。

科层制的这种劣势在互联网时代集中爆发。面对对质量、价格、交付和响应速度有严苛要求的用户，企业需要一种高度的灵活性，否则不能满足用户对于“体验”的高要求；同时还不能减弱经济性，否则不能满足用户对于“低价”的高要求。但这让矛盾更加突出：如要维持经济性，就需要充分分工，但这又会让资源更加离散，在“部门墙”和“隔热层”的弊端中失去灵活性，无法有效满足用户的上述苛刻需求。

第二节　数字化管理中的组织

随着互联网技术和其他信息通信技术的迭代更新和快速传播，基于互联网——包括 PC 互联网和移动互联网——的商业快速发展。当面临长尾分布、快速迭代、无限极致的用户需求，企业开始跟不上用户的速度，用传统的组织逻辑去匹配互联网的商业逻辑，是很多企业不适应发展而出现问题的原因。互联网不仅改变了商业的逻辑，更改变了组织的逻辑，如何释放出个人和组织的潜能，让人人都成为自己的 CEO，形成灵活、高效的组织模式，是数字时代企业竞争的核心。

一、互联网时代数字环境下组织变革线索

（一）环境要求

互联网时代，企业必须足够灵活才能应对千人千面、快速迭代、无限极致的用户需求。越来越多的企业发现，所谓的“互联网基因”并不是指企业的所有者、各级管理者有没有互联网思维，而是指企业能不能变得更轻、更快、更强，能不能根据用户需求来组织资源，高效协作。

前文提到，金字塔型组织虽然经历了不同的变革、完善，但在应对互联网时代、数字时代的快速、极致的需求时，其在根本上很难适应。既然金字塔型组织有问题，那么能不能抛弃金字塔型组织？当企业们发现用户需求在变，而企业内部实在太僵化时，企业就会被迫进行组织转型，而转型的方向，就是打造全新的组织模式。

（二）组织变革思路

让企业内部随用户需求而变，最需要做的，就是让一线员工而非顶层的高管来决定资源配置。此时，一线员工直接收集用户需求信息，并组织资源提供解决方案，需求和供给直接对接，企业就变成了“平台”。

硅谷是世界上最具备创新力的地方之一。硅谷的创业公司是依托硅谷的“创新土壤”产生的，其实就是人才、技术、资金等各类资源进入硅谷之后形成的“集聚效应”。因此，可以设想有企业不断吸收那些优质资源，然后不断“裂变”出创新来满足用户需求。例如，当下的许多互联网企业，它们一边引入用户，一边引入资源方，利用供需之间的“对冲”来实现交易。这些企业利用了梯若尔等学者提出的“双边市场效应”，即用户的增加会引来更多的资源，而资源的增加又会引来更多的用户，由此，两端的市场相互强化。

那么，有没有一个企业能够不仅引入成型资源方，实现“浅层撮合供需”，而且能打造一片属于自己的“创新土壤”呢？这类设想中的企业能够利用各类

资源，不断地孵化出更多的创业公司，满足更大范围内的用户需求，实现“深层撮合供需”。并且，这类企业也能够在创业公司成长的初期就与其形成投资关系，最大限度地获取其成长的红利。如果这种设想成立，就好比把硅谷搬进了企业，那么企业就成为“平台型组织”或“创客平台”。显然，要把分散的资源“捏合”成为创业公司，这需要组织模式层面的创新，而不仅仅是在商业模式层面进行创新。

海尔目前是进行了这种组织模式创新的第一家企业，它用十几年的实践将自己打造为平台型组织，并形成了一套独特的体系。海尔集团的张瑞敏用几句话精准地概括了平台型组织的思路，即“企业平台化，员工创客化，用户个性化”，意思是，把企业变成平台型组织，把员工变成为自己打工的创客，组织各种内外部的资源，满足个性化的用户需求。

由此，企业似乎变小了，但似乎又变大了。《经济学人》熊彼特专栏作家伍尔德里奇认为，这类企业是“既大又小”：一方面，创业公司中的员工犹如淘宝店家，是在为自己打工，解决了考核和领导力的问题；另一方面，由于企业从大变小，创客们就可以摆脱金字塔型组织的限制，在平台的支持下将自己的创意变成行动，匹配千人千面的用户需求。这两方面就解决了金字塔型组织的顽疾。

二、平台型组织的基本概念

（一）平台型组织

平台型组织，即企业将自己变成提供资源支持的平台，并通过开放的共享机制，赋予员工相当的人事权、决策权和分配权，使其能够通过灵活的项目形式（也有企业将其称为经营体、小微生态圈、模拟公司等）组织各类资源，形成产品、服务、解决方案，满足用户的各类个性化需求。这一过程中，员工变成了为自己打工的创客，而创客和企业都能够从项目的成功中分享可观的收益。

当企业转型成为平台型组织后，还应该走向“企业上云”，即把自己变成一个“云组织”，实现“企业整体上云”。

（二）平台型组织的四大构件

一是**“资源洼地”，**即在平台上获得资源的单价低于外部。创客选择在某一个平台上创业，看中的是平台提供的供给侧或需求侧的资源。资源共享越多，

“裂变”出来的创新红利越多，所以，最好是把这些资源放到云端，供众多的创客共享，将“平台”变成“云平台”。

二是**共享机制，**即创客在平台上的贡献能获得比在其他外部平台更为合理的收益，这里指的是回报减去交易成本的综合收益。共享机制一方面要求平台有前、中、后台的组织结构，这构成了参与分配利益的单位；另一方面要求平台有广义的激励机制，这界定了分配利益的规则。

三是**价值理念，**即平台要有共同的使命、愿景、价值观。不同企业的使命和愿景各不相同，但平台型组织的价值观都有共性，即自由、平等、开放。这种价值观是契约之外的共识，发挥了“非正式治理”的作用。这是平台型组织的一种底层逻辑。

四是**战略内核，**即企业成长最核心的战略动力源。战略内核包含两个部分：一是明确企业的核心客群（核心流量），二是明确企业的核心能力。明确战略内核的意义在于，企业的资源是有限的，必须把资源投入到战略内核的建立和维护上，专注于企业的相对优势，才能获得持续发展。

真正的价值理念，应该是在战略内核明确的基础上总结出来的。而后，价值理念也会影响战略内核的塑造，辅助战略的执行。价值理念和战略内核一“软”一“硬”，共同构成了平台型组织的底层逻辑。

三、平台型组织的形态结构

平台型组织是一种由用户需求“拉动”的组织，企业的动力来自接触用户的前台项目，前台“拉动”中台，中台“拉动”后台。总之，企业去除了后台以管控为主的战略研究，所有部门、团队、员工全部打散，围绕用户需求组合成不同的团队，创造价值（见图 6-1）。

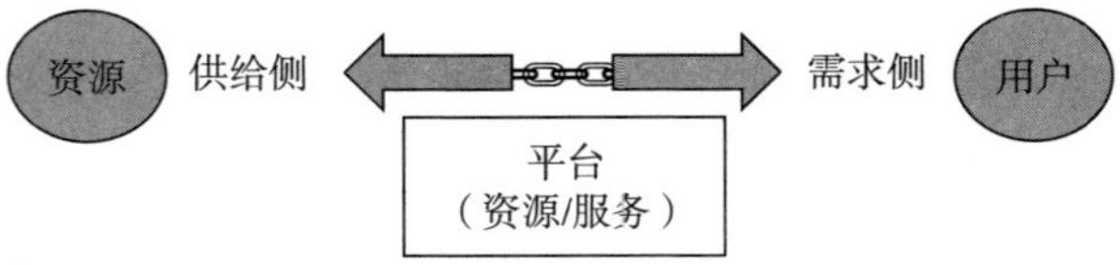

图 6-1　平台型组织结构原理

前台，是传统的利润中心。在平台型组织中，原来的业务部门，如销售部门等被拆散为单个业务员，然后由大家推选组成若干的业务小团队，从事相关的业务，并加上原来其他的职能人员、职能团队，组成多职能的联合业务团队，开展独立的业务开发和运营。

业务中台，大多是传统的成本中心，是把后台的资源整合成前台运营需要的“中间件”，方便被随需调用。典型的业务中台如阿里的数据中台、字节跳动的直播中台、腾讯的技术中台等。业务中台也被称为“有形的中台”，因为它们是有实体部门存在的。

组织中台，是由财务、人力、战略等部门向前台派出的业务伙伴（Business Partner，BP）组成的团队。他们进入前台的小团队，用专业视角与他们共同运营，同时也代表后台高效配置资源和政策。组织中台也被称为“无形的中台”，因为他们没有实体部门。

数据中台，被称为“业务中台的数据化”，其让资源和能力在极度共享后形成数据汇集，并基于算法进行智能决策，以支持业务中台和组织中台的运作。

后台，是传统的费用中心，也称为职能部门或后勤部门。这类部门有四大职能：市场规则设计、宏观调控干预、资源池的建设、整体数据智能化。他们不直接产生效益，更多的是间接的、长期的贡献，但他们却奠定了组织运作的基础。

从表面上看，平台型组织的结构只有前、后台两层，可以被描述为“平台+项目”。此时，大家习惯将业务中台看作平台的一个部分，而将组织中台看作项目的一个部分。

以海尔为例，其平台组织生态结构如图 6-2 所示。

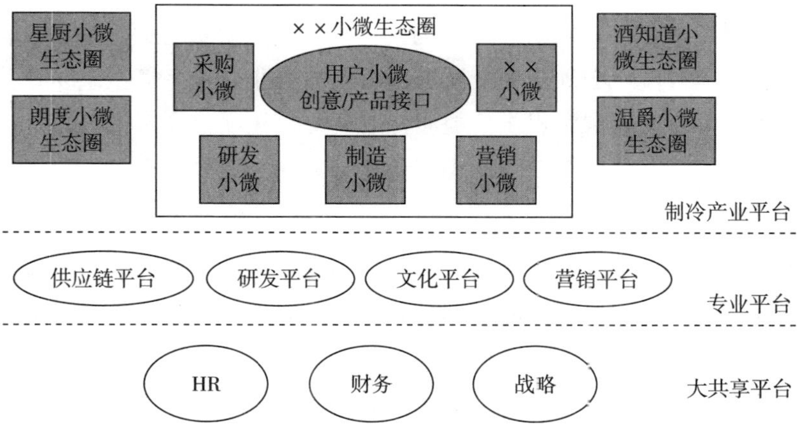

图 6-2 海尔的平台组织生态结构

四、平台型组织与金字塔型组织的关系

（一）金字塔型组织的意义

共享机制是判断企业是不是平台型组织的关键标准。平台型组织的共享机制就是将所有参与者“并联”到一起，围绕用户创造价值，用户为大家“支付薪酬”。

这种共享机制的设计和运行让消除金字塔型组织的弊端成为可能。但是，需要明确的是，平台型组织是消除金字塔型组织的弊端，而不意味着对金字塔型组织的全部替代。其中的关键是，平台型组织变革了金字塔型组织作为企业的底层逻辑，但并没有反对其作为企业的有效部分或阶段形态。

（二）作为平台底层的金字塔型组织

金字塔型组织让各类工作标准化，使规模经济效应最大化，这是企业累积“资源洼地”的基础，也是平台上自组织达不到的效果。

举例来说，海尔如果没有以金字塔型组织模式进行累积，不可能在用户和品牌上形成明显优势，其平台上也就不可能“长”出如此多的小微企业或小微经营实体，甚至在转型为平台型组织后，它们依然要以集团为主体去持续维护、强化这类优势。

所以，要做平台，必须有“资源洼地”；要有“资源洼地”，必须有规模效应；而要有规模效应，必须依赖金字塔型组织。企业以金字塔型组织作为平台底层，才能源源不断地获取和提供价廉质优的资源，让项目高速推进。

（三）初创时期的金字塔型组织

研究证明，一个经济体（国家、地区、公司）在发展初期，合理的资源调配方式是必要的，由一个开明的顶层权威来行使调配权，相对于完全的市场机制更有效率。

很多企业在初创时期都是这种模式，但有意思的是，它们反而被认为是“去金字塔化”“去管理化”的。在这种模式下，每个人能够承担较大的责任，并且自主设定目标，在一定程度上打破了“部门墙”“隔热层”“流程桶”。大多企业还释放了诱人的股权、期股、期权等，让企业更加有活力。

这是企业的“初生期红利”。创业者如果会利用这个红利期，就可以造出一个类似“职能并联+用户付薪”的状态。但从本质上看，“强力领袖+金字塔型组织”依然是它们成功的关键，只不过，这里的金字塔型组织更扁平化。

初创企业的体量小，领导者的领导力和创业初期的热情替代了制度，加上分享创业红利的诱惑，才让组织这样灵活。这种阶段性的选择是绝对合理的，但并没有从根本上解决组织问题。因为这类企业里没有“并联”和“用户付薪”，它们的阶段性优势会随着企业的发展而消失。

（四）作为最小单元的金字塔型组织

大企业里，员工各司其职，紧盯各种烦琐的 KPI 或目标，久而久之就容易失去动力。

一方面，上下级之间天然地信息不对称，KPI 和 MBO 不可能精准地显示下级对企业创造的贡献，也不可能激发下级全心投入。

另一方面，即使 KPI 或目标能够精准地显示员工对企业的贡献，企业的绩效结果分摊到每个员工的岗位上，每人的影响可能只有百分之零点零几，这就会出现经济学上典型的“卸责”现象。

平台型组织将“金字塔”切割为若干的项目，让项目的贡献直接指向经营结果。但是，项目内存在的若干职能角色（如采购、研发等）是“并联”和“用户付薪”的；而有的职能角色是以团队（如采购团队）而非个人的形式存在，这些团队内部依然是金字塔型组织。说到底，对“金字塔”的切割不可能细到员工个体，不可能让每个人变成一个职能，更不可能让每个人成为一个项目。

但幸运的是，小单元的金字塔型组织相对可控，不至于产生过分的“大企业病”。因为这个团队就那么大，谁做事，谁没做事，非常明显。在这个时候，尽管团队从形态上看是金字塔型组织，但每个人的工作都相当有弹性，是类似“并联”和“用户付薪”的，这是“健康的金字塔型组织”。

第三节 如何转型为平台型组织

企业从传统组织结构转型为平台型组织，总体而言，应该进行三方面的调整。

第一，**重塑组织结构**。这决定了“责”和“权”的问题，两者决定了企业每个部门、每个团队、每个员工的角色定位，形成了企业内部的指挥链条。平台型组织应该通过组织结构的调整，达到前台“拉动”中台、中台“拉动”后台的效果，前台应该是指挥链条的发起者。

第二，**重塑激励机制**。这决定了指挥链条上每个节点“利”的分配，为指挥链条上的每个节点注入了自动自发的动力机制。平台型组织想要实现的效果是“人人都是自己的 CEO”。

第三，**重塑赋能机制**。这决定了指挥链条上每个节点“能”的匹配，为指挥链条上的每个节点导入知识和各类资源，让其具有更大的成功可能性。平台型组织想要实现的效果是，每个员工都能在平台支持下，快速升级为“创客”。

一、重塑组织结构

传统金字塔型组织是一种“推动结构”，后台职能部门和公司高管层是动力的来源；但平台型组织是一种“拉动结构”，前台的用户（客户）才是动力来源，企业的一切互动都是围绕用户的需要来组织、发动的。这种拉动并不是将传统的组织结构图“倒过来”，而是对组织的各个构件重新进行定位，同时需要新增一些组织构件。

（一）前台结构

华为的任正非认为，应该“让一线听得见炮火的人来决策”，这是非常形象的，只有业务一线了解具体进展的人才有资格下命令。海尔的张瑞敏有类似的观点，他认为“无交互，不生产”，只有通过与用户的交互获得真实的、确定的需要，才能够发起生产等运营活动，否则生产、运营出来的产品和服务最终都会变成库存。

在这种情况下，在前台的结构中，一定要有一个项目的负责人（也可能是一个小团队）是在和用户交互，获得用户真实的需求。然后，这个负责人会组织销售、生产、研发、采购等核心智能的接口组成团队，进行协作。但要注意的是，这不是把这些职能的团队整体放进去，而是让能够调动资源的“接口人”进去。这个团队里的每个角色都是并联起来面对用户的。

但是，前台的这样一个小团队也不可能完成从“创意”到“货币”的全过程。所以，这个团队还需要有外圈的协作，即企业的外包商和内包商（即企业内部部门改造而来的承包商）。

所以，在前台有两层关系：内部的这类关系是并联，也就是合伙；外部的这类关系是串联，也就是外包关系。这两种都是市场关系。

需要注意的是，不能将任何职能都放到“内圈”进行并联，一定是最重要的职能，即这个职能的履行能够给项目带来很大的价值增量，而如果这个职能不能很好地履行，则会给项目带来很大的价值减损。

（二）中台结构

中台是由传统的人力、财务、战略等各类职能向业务部门（前台）派出的业务伙伴。不仅人力职能有业务伙伴，财务职能等也有业务伙伴。这些业务伙伴将组成一个个的小团队，进入每一个前台项目，与这些项目的成员一起并联，共同推动业务开展。具体来说，就是做两件事：一是投资评估；二是投后管理。这有点像一个投资机构里面的投资小组。

“投资评估”就是看前台业务小组的项目是否有价值，以及有多大可能获得成功，因为企业内部发起一项业务，实际上是企业划拨预算，投入各类资源，力争获得产出的过程；其本质就是投资。这些投资项目不能都由各级领导者来决策，职能部门的各类角色要进入前台，利用结构化的工具进行项目的梳理和分析，并给出投资建议，提高管理高层（如企业的投资决策委员会）投资决策的效率。

“投后管理”就是这类职能部门业务伙伴运用专业知识帮助项目做“风控”和“增值”。“风控”是做机制的落地，即通过观察业务目标的达成情况，动态评估项目的价值，并将评估的结果转化为员工的激励兑现。在项目连续不能实现预期目标的情况下，要重组团队，甚至及时止损。“增值”是做资源的对接和经营思路的梳理。一方面，业务伙伴来自后台职能部门，本身掌握了资源配置的规律，更适合推动资源的对接。另一方面，业务伙伴通过教练式的辅导，能够帮助前台厘清经营思路，制定战略，寻找新的路径。

很明显，上述的要求已经远远超过了传统职能部门的能力。这构成了企业向平台型组织转型的难点。

（三）后台结构

后台即各类经营职能部门（如采购、生产、销售等）和后台职能部门（如人力、财务、战略、法务等）。他们都不是在前台直接从事业务操作和运行的部门。他们主要做三件事：

第一，做市场规则的设计者，如设计人的规则、财务的规则、战略损益计量的规则等。

第二，做违规行为的处罚者，即进行调控。例如，企业有的部门采用贿赂的手段拉升销售，这样就给企业带来了很大的法律风险。又如，用盲目赊销的方式拉升销售额，造成了现金流的失控。这些都是违规的行为，企业需要进行明确的、有力度的监控。

第三，做资源池的建设者。资源池意味着“资源洼地”，也就是说，在本企业里获取资源要比其他地方便宜。例如，海尔集团有一个叫作海达源的采购平台，负责在集团内进行拼单集中采购，如洗衣机、热水器、电冰箱等需要铜管，就可以把铜管需求全部汇总到这个平台上，然后基于规模，与供应商谈好价格、质量、交货期、付款条件等条款，最后，一旦任何产品部门需要这个铜管时，就可以一键下单。

当前台、中台和后台都明确了自己的责任和权力，并在行为上做出调整时，企业就初步形成了“小前台、强中台、大后台”的平台型组织结构。

企业在向平台型组织结构转型过程中也会出现问题和错误。典型的一个错误是，很多互联网企业从计算机技术中得到灵感，力图打造诸多职能上的“共用中间件”，将其作为中台。这些企业认为，这样设计调整后，前台就可以按照需要调动中台的资源，形成小团队“作战”的灵活效果。例如，企业中原有的技术部门如果过于官僚主义，会导致其不能为前台所用，一旦将技术变成模块化的“中间件”，就可以被大家共享。实践中，这样的操作可以在一定程度上改善资源配置，但没有任何企业能够让标准化的中间件完美贴合一线的业务需求，资源的调用依然会需要大量协调。在这种所谓的“平台型组织”里，人力、财务等职能部门还蹲在“大后方”，并没有以业务伙伴的形式进入项目。由于缺乏人、财两条线的抓手，前台不一定能调动相应的资源部门。所以，传统的“部门墙”、“隔热层”和流程方面的问题会依然存在，“企业病”并未消除，这类企业依然是典型的金字塔型组织。那种“共用中间件”不应该被叫作中台，而应该是后台的一部分，可以被看作后台资源池部门主动经营自己的结果。

二、重塑激励机制

企业向平台型组织转型过程中要做的第二件事是激励机制的重塑。

（一）概念

激励机制是指通过特定的方法与管理体系，将员工对组织及工作的承诺最大化的过程。激励机制是在组织系统中，激励主体系统运用多种激励手段并使之规范化和相对固定化，而与激励客体相互作用、相互制约的结构、方式、关系及演变规律的总和。激励机制是企业将远大理想转化为具体事实的连接手段。

（二）激励思想的转变

迈克尔·波特在《竞争优势》一书中提出的企业价值链模型，把企业内外价值增加的活动分为基本活动和支持性活动：基本活动涉及企业生产、销售、进料后勤、发货后勤、售后服务；支持性活动涉及人事、财务、计划、研究与开发、采购等。基本活动和支持性活动构成了企业的价值链。不同的企业参与的价值活动中，并不是每个环节都创造价值，实际上只有某些特定的价值活动才真正创造价值，这些真正创造价值的经营活动，就是价值链上的“战略环节”。企业要保持的竞争优势，实际上就是企业在价值链某些特定的战略环节上的优势。价值链模型揭示出，企业竞争优势来自对资源状态的密切关注，要求企业特别关注和培养在价值链的关键环节上获得重要的核心竞争力，以形成和巩固企业在行业内的竞争优势。企业的优势既可以来源于价值活动所涉及的市场范围的调整，也可来源于企业间协调或合用价值链所带来的最优化效益。

基于价值链模型，企业各个部门、人员获得的激励是不同的。处在市场一线、与客户打交道的部门，如市场部门、营销部门和销售部门、客户服务部门等，其激励来自市场竞争、用户认可、产品和服务的售出等。这些部门中，经营的思想、人均效能的思想容易获得认可和推广。

而排在客户后面、不能面对用户的部门，其行为、思想和企业整体的经营原则是不相符的。这些部门的激励来自手头工作、所在流程环节的效率，即管控带来的效率的提升，而非用户。因此，企业的激励思想需要从“管控思想”“做事思想”转变为“经营思想”“人效思想”。

（三）突出人力资源效能

在数字时代，作为数字化经营和管理的企业，要把“人”作为一种关键的生产要素，进行人力资源的经营，而人效就是人力资源经营的支点。

人效，简单来讲，就是不再简单地将人力资源视为一项管理职能，而是当作一项经营事业，当作一个“生意”，从而开始关注其投入产出比。具体而言，就是将经营贡献（财务绩效或与之关系密切的市场绩效）与企业整体、事业部、部门、团队、个体等不同层面的人力单位相联系，计算出不同人力的投入是否产出了相应的效果。

在取得人力效能指标后，人力资源管理工作就可以转变为调整组织架构和为组织架构提供解决方案。

调整组织架构，是把人力资源管理体系的起点放到组织结构的层面，包括商业模式、业务流程、组织结构、岗位系统四个层面，通过组织再造、流程再造、排班优化等方式，参与促进前述几个方面组织架构的塑造。

为组织架构提供解决方案，是指人力资源管理将其起点置于组织构架的层面，除了传统的选、用、育、留手段，更要将各种手段、方式整合为解决方案，并采取创新的办法，实现端到端的交付。

（四）人力资源资本化

要想获得高人效，企业中传统的人力资源管理职能需要转型为企业内部的“人力资本风险投资机构”，将人力作为资本运营，并在可控的人效范围内产生经营结果。

美国经济学家舒尔茨和贝克尔创立的人力资本理论，更多的是在宏观层面说明了人力资源具有的经济价值，在微观层面没有论述。

和微观层面的人力资本相关的一个概念是人力资源。人力资源（Human Resource），是指企业内部对其有价值的人员，但不能确定其能产生多大的经济价值或效益。人力资源的特点是，人力资源的拥有者是员工而非企业，企业不可能充当人力资源投入企业、项目中的“股东”。实际上，这类“股东”应该是员工自己。

人力资本（Human Capital），是指企业视员工为自己人力资源及其价值的拥有者，企业将自己的资源和员工拥有的人力资源共同投入项目中，将企业和员工共同看作这个项目的“股东”，此时，员工投入的人力资源不再只领取相对固定的工资，而是依据一定的“分工”协议，分享项目的收益，形成了资本收益的局面。此时，即形成了人力资本。

三、重塑赋能机制

在向平台型组织转型的过程中，还必须配合赋能机制，否则，员工仅有责任和权力，但缺乏能力，出现“无力扛责”的现象，影响转型的顺利进行。

（一）概念

“赋能”源于管理学中“empower”，是和“授权”联系在一起使用的。所谓授权赋能，就是主张给予组织其他成员更多的额外权力，通过分权使组织成员拥有个体自主性，从而使成员和组织具备一种能力获得感。因此，所谓授权赋能，就是授予别人更多的权力，让他拓展做事的空间。所以准确地说，赋能就是赋予更大的做事的空间。

“empower”在管理学中强调的是激发组织成员的能量。激发能量的前提是要求组织的领导适当放权、授权，为使组织更好地应对不确定环境而增强组织的灵活性。这个过程是在组织中“去结构化”，在决策领导中“去中心化”。

在企业向平台型组织转型的过程中，赋能要求企业能够源源不断地“产出”适应各个发展阶段经营和管理需要的人员。

（二）建立人才“孵化器”

在互联网时代，企业需要的人才培养模式应该是这样一种“孵化器”：它能快速洞察人才培养的需求，快速抓取人才培养的内容，快速以场景化的方式进行培训。不仅如此，在人才完成一轮的培养之后，还能收到其在工作中的新反馈，形成新的需求洞察，进入一个新的培训循环。

首先，建立素质模型，构建基于关键情境的人才测评模式。所谓“关键情境”，是指挑战达到一定程度的工作情境，这些工作情境能够区分高绩效人员和一般人员，一个岗位的关键情境不超过 8 个。这种素质模型高度依赖企业内某些特定情境的描述，能够相对清晰地区分谁能在特定情境中获得高绩效。

其次，建立新的人才培养模式，包括模拟实景、实际工作与培训结合和培训产品化。模拟实景包括群策群力（Work Up）、行动学习（Action Learning）、发展中心（Developing Centre）等措施。实际工作与培训结合是指将企业培养的人才放到实际的工作场景中，即“嵌入实景”，以实际工作代替简单的培训，实际工作与培训相结合。而一次人才培养的活动，不仅要求人才素质有所提升，还要求组织获得实实在在的收益。培训产品化是指及时发现企业业务前台的实际培训需求，并在业务一线实地抓取最佳实践，萃取、编码可传播的组织知识，同时运用教育技术和手段，将这些内容加工为一个个独立的培训产品，也就是在现场对问题、知识、解决方案、学习等进行综合“加工”，形成有针对性的方案。

（三）构建“人才生态”

在互联网时代，随着平台型组织成为受到广泛关注的组织模式，“人才生态”现象开始出现，这反映了在企业运营走向开放的过程中，企业对于灵活高质量人才提出了几乎苛刻的要求，倒逼人才“孵化器”进化为更强大的“人才生态”。

在经济发展过程中，各种生产要素飞速流动，从表面上看，流动的是资金和技术，但本质上，流动的是人力资本，即资金和技术都是追逐人力资本在流动。所以，如何创造一个既能够“繁衍”各类人才，又能够吸引各类人才过来“繁衍”的“人才生态”就至关重要。从某种程度上讲，哪个企业建立了“人才生态”，它就拥有了互联网时代的第一竞争优势。

从人才“孵化器”到“人才生态”，是一个企业走向平台型组织的过程。在金字塔型组织里，企业需要建立人才“孵化器”来做人才培养的先导；而随着人才产出越来越多，责、权、利、能配置到位，企业转为平台型组织的进程就会被加速，此时，就会自动“孵化”人才，给企业带来价值。

在企业发展初期，由于资源优势不够明显，通过主动招聘、设计培训、弱化考核、安全薪酬等金字塔型组织的方式来聚焦关键人才、设计人才的衍生方式显然是更合理的。一旦通过积累，资源优势突破了临界点，企业有了底气，就可以通过打造平台型组织来实现人才自我衍生。此时，相对于原来的传统人才衍生模式，这种新模式将让企业变得开放，用资源和机制吸引海量创客进入，用“人才生态”的方式来推动企业走向指数级增长。

（四）进行知识管理

知识管理是网络新经济时代的新兴管理思潮与方法，是指在组织中建构一个人文与技术兼备的知识系统，让组织中的信息与知识，通过获得、创造、分享、整合、记录、存取、更新等过程，达到知识不断创新的最终目的，并回馈到知识系统内，个人与组织的知识得以永不间断地积累。从系统的角度来说这将成为组织的智慧资本，有助于企业做出正确的决策，以适应市场的变迁。

知识可以分为以下四种：

陈述性知识（Declarative Knowledge）。陈述性知识是指个人具有有意识地提取线索、能直接陈述的知识，是关于“是什么”“为什么”的知识。

程序性知识（Procedural Knowledge）。程序性知识是指个人没有有意识提取线索，只能借助某种作业形式间接推论其存在的知识。程序性知识是一套办事的操作步骤，是关于“怎么办”的知识。

显性知识（Explicit Knowledge）。显性知识是指“能明确表达的知识”，即人们可以通过口头传授、教科书、参考资料、期刊、专利文献、视听媒体等方式获取，也可以通过语言、书籍、文字、数据库等编码方式传播，也容易被人们学习，还包括“可以写在书本和杂志上，能说出来的知识”。

隐性知识（Tacit Knowledge）。隐性知识是迈克尔·波兰尼（Michael Polanyi）在1958年从哲学领域提出的概念。他在对人类知识的哪些方面依赖于信仰的考察中，偶然发现这样一个事实，即这种信仰的因素是知识的隐性部分所固有的。

波兰尼认为：“人类的知识有两种。通常被描述为知识的，即以书面文字、图表和数学公式加以表述的，只是一种类型的知识。而未被表述的知识，像我们在做某事的行动中所拥有的知识，是另一种知识。”他把前者称为显性知识，而将后者称为隐性知识。按照波兰尼的理解，显性知识是能够被人类以一定符号系统（最典型的是语言，也包括数学公式、各类图表、盲文、手势语、旗语等诸多符号形式）加以完整表述的知识；隐性知识和显性知识相对，是指我们知道但难以言述的知识。

知识管理是企业一个正式、规范的流程，通过这个流程首先推断企业所拥有的何种信息能够对企业其他人有所裨益，然后设法使企业上下能够方便地获得该信息。在实践中，不同的组织机构采用不同的知识管理模式，但通常都包括以下步骤：

- 创建最佳实践的信息库。
- 在企业客户服务人员和产品制造人员之间建立信息沟通网络。
- 建立正式的流程，以保证在项目执行过程中所获得的经验或教训，能够传达给执行相似任务的同事。

【本章思考】

1. 传统金字塔型组织的优点是什么？
2. 传统金字塔型组织为何在数字时代显得不适应？
3. 数字时代最大的组织变革是什么？
4. 传统企业转型为平台型组织的关键是什么？

第七章　数字化管理中的运营

不只做一颗螺丝钉，要经营一部机器。开发的是市场而不是产品。

——张瑞敏

海尔集团前董事局主席

【学习目标】

1. 掌握运营和运营管理的概念
2. 熟悉数字化运营的概念和特征
3. 了解数字化运营的框架
4. 了解用户运营与产品运营的主要内容

【章首案例】

依托数字系统赋能，企业运营快速发展

友元办公联盟（天津）股份有限公司（以下简称友元集团）成立于2013年6月，其前身为一家创办于2000年的商贸企业，公司致力于为客户提供优质高效的纸品服务全面解决方案。2015年，友元集团引进德国的全自动化纸品生产线，实现了生产线的全自动化管理，能够为客户提供高品质的定制化加工服务。友元集团又投巨资引进了芬兰科尼卷纸自动化仓储管理系统，建成了先进的自动化原料仓库和成品库。2017年，全面升级后的金蝶K/3 Cloud系统实现了友元集团的多组织协同管理、自动仓与ERP集成化管理、产品条码化管理、全渠道营销管理和移动办公等。友元集团依托现代ICT技术，全面实施ERP、OA和HRS等企业管理信息系统，持续推进公司的业务流程优化和管理规范化水平。以“创造一

流的纸品解决方案服务企业”为公司愿景，友元秉承“诚信、共赢、协同、创新”的经营理念，注重与业内优秀企业协同合作，持续提升客户价值，不断加快纸类产品的市场开发，创新纸类产品的供应链服务。

在数字技术赋能过程中，企业可根据发展需求进行数字技术平台建设，在使用信息系统过程中发现生产业务流程需要改善的地方，分析改善需求。友元集团信息化历程包括四个阶段。第一阶段（2005 年到 2009 年），以贸易为主，初步使用系统；第二阶段（2009 年到 2015 年），逐步转型，建立数字化管控体系；第三阶段（2015 年到 2017 年），快速成长，完善条码管理；第四阶段（2017 年至今），全面数字化，多组织协同管理。

第二阶段数字化管控体系的建立意味着友元集团开始基于数字技术进行业务流程的管控和完善，例如，来料入库的不及时性会影响生产计划的下达、产成品入库的滞后影响销售订单的履约等问题需要解决，这些问题在第三阶段数字化平台实施条码化管理后得到有效改善，而随着企业成立多个公司，需要多组织间业务交易等问题在第四阶段全面升级至云 ERP 系统后得以解决。可以看出，在数字化的不同发展阶段中，数字信息系统功能优化能满足和匹配企业不同的业务需求和业务变化。

在改善过程中，企业首先改变信息系统指令规则。数字化信息系统的改变引发员工工作行为的改变。在这个过程中，员工的改变是由于企业数字化组织结构的变化，是自上而下的结构赋能。在结构赋能完成后，在操作数字信息系统过程中，需要领导对员工进行能力的培养和操作信息系统的培训，最终提升员工的能力，然后赋予员工数字信息系统的权限。这正与数字时代企业领导赋能的理论相匹配，给予员工更多的权利并培养员工的能力。在员工拿到工作权限后，企业明确数字信息系统的指令规则，所有员工需根据信息系统的指令工作。此时，工作权限让员工感受到企业对自己的信任和自己对于生产业务流程的把控作用。企业通过工作权限影响员工的心理感知和工作行为即心理赋能。

当员工通过数字系统赋能的不同方式意识到信息化、数字化的重要性，并形成了员工和企业数字化赋能共识，员工内心意识到上下游信息获得权限的重要性后，会主动向上级争取获得上下游信息系统的权限。这属于数字化赋能下的心理及行为表现。赋能方式引发了赋能共识和权限争取两个赋能表现。数字化赋能自上而下是指在公司组织结构中自上而下、从领导层到执行员工的信息化赋能。

（资料来源：靳露露，张培．信息化赋能企业生产业务流程持续优化——基于友元办公联盟的案例研究［J］．管理案例研究与评论，2019，12（2）.）

第一节　运营管理概述

一、企业运营

（一）概念

运营（Operation）也被称为运作或运行，指一个组织按照一定规则正常履行其职责和实施具体业务活动的过程。组织只有通过业务运营才能达到组织目标。

任何机构都存在着运营的问题，包括政府机构、企业及民间社团组织等，因为这些机构都需要通过运营实现它们的目标。例如，政府机构包括教育、医疗、公安、税务等业务管理职能，这些管理机构为了实现组织的目标，都需要开展具体的业务，这些业务虽然和企业业务不太一样，但是都需要去运营，然后产生必要的结果去支撑政府机构的使命、愿景和目标。

对企业而言，运营就是企业做什么，就是提供服务或生产产品的运作过程，即从了解客户的需求开始，到设计、供应链、生产运营，再到物流、产品和服务交付的全过程。运营发生在每个企业组织中。运营是企业组织运行的核心内容。

（二）分类

有研究将企业的业务运营分为项目类的业务运营和运行维护类的业务运营，这是把业务运营方式进行划分的一种维度。项目类的业务运营主要是指那种一次性的业务，就是一次性做完并完成某种交付，下一次又做新的项目，每次项目做完以后，这个项目的交付成果可能就会用来进行后续的业务运行和维护。例如，一个 IT 系统的开发项目，项目的建设是一次性的，项目完成以后交付一个 IT 系统，后面就是这个 IT 系统的运行和维护的业务。在该系统的运行和维护过程当中，可能会对原有系统进行一些改造和升级，这又可能是一些小的项目，也是一次性的，但是原来的那个 IT 系统依然存在，在系统改造和升级的同时，会有很多的业务数据在这个 IT 系统上产生并维护，这个过程就是系统的运行和维护过程，也是 IT 系统完成之后必然要开展的工作。又如，铁路的建设也是一次性的项目，项目完成时交付建设好的铁路，交付的铁路进入后续的运行和维护阶段。

对企业来讲，其业务运营通常会包括市场业务、销售业务、研发业务、采购和制造业务、售后服务等。除了这些直接与产品和服务相关的业务之外，为了支撑这些业务的有效运作和管理，企业还需要开展一些管理和支持类业务的运营，通常把这种业务称为管理和支撑业务，通常包括企业文化建设、组织与人力资源管理、绩效管理、质量与体系管理、全面风险管理、项目管理、信息化建设管理、综合行政事务等，这些业务都是为了维持企业的正常运营而存在的。

从另外一个角度来看，企业的业务运营，根据美国生产力与质量中心（APQC）提供的流程分类框架（Process Classification Framework），将一般企业运营的业务在流程分类框架的第一层上划分为两大部分共 13 个业务运营领域。

第一大部分称为运营流程（Operating Process），包括 6 个领域，分别是“开发愿景与战略”“产品与服务的开发与管理”“产品与服务的市场与销售”“产品的交付”“服务的交付”“管理客户服务”。第二大部分称为管理与支撑服务流程（Management and Support Service），包括 7 个领域，分别是“人力资本的开发与管理”“信息技术管理”“财务资源管理”“资产获取、建设与管理”“管理企业风险、遵从性、灾难恢复与适应性”“管理外部关系”“业务能力的开发与管理”。APQC 除了开发通用版本的流程分类框架以外，还针对不同行业特点开发了适合不同行业的流程分类框架，以指导不同行业企业的内部运营与流程体系建设。很多全球化企业（包括一些中国企业）参照 APQC 提供的流程分类框架开发和定制了各自的流程架构，并在此基础上构建流程管理体系。

从 APQC 提供的流程分类框架第一层的内容可以看出，企业的内部运营包括业务的运营与职能的运营两个方面。

二、运营管理

“运营管理”概念的前身是“运作管理”，最早用于描述传统的制造业中，从工厂选址、生产线布局、流程分析和确定，到原料采购、物流、生产制造，再到分销的全过程。后来，随着服务业，如餐饮、金融、物流服务、设计等的快速发展，把服务业中的服务设计、设施设置、服务交付、客户互动等过程也纳入了进来，形成了所谓的“运营管理”概念。随着互联网技术的发展和广泛应用，尤其是移动互联网和信息通信技术的发展，以互联网产品和服务的设计、交付、互动、服务等为主要内容的互联网运营逐渐流行起来。此时，“运营管理”概念进入互联网领域。随着物联网、大数据、云计算、人工智能等新一代信息通信技术的发展，在网络上开展企业运营成为企业运营变革的方向，因此，现代的“运营管理”概念又加入了数字化运营。

理论界认为，运营管理既是传统的现代工商企业运行、运作中普遍使用的概念，也是一个有不同含义的概念。美国运营管理学者雅各布斯认为，运营管理是对企业生产交付产品或者服务的系统进行的设计、运作以及改进。他认为运营管理是企业的一项重要职能，有明确的职责，关注的是与产品生产和服务提供相关联的整体系统的管理。

也有学者认为，运营管理就是对运营过程的计划、组织、实施和控制，是与产品生产和服务提供密切相关的各项管理工作的总称。从另一个角度来讲，运营管理也可以指对生产和提供公司主要的产品和服务的系统进行设计、运行、评价和改进。

在当今社会，不断发展的生产力使大量生产要素转移到商业、交通运输、房地产、通信、公共事业、保险、金融和其他服务性行业和领域，传统的有形产品生产的概念已经不能反映和概括服务业所表现出来的生产形式。

因此，随着服务业的兴起，生产运营的概念进一步拓展，逐步纳入了非制造的服务业领域，不仅包括了有形产品的制造，而且包括了无形服务的提供，如生活性服务、金融服务、研发服务、软件服务、生产服务等。

因此，实施有效的运营管理越来越重要。面对全球性的竞争压力，企业管理人员迫切需要对运营管理的一些基本关系和概念有深刻的了解；更重要的是，他们必须知道如何运用这一知识来最大限度地提高质量和生产率。

现代管理理论认为，企业管理按职能分工，其中最基本的也是最主要的职能是财务会计、技术、生产运营、市场营销和人力资源管理。这五项职能既是独立的又是相互依赖的，正是这种相互依赖和配合才能实现企业的经营目标。企业的经营活动是这五大职能有机联系的一个循环往复的过程，企业为了达到自身的经营目的，上述五大职能缺一不可。

三、传统运营

（一）传统运营的基本过程

传统运营的过程分为以下几个环节：

第一是环境认知和需求预测。在这个环节中，企业需要对内外部环境做细致的信息收集、分析，得出一些结论；然后确定自己的目标人群，研究目标人群的特征，运用市场调研的各种方法和手段，确定目标人群的需求。

第二是产品和服务的策划、设计。在这个环节中，根据前期确定的客户需求，运用产品设计的方法和工具，设计产品和服务的各种功能参数和技术指标，使客户需求变为明确的产品描述，并通过样品的设计、制作，形成产品和服务设计。

第三是供应链准备和销售系统准备。此环节中，企业根据产品和服务的技术指标，形成原物料清单和供应链系统。同时，在营销端，建立起销售系统，开立店铺，招聘、培训和在门店配置销售人员，进行前期宣传、事件营销等。

第四是产品和服务的生产。根据总体的战略规划和运营计划，推动供应链运转，组织生产。首先是小规模的排产，再根据计划进行大规模生产的生产线调整、服务设施和流程的优化，接下来就是生产、服务提供的“爬坡”。

第五是产品和服务的交付。根据前期营销计划和准备，进行产品和服务的交付，在终端实现展示、推介、销售、售后服务等功能。

第六是产品和服务的迭代改进。根据前期销售反馈，提炼产品和服务的问题，进行调整和改进，完善产品和服务，最后臻于完善。

在实际工作中，这些环节经常会交叉在一起向前推进。

（二）传统运营的特征

总体上，传统运营的早期是以产品为中心、以固定的产品满足客户需求的一种偏工业化的生产运营管理模式。到了后期，传统运营才开始以客户为中心，是偏向于提前分析预测客户需求，并以此指导生产的一种运营管理模式。传统运营管理模式的特点是重后端投入，重视产品研发、生产和供应链的管理，但在市场营销方面投入不足。传统运营模式中更多地运用实体、有形资产，固定成本相对较高。传统运营重视以产品为核心的线下实体营销。

此外，传统运营还有以下两个特征：

第一，传统运营是偏重推式的运营。以制造业为例，企业计划部门根据市场需求，按照产品物料清单计算出每种零部件的需求量和各生产阶段的提前期，确定每个零部件的投入产出计划，按照计划发出生产指令和采购订货指令。各车间或各工序均按计划生产零部件，将实际完成情况反馈到生产计划部门，并将加工完的零部件送到下一道工序或下游生产车间，整个过程相当于从前工序向后工序推动，故这种生产运营方式被称为推式运营。

推式运营的不足主要有两点：首先，推式运营方式不能满足适时生产的要求；其次，由于推式运营方式的复杂性以及各种不确定性因素，如次品、设备损坏等的影响，企业为了保证按时交货，必须保有相当水平的安全库存，造成了资金占压和潜在的损失。

第二，传统运营是在数据“贫乏”情况下的运营。和现在的数字技术相比，由于受制于技术手段，传统运营是在数据“贫乏”的状态下运行的。例如，在企业运营中，客户需求对企业推出什么样的产品和服务至关重要，客户需求数据是企业运营的指针，但在传统运营中，由于缺乏数字化的信息设备和手段，了解客户需求的一般方法是观察法、问卷调查法等，虽然问卷调查法可以短时间内访问很多客户，并获得大量数据，但本质上这是一种样本数据，是部分数据，属于“以偏推全”。

由于在各个环节都缺乏数据，因此传统运营产生了很多运营“盲点”，为了弥补这些“盲点”，要么是靠最高管理层的经验，要么是靠作业人员的现场处置，而无论哪种方式都存在极大的潜在损失。

【案例】

航空公司的运营细节

旅客登机的速度如何在很大程度上影响着航空公司的成本？西南航空公司指出，如果每趟航班的登机时间延长 10 分钟，则需要额外增加 40 架价值 4000 万美元的飞机才能满足现在的飞行需求。

美国航空公司与亚利桑那州立大学的研究者一起，开发了一套名为“倒金字塔”的新型登机系统。首先让那些座位靠窗户且在机舱中后部的经济舱旅客登机，再让其他座位靠窗或者靠后的旅客进入，最后让座位靠前、靠走道的旅客登机。这与其他许多航空公司的做法不一样。

一份来自波音公司的研究报告指出，自 1970 年后，旅客登机时间翻了一番。20 世纪 60 年代中期的一份报告显示，每分钟登机旅客数为 20 人。而如今这一数据仅为每分钟 9 人，因为旅客们都带着巨大的行李。两大商用飞机制造商波音和空客都在研究如何减少登机时间，以作为其卖点。

第二节 数字化运营

一、数字化运营的背景和概念

（一）数字化运营的背景

随着新一代信息通信技术的发展，目前，数字化正以前所未有的速度促进着创新和变革，形成以数字信息为基础、无限连接、无限可能的智能世界。随着数字化浪潮而来的时代变革，已经从企业层面上升到了国家层面。从世界范围来看，数字化转型和升级逐渐成为各个国家的共识，几个强国之间的竞争也已经进入白热化阶段。

制造业强国德国发布了“数字化战略 2025”，对数字化重点领域的目标进行了描述，并提出了相应的实施措施。美国在《美国国家创新战略》中提出要维持创新生态系统的关键要素，强调优先发展九大战略领域：先进制造、精密医疗、大脑计划、先进汽车、智慧城市、清洁能源和节能技术、教育技术、太空探索和计算机新技术。英国出台了《英国数字化战略》（*UK Digital Strategy*），设定了明确的途径以帮助英国在启动并推进数字化业务、试用新型技术或者进行先进技术研究方面占据优势地位。日本也提出了“社会 5.0”战略，旨在最大限度地应用信息通信技术（ICT），通过网络空间与物理空间（现实空间）高度融合，使人们进入“智慧社会”。

对于中国而言，经济发展已进入新常态，因此政府对数字化转型高度重视。“十三五”时期，中国大力实施了网络强国战略、国家大数据战略、“互联网+”行动计划，拓展了网络经济空间，促进了互联网和经济社会融合发展。以创新和技术为推动的“互联网+”、“一带一路”倡议、供给侧结构性改革等，都在指向大力推动数字化转型，即让中国的“数字经济”实现落地。数字经济即利用互联网融合创新，提升经济效益、催化新技术和新业态，既包括以云计算为基础的增量市场，也包括与传统产业转型升级相结合而盘活的生产消费存量市场。中国政府明确提出了数字经济顶层国家战略，即数字经济作为一种全新的经济形态，将互联网、大数据、人工智能与传统产业融合，以跨界方式打通各行业，集成优化各个生产要素，构成链接一切的商业新生态。

数字化时代不同于以往的是，时代的特征会随着数字智能技术的发展快速改变，甚至颠覆；引用《未来简史》一书作者尤瓦尔·赫拉利的话来说，“对于未来世界，最大的不变就是变化”。所以任何对于该时代的总结和描述都不会是完整和最新的。

数字化重塑了竞争格局，这不仅是一场技术变革，还是一场经营模式的变革，甚至是一场整个商业世界运行逻辑的变革。数字化转型不单单是采用物联网、人工智能、区块链等数字化技术，而是从战略、组织、人才、商业模式、运营模式、市场策略甚至到员工的工作方式等全方位的改变。

成功的数字化转型要求管理决策层共同支持全新的企业文化，确定新的数字化转型战略，明确数字化技术要实现哪些目标，并且制订涵盖人才、观念、文化、流程和组织结构的全盘计划，从而提升运营效率和降低成本，在企业上下推动创新，赋予员工更多的权力，鼓励适度冒险；明确并规划清晰的目标、长远的战略规划，并切实有效地执行，才能真正冲出数字化的迷障。毫不夸张地说，这是数字化转型中最难的一步。任何企业的存活都依赖于其发展和经营环境，变革意味着要离开原来的舒适区，到一个新的生态环境中重新发展，这不亚于脱胎换骨。但是当数字化转型已经不是选择，而是唯一出路时，只有借助数字化创新，加快市场举措、运营流程、业务模式等方面的变革才是企业的明智之举。

数字化进程迅猛，新兴技术企业层出不穷，未来的企业必将是数字化企业，没有与时俱进的改变、停滞不动就意味着错过一个时代；而拥抱变化、决绝转型，则意味着凤凰涅槃、浴火重生，从此展翅高飞。因此，深谙数字经济之道的企业将获得更多的竞争优势。

数字化时代能带来新的商业模式、产品特点和生态环境，所以大多数企业都在积极开展数字化转型实践，转变战略理念与运营模式，即使是体量庞大的行业巨头也都行动敏捷地进行商业模式的变革。这些深度转型的领先企业具有如下特点：以用户至上为纲、以业务创新为驱动，构建数字运营生态体系，实现敏捷高效的数字化运营。

（二）数字化运营的概念

数字化运营，是指企业在运营过程中，脱离传统的方式，利用各种数据、智能工具来进行管理，制定内容，总结分析，规划战略方向，即通过新技术、数字工具与数据能力重塑产品和服务设计、生产和交付的各个环节，减少企业与用户之间的摩擦，提升用户价值的运营效率，是实现业务目标的资源与策略的集合。

数字化运营是数字化转型过程中的一个阶段性目标，是要让企业完成数字升级，实现依靠数字技术、围绕数据进行的经营。

以休闲娱乐业为例，在顾客管理上，商家可以利用数字化运营工具，开发服务预约功能，顾客可自主选择自己适合的时间上门，享受服务，大大提升了顾客消费体验感；在员工管理上，通过排班管理、业绩自动结算等功能，让员工实时掌握自己的工作与收入情况，全面调动员工的积极性，做到公开透明。

对于制造业而言，从原材料的采购到产品打样，再到生产制作，在整个过程中管理者可以通过数字化系统实时了解动向，对各个环节中出现的问题做到及时调整，有效规避了产品生产完工再发现问题的资源浪费。生产的数字化可以“化整为零”，在每个重要的环节使用适合的数字管理系统，如采购平台、车间看板等，各个系统可独立运作，也可以联动在一起，让生产变得更加高效、智能。

以餐饮零售业中的商户收银为例，对于餐饮业而言，数字化运营可以从扫码点餐开始，再从移动付款结束，整个过程，顾客甚至不需要再单独同员工进行沟通，大大降低了店铺的人力运营成本，也让顾客的用餐体验得到了较大的提升。而对于一些小商户来说，或许在这之前，店铺只是一个简单的买与卖的行为，根本谈不上运营，但很多数据显示，真正做过运营的商户，其店铺本身的竞争力要明显优于同行，店铺的生存能力与盈利能力也优于同行，所以，数字化运营在任何地方对于任何规模的店铺都是适用的。小商户的运营可以采用“支付+营销”的方式，不需要额外的用力宣传、推广，而是通过日常的收银去完成。在以往，收银只是简单的付款，引进数字化运营工具后，增加了“支付+广告”“支付+会员”形式，仅仅通过收银这一个动作，便可以让店铺实现营销。

另外，房地产和相关行业的数字化运营包括企业内部运营管理数字化、建筑空间开发建设施工过程中的数字化、交易流通环节的数字化、已建设完成的建筑空间的数字化运营（包含资产持有运营和客户全生命周期服务）。

【案例】

麦当劳数字化升级——“未来 2.0”

麦当劳将转型重点主要放在数字化、个性化和定制化服务方面，这三点不仅体现在市场营销中，还渗透到全公司的战略上。麦当劳经过一系列的战略布局，选择运用数字化技术将经营的各环节进行改造变革，提升服务效率，优化用餐体验。为了更好地支撑数字化升级，在人员组织层面，麦当劳任命了第一位“数字副总裁”，其作为首席数字官，加入麦当劳“全球数字团队”，核心工作为“用户互动、电子商务、数字服务和内容”。

麦当劳餐厅已完成“未来 2.0”升级，推出自助点餐、送餐到桌、“星厨系列”汉堡、数字化软件、移动支付、双点式柜台和电子餐牌七个创新模块，为用户提供从点餐到结账的全流程信息化智能服务。麦当劳“未来 2.0”重新定义了顾客的点餐方式、支付方式、餐单选择及服务内容，颠覆了用户对传统快餐的印象，把更多的自由交到用户手中。

其中，动态电子菜单是一个物联网设备，同时是一个云端设备。它可以在天气很热时推荐冰激凌，这来源于和云端外部数据的结合。这种“应需而变”的标牌帮助顾客进行选择，并加深了商家与顾客的情感关系。同时，由于商家可以轻松地更新动态电子菜单展示的内容，因此顾客可以顺畅地做出选择并点餐，这种“应需而变”也成了开展促销工作的理想选择。

利用科技力量全面升级店铺服务只是麦当劳智能转型的一方面。另一方面，针对企业内部运营，自助点餐机除满足顾客的点餐需求外，还收集和分析购买数据，支持麦当劳发现顾客的需求，把不同渠道如线上点餐、自助点餐、手机点餐等的数据和餐厅柜台顾客的购买记录结合在一起，从而使麦当劳更加了解顾客需求，进而提供更个性化的服务、优惠和菜单。现在手机支付普及后，餐饮业可以通过手机支付将门店销售行为和顾客的线上行为连接匹配，为真正的大数据分析、应用提供可能。同时，麦当劳公众号等社交平台上有数量达千万级的粉丝，通过对销售数据和社交数据的分析，可以更精确地锁定不同的用户客群，如哪些粉丝在购买，哪些粉丝只点赞、不下单，从而为社交媒体运作和用户转换战略提供更多的数据支持。

（资料来源：麦当劳中国逾千家餐厅完成“未来 2.0”升级［EB/OL］. https：//www.mcdonalds. com. cn/news/1000-restaurant-with-eotf-now.）

二、数字化运营特征

相较于传统运营，数字化运营有以下两方面的改变：

（1）**数字化运营是更为标准化的运营方式。**其将原本以人的经验判断来执行的运营方式转化为自动化、智能化的运营方式。例如，重复的客服工作、繁杂的用户活动触达，这些大量的、重复性的工作通过数字化的方式能够解放运营人员，使他们去进行创造性的工作，同时把人员变动可能对企业运营体系造成的破坏降到最低。

（2）**数字化运营是更为精准化的运营方式。**经验论的运营方式或许能够抓住一部分消费者，但难以支撑对消费者的精细化运营。精细化运营恰恰是如今用户精细化后的商业环境下，投资回报率（ROI）最大的运营方式。通过数字化的方式，能够对消费者实现有效的分群分层，进行个性化精准的触达与服务，真正让每一次的运营措施都有的放矢。

以上两方面的改变，形成了数字化运营的几个明显特征：

第一，**用户至上，提供数字化体验。**

用户话语权已成为现代企业最重要的资源，与用户离得越近、互动越频繁，产品连接用户越多，用户评价越好；并且只有为用户创造真正的价值和极致的体验，才能得到用户的认可。因此“用户主权”“用户至上”不再是老生常谈，而是真正被切实融入企业经营中的精髓。以用户的需求引导运营的方方面面，才能快速推动经营变革。

第二，**业务创新，构筑数字化优势。**

在复杂的商业环境下，企业必须足够敏捷、勇于创新，方可保证持续赢利。大多数企业从局部开始，重点运用在原有业务领域积累的经验和资源，通过新的技术建立独特的优势，在引入外部跨界经验的同时，有机、渐进地建立内部的创新，最终在思维模式和行为模式上产生由量变到质变的革新。

第三，**平台模式，打造数字生态体系。**

数字化时代的平台模式是指构建多主体共享的开放式协同生态体系，通过连接多个企业，实现群体需求对接，并产生网络效应，实现多主体共赢。平台模式构建起新型的连接方式和价值分配模式。目前，平台模式的示范效应推动企业“拥抱”产业平台，“平台革命”已成为各行业谋求战略增长、重塑自身商业模式的重要途径。

第四，**优化运营，持续提升效能和价值。**

生态合作模式会导致运营复杂，对企业管理、运营和信息化能力的要求更高。企业唯有转变经营理念，打造全新运营模式，才有可能在日益激烈的商业竞争中优化服务、提高效率。很多优秀的企业通过改善运作模式来实现商业价值的最大化，它们把数字化思维方式推广到整个公司的运营中，利用云技术、移动互联技术、大数据技术、智能商业分析等数字化技术，高效、敏捷地开展协作。

【案例】

哈雷-戴维森摩托车在数字时代的运营

哈雷-戴维森（Harley-Davidson，HD）是全球闻名的摩托车厂商。在数字化时代，它在网上建立了自己的运营网站。这个网站除了展示哈雷-戴维森企业的全部信息外，更重要的是，提供了哈雷-戴维森在产的所有摩托车的详细部件、设计信息，它允许消费者通过访问网站、浏览产品参数信息，选择不同的部件组合，以定制属于自己的摩托车。顾客在一个只具有基本配置的摩托车模型上，可以自行选择袋子、电镀罩、配色方案、排气装置、足控制器、反光镜和其他配件。网站的建立使顾客不仅可以在各种配件中进行选择，还可以让他们看到自己所配置摩托车的样子。顾客可以将他们的独特设计与朋友和家人分享，还可以将成品图保存与打印出来。哈雷-戴维森以这样一种人性化、个性化的方式为爱好摩托车的消费者提供定制摩托车服务。

消费者可以访问哈雷-戴维森的网站（www. harley-davidson. com）并点击“零件与外饰”和“摩托车配件”，再选择“定制”，就可以开始定制属于自己的哈雷摩托车了。

为了简化操作，哈雷-戴维森提供了虚拟装配服务。有了这种虚拟装配，顾客可以在电脑上、手机上看到自己所选摩托车的详细配置和最后完工后的图片。

哈雷-戴维森通过这种新的运营方式维系了与顾客的紧密联系，并通过新的运营方式与顾客沟通、交流摩托车文化，并向顾客提供个性化的服务。

（资料来源：Forbes China. 破局摩托车千亿级市场，哈雷戴维森以多元化创新全面触达更多消费群体［EB/OL］. https://www. forbeschina. com/Billionaires/65039.）

三、数字化运营框架

数字化运营框架由战略层面和执行层面两大部分构成。在战略层面，需要规划设计企业的整体数字化战略，并在此基础上制定对应的数字化运营策略。在执行层面，包括以用户为中心开展关键要素的运营，构建数据驱动和持续优化的运营机制，整合资源与内外部合作伙伴，共同构建数字化运营生态体系。

数字化运营框架以用户为中心，并把所有营销相关资源综合利用起来，从战略层面和操作层面都构建各类能力，将多种运营能力数字化并融合成整体，实现运营数据共享贯通的高度一体化营销，再造数字化生产行为与市场行为，充分调动一切积极因素以达到数字化营销的目标。

（一）战略层面的运营能力

企业数字化战略决策能力：企业战略规划、数字化产业环境分析、企业价值主张等。

数字化战略举措应对能力：完备的、全状态的运营管理和分析决策，跟踪、分析、响应公司战略。

市场环境和竞争应对能力：市场环境、竞争对手分析、数字化营销战略定位、业务发展分析、细化和举措等。

（二）执行层面的运营能力

以用户为中心的运营理念：以用户为核心进行用户运营、产品设计、渠道推广、订单交付及用户服务，实施完善的用户体验运营，找到用户价值和企业收益之间的结合点。

数字化运营管理能力：全局层面的运营长流程管控、状态管控、资源管理、规则管理、资源调配与动态调整，等等。

用户运营能力：针对用户的旅程，全程提供管理、交互体验、社会化关系社群运营、用户个性化运营，等等。

商品运营能力：商品营销战略，包括产品生命周期、商品结构、定价、库存，以及类目的规划、分析、设计、使用、运营等方面。

渠道运营能力：数字化渠道构建、全渠道协同、一致用户体验、全渠道统一管理运营等。

营销推广能力：各种推广活动的策划、定义，以及销售策划、执行、资源管理等；此外还有针对特定需求的市场营销推广活动的运营、实现和动态调整；等等。

IT 支撑能力：合理的 IT 体系架构、核心功能、用户体验等，构建和实现面向业务需求的支撑模式和运营需求，构建敏捷高效的管控模式，实现 IT 管理有序、高质量，等等。

数据驱动能力：所有相关业务数据分析和抽象概念具体化、大数据处理能力，通过大数据、人工智能技术分析和优化运营决策，实现精细化、智能化运营。

持续优化能力：各个运营环节的持续优化能力、整体运营机制的持续优化能力、高效的质量改进，以实现运营效率持续提升。

内外生态构建能力：构建完善的企业内外部基础能力环境，如物流、支付等，以及与其他部门的协作管理、与合作伙伴的价值合作运营，等等。

以上这些能力之间相互联系、彼此影响，共同打造数字化运营。数字化运营框架讲究系统化运营管理，企业的各层次、各部门和各岗位，以及总公司、子公司、产品供应商、供应链上下游及生态体系中所有相关合作伙伴共同行动，调配各类数字化资源，协同一致形成竞争优势。

四、数字化运营能力构建

企业数字化运营建设是基于数据运营开展的，可分成四个阶段，分别为有数据、看数据、分析数据、应用数据。

1. 有数据

结合企业战略规划与业务人员需求调研，结合业务需求场景，梳理数据运营困境，从而规划、分析并尝试搭建指标体系。基于需求场景与指标体系进行数据采集，数据采集包括自有多终端数据采集、历史及外部数据导入、数据打通，例如，通过打通用户标识 ID，实现用户全渠道、全链路的行为追踪。

2. 看数据

一方面是指标体系可视化看板搭建，分为全盘业务视角与分主题/职能视角，提供个人或一条业务线所关心的相关指标。另一方面是促进业务方进行自助式可视化分析模型、标签自主创建迭代，让所有业务人员都能够看数据，并且能够自主做日常数据分析工作。

3. 分析数据

以数据驱动业务为目标进行不同的分析场景设计，基于数据洞察来指导业务方进行迭代策略的制定，实现数据在各业务场景下的深度应用，弥合数据分析与运营平台的割裂，最终形成基于数据分析的适配企业自身业务的运营方法论，为后续的智能运营做准备。

4. 应用数据

有效运用数据分析挖掘用户特征与偏好，从而搭建起完整的用户标签体系，并将用户标签引导至业务流中，通过数据应用的产品化，实现产品内容个性化，最终实现运营自动化。精准营销和个性化推荐就是典型的应用数据的结果。

第三节　用户运营与产品运营

当企业具有了大量的数据种类、数据量和响应的数据分析方法后，就需要围绕数据展开运营活动，其中用户运营和产品运营是两个最重要的内容。

一、用户运营

（一）用户运营的概念

传统行业中，如制造业、服务业，没有用户运营的概念，只有客户服务、客户关系管理、需求管理等。随着信息通信技术的不断创新和扩散应用，制造业和服务业等传统行业正在进行数字化转型。数字化转型的一个关键内容就是将用户、顾客放在企业运营的核心和起点，以此拉动企业的全部运营活动。因此，在数字经济时代，用户运营已成为所有行业和企业必备的重要运营领域。

身处互联网行业的人认为，用户运营就是“让更多的用户使用并喜欢企业的产品”。而在互联网行业中实际从事用户管理和运营的人则认为，用户运营是让用户和产品、企业互相了解、发现问题、解决问题，建立和维系持久关系的过程，即用户运营是一个维系用户和产品（企业）之间关系的过程。

有研究认为，用户运营指以网站、手机或其他端口为连接点，以产品或应用的用户的活跃、留存、付费为目标，依据用户需求，制定运营方案甚至是运营机制。一句话，用户运营是围绕用户的吸引、留存、活跃、需求满足，以达到用户付费的过程和活动。

时代在变化，企业和用户之间连接和互动的方式也随之发生着根本性的变革，正如以上提到的，由于数字化技术的存在，企业能实时感知到用户，两者的深度连接构成了新型合作关系，因此用户运营就显得越发重要。企业需要树立价值共创的运营理念，深入洞察用户的行为，读懂和理解用户的诉求，支撑持续的服务，提升用户的感知体验等。

数字化时代的企业不再以生产产品和提供服务为导向，而是秉承价值共创的运营理念，重点引导用户使用产品和体验服务，贡献创意并创造价值。

（二）数字时代用户特征

1. 活跃自主的连接者

在数字化时代，多屏娱乐和多元化的社交平台成为用户和用户间、用户和企业间新的接触点，社交媒体占据大家大量的时间，渠道也更加多样化。用户的注意力在变得专注的同时，也更加碎片化，任何屏幕都不能长时间“独占”用户，跨屏互动已成为用户的新特征。

人们更乐意连接线上线下渠道，创造更便捷的消费场景，通过移动化渠道快速实时办理业务、解决日常生活中的常见问题并提升效率，如家政服务、上门洗衣等。用户可以利用手里的终端在短时间内获取各种信息，随时来一次“说做就做”的消费体验。

数字化的终端与多场景化的 App 已将用户的行为习惯“培养”得十分苛刻，他们几乎永远在线，随时随地都有可能脑洞大开，提出诉求，而且期望按照自己的想法去尝试并得到结果。用户追求的是个性、独一无二及被重视和尊重，他们需要个性化的商品，喜欢定制自己想要的商品与服务，而用户所处的环境更加数字化、智能化，这些触手可及的终端使随时随地的想法和个性化的诉求更容易得到满足，他们也更愿意主动参与到从创意到商品诞生的全部流程中。

场景化的 App 已经融入生活的方方面面，使用户可以随时随地查询并发表自己的见闻，与大家互动并分享经验和感受。如果要探求他们的内心的话，他们也是乐于分享的，因为在这个过程中能够实现自我表达，获得成就感，满足利他性和趣味性的综合诉求。互动、分享已经是数字化时代用户不可忽略的特点。只要用户愿意，就有诸多途径分享自己的真实感受和想法建议，好的、坏的，毫不顾忌、天马行空。而这种行为，跨越时间、地域的界限，已成为一种常态。

2. 群体重构：社群化

打开微信，用户有意无意地关注了由于工作关系、兴趣偏好、生活方式、子女教育等所建立的各种群，这些群所组织的活动有节日礼包，有指定地点的停车费免单或打折，或者会员日活动等。一个微信群凝聚了大量的关注者而成为一个群体，代表了一类主题行为和主题需求。社交媒体平台也有类似的效应，在微博、BBS 及各类论坛网站中，人们因为对感兴趣的同类话题聚集在一起，形成了一个特定的群体。起初以线上的活动为主，大家针对这个话题，畅所欲言，分享相关的视频，分享自己的感受；慢慢地，大家讨论的内容渐渐拓展到更大范围的内容和主题，也因为这样的沟通，群内的人们彼此熟悉起来，彼此间的信任逐渐加深，随后群里会组织活动，从线上搬到线下，同时随着各种口碑的传递，群里的人们可能发展成为朋友和合作伙伴等。

以上这些具有特定社会属性的群体，通常称之为社群。社群是一个非常古老的概念，一开始社群的定义是按照地域划分的，为一定的边界线所圈定的范围内人类或动植物的群体。如今，更先进的技术和手段为社群的发展提供了更多的途径，为社群的概念注入了数字化的活力，让社群的概念已经完全打破了地域的界限，跨越了时空。

从社群的创建角度来讲，一个爱好、主题、某个人物、一次学习等众多的理由都可以“触发”一个社群的成立，因此具有场景性。随着社群的发展和壮大，社群内部也有明确的组织结构，并且随着社群的逐渐成熟，社群的划分变得越发垂直。

3. 转型为运营合作伙伴

在社交媒体等多种数字化技术手段的推动下，用户由被动消费转向参与设计、介入运营和主导消费，不仅导致企业价值链的主导权从生产商、流通商转到用户手中，还使用户广泛、实时地参与生产和价值创造的全过程。他们愿意参与到企业产品的研发和推广，提出个性化的需求，发表观点和想法。

曾经有人描绘了这样一个案例：明媚的阳光从落地窗照射进来，隔着纱帘室内的阳光并不那么刺眼，一位姑娘正在专心致志地画画，绘画是这位姑娘的最大业余爱好，而今这个爱好已经不再是她自娱自乐的消遣，她的创造可以被更多的人关注。她的作品会发布在 Threadless 的设计官网上，随后接受人们的评判，并有可能成为一个 T 恤的图案，被全球发行。Threadless 是芝加哥一家 T 恤公司，T 恤图案的来源便是世界业余艺术家提供的作品，这些作品会在 Threadless 的官网上展出，并接受投票、评选及评论，每周都会选择投票数前 5 名的来稿作品进入生产环节。入围的图案创作者也会拿到一定比例的奖金，不仅在艺术造诣上得到人们的肯定，同时获得经济上的实惠。

总之，无论是在电商网站、社交媒体上，还是在企业的互动平台上，每个用户在消费着各种内容和链接的同时，也在创造着内容和链接。尤其对于互联网运营商来说，用户生成产品（UGP）、用户生成内容（UGC）已经成为当代数字化产品和内容的生命力。所以，在产品的研发阶段、品牌的传播阶段、内容和产品产生阶段、产品的售后阶段，用户与企业可以实现深度合作。数字化的技术手段和平台也为这种互动提供了强有力的支持，时代让用户与企业更加靠近，逐渐成为企业的合作伙伴。

（三）数字时代用户运营体系

1. 数字化的用户模型

数据建模指的是对现实世界各类数据的抽象组织，确定数据库需管辖的范围、数据的组织形式，以及转化成现实的数据库。将经过系统分析后抽象出来的概念模型转化为物理模型后，借助 VISIO 或 crwin 等工具建立数据库实体以及各实体之间的关系。从现实世界到物理数据库要经历概念模型、逻辑模型和物理模型三个过程。

在当前数字化互联网时代，数据来源多元化、数据格式多样化，从而使对于数据质量的要求更加高；另外，互联网企业业务变化快、业务垂直拆分非常细等特点，使在这个环境下数据建模有着以下不同于传统行业的特点和要求：

- 支撑高并发高访问量的诉求。
- 支撑不定期峰值的爆款、爆红系统的稳定性。
- 支撑业务快速上线、生命周期短、快速下架的业务流程处理。
- 支撑灵活、多变、易拓展的业务需求。

对于用户管理，一般的初级逻辑业务模型包括与用户相关的六个维度，分别是用户基础信息域、用户订购域、用户交互域、会员管理域、用户服务域、用户体验管理域。不同的域描述了不同用户的不同业务逻辑和业务内涵，并从模型的角度增加了适应数字化需求的内容。

2. 数据驱动用户运营

数字化时代，用户在浏览网页的时候、在刷微博的时候、在使用手机登录门类众多的 App 的时候、在不分时段和地域进行网购的时候，用户的行为轨迹已经被关注，历次的交易信息已经被记录下来，成为企业提供产品或服务的基础性数据。所以在当下，基于用户行为以及社交媒体所产生的大量数据，加之大数据和人工智能等技术，发挥了巨大的价值形成企业的资产。因此数据驱动成为企业必须面对的战略级决策，基于数据的决策和分析才能支撑精细的数字化运营。

如何实现数据分析助力运营数据化驱动的用户运营，就是通过数据分析洞察用户所需所好，进而有的放矢地决策和采取行动。

首先，根据专题明确需要分析的数据维度，可以包括如下方面：

• 用户的位置数据和行为数据。位置数据划定了用户日常活动的范围和特点，结合用户经常活动区域的社会属性（社会公共职能、市民解构、消费水平等），并根据其作息时间、活动规律等行为数据，可以对用户年龄、收入、职业等给出初步的分析。

• 用户近期在各种智能终端的浏览数据。由此可以看出该用户近期正在关注什么，对什么东西有需求。通过进一步分析浏览的次数和停留时间的长短，可以初步了解该用户对产商品的品质、样式、颜色等维度的偏好。

• 用户间互动交流的情绪数据。这种数据再次表达了其喜好，情感的数据"吐露"的是用户对产商品的褒贬。因为AI技术以及AR、VR技术在用户到达的地方有更多的应用场景，所以与用户交互的情感数据的收集就更加实时和细致。经过几层的筛选和过滤，企业对用户偏好的产商品有了一定的了解，为了给用户一定的引导性，通常企业还会提供与之相关的产商品并推送给用户，给用户更多贴心的选择。

• 用户的购买历史数据。通过对购买历史数据判断分析，对于周期性使用产品，在用户即将再次购买前，给出及时的推送，那么再次购买变现的成功率会更高。对于低频次购买的产品，则注重分析其消费的品牌、价格等，定期给予对低频次物品配件、维修保养的提示等。对于特殊产品，如追星衍生产品、被追捧的数字化产品等，分析用户需求，按照其特点给出个性化的温馨提示和建议。

其次，进行数据分析。

数据分析通常包含数据准备、预处理、数据建模、模型评估等环节。科学技术发展到现在，作为数据分析领域，必须提到人工智能。常见的人工智能系统有专家系统、神经网络、遗传算法、智能代理等。在进行数据分析和建模之前，要先明确是描述分析型还是预测分析型。如果分析的目的是描述用户的行为模式，如为用户做标签、定义用户画像，那么就采用描述分析型方法，通常使用的统计学模型有关联规则、序列规则、聚类模型等，在这个环节中，专家系统在目标用户群确定过程中也会给予更为有力的支持。对于预测分析型则是要通过一定量的历史数据，形成一个模型后来预测未来发生某个事件的概率。常见的预测模型有分类预测和回归预测两种。

最后，解读分析结果，并给出决策建议。

进行完数据分析，需要对数据分析的结果给出合理的解读来指导运营决策，提供用户运营的具体建议。用户运营的关键在于吸引新的用户、增值和激活存量用户，杜绝用户流失。基于用户数据分析结果，我们可以对重点 VIP 用户给予个性化的营销和重点关怀。对于存量用户，根据其兴趣偏好，激发其积极购买和使用的兴趣，例如，针对不同用户群体给予特别商品的推荐或更为适合的升级服务等。而对于潜在流失用户应该在特定的时间或日期给予维系和挽留的策略或是送上优惠的折扣，让用户在感受到被重视的同时感受到了温暖和实惠。前沿的数字化手段，如 VR、AR 等，可丰富用户体验的途径和经历，从中获取更多的用户行为和喜好数据，再利用人工智能、机器学习等挖掘算法，深度挖掘用户的需求。例如，有一家新生公司 GROWBOTS，利用机器学习的算法自动探测营销活动，收集与活动相关的所有公开信息，从而丰富其知识库信息，进而更为精准地发掘潜在用户、维系优质用户、流失风险用户等，并实现无微不至的“用户关怀”。若发现结果存在误差，也要敢于接受，重新对数据模型进行修正和重新验证，以确保数据驱动运营真实有效。

3. 多维连接，智能交互

要想获得竞争优势，就必须注重并优化每一次交互过程中的用户体验，确保跨渠道和跨市场营销的正常运作。用户交互管理，即构建综合的用户信息交互枢纽，利用数字化的技术构建起与用户沟通的交互渠道，识别不同的用户，并将他们按照既定的参数进行分类管理，最后建立有效的沟通关系并适时了解其对产品的需求信息。在整个数字化用户管理体系中，用户交互域为其他域提供数据分析和共享的支持。要想提供友好的用户交互体验，需要对内建立用户交互管理体系，对外开放友好的用户交互界面。

（1）建立用户交互管理体系。在用户交互管理中，要实现全渠道用户交互行为的管理，并对交互行为数据做有效的分析和建模以及决策支持，初步分析至少包括用户交互信息管理、用户交互过程统一内容管理、用户交互事件管理、用户交互行为即时分析，以及用户交互数据维护和渠道协同辅助支持，这能有效地构建起一致、及时的用户体验基础。

（2）实现友好的交互体验。从与用户建立连接那一刻起，依靠数字化的智能终端，企业与用户的互动会持续，因此足够友好和智能的交互式体验，对于提升用户的使用感知有着非常重要的作用。未来交互的方向就好比现在的 VR、AR、MR 技术，其实也是在模拟人与现实交互的一种过程。因此，友好的交互体验，需要从视觉、听觉、触觉的维度来定义，即满足视觉感受的界面提示交互、满足听觉感受的语音交互，以及满足触觉感受的触屏技术能力所带来的友好体验等。这些交互包括了所有交互的渠道、交互的内容、交互的方式以及交互的反馈等。

二、产品运营

此处的产品包括有形的“硬件”产品，也包括无形的服务，以及由产品和服务、知识组合起来构成的解决方案，以下统称“产品”或“产品与服务”。

（一）数字时代产品和服务的变化

从工业革命以来到数字时代以前的时期，企业生产、提供的产品就是各种各样的实物，既包括家用电器、洗衣液这样的最终消费品，也包括原材料这样的中间产品；既包括螺丝、螺母这样的标准零件，也包括汽车动力总成、计算机主板这样的部件。同一时期，企业还提供各种各样的服务。这一时期的服务是活动，是有关时间、地点、行为等的组合。例如，为了降低出海贸易商人的风险，出现的保险公司、使用的移动电话和接受的治疗等就是服务。

随着技术的发展，产品在逐步进行数字化重构，原有的物理产品具备了更多的智能特性和连接特性，跨界合作及融合创新更加频繁。在数字时代，用户与厂商的联系更加方便，厂商和用户的关系更加密切，用户更多地参与到产品和服务的运营中。这些变化造就了数字时代产品和服务的新的变化。

1. 产品和服务的数字化

随着信息通信技术的不断创新和快速应用，传统的有形产品在逐步进行数字化重构，原有的物理产品具备了更多的智能特性和连接特性。厂商提供的传统的服务也在进行数字化的解构和重构，原有的靠人工利用各种设备进行的服务，现在逐步以程序等数字化的方式提供和使用，最典型的是银行服务。传统的银行服务场景涉及三方，即客户、银行工作人员、银行设备（见图 7-1）。在数字时代，同样的银行服务，可以把相应的功能集成在网络银行端或者是手机的 App 端，由客户通过自主操作完成。

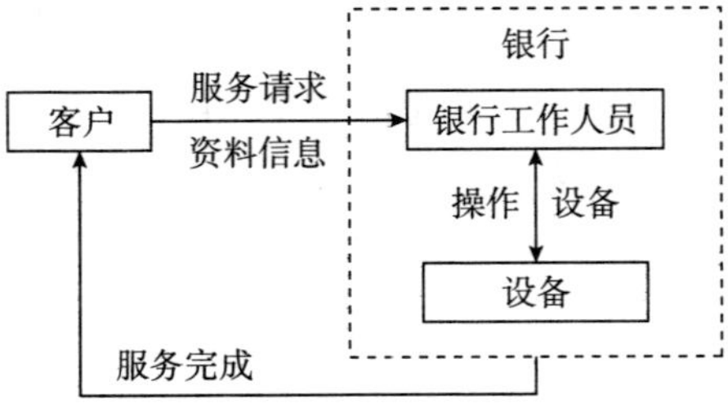

图 7-1　银行传统的服务

这种创新和重构可分为以下两种情况。

（1）在实物产品的基础上叠加数字化、智能化基因。例如，智能冰箱既保留了传统冰箱的食物储存功能，又通过冰箱门上的智能终端、内置摄像头、图像识别、手机 App 等数字化手段拓展了功能，让冰箱成为集在线购物、影音娱乐、营养推荐等功能为一体的在线服务平台。

（2）通过颠覆式的数字化基因改造，完全改变产品的形态，实现完全的数字化。例如，腾讯新闻、今日头条等资讯网站及应用与传统的纸媒体相比，已经完全数字化了。

2. 产品和服务的共创化

传统上，产品和服务的设计、生产、物流和交付等过程，是由厂商及其供应链完成的。这个过程独立于客户。而在数字时代，基于网络技术、移动互联网技术、3D 打印技术、大数据技术、云计算、物联网和人工智能等新型技术的应用，厂商和客户的连接变得容易、快捷和低成本，厂商可以非常方便地和客户建立起联系，如通过微博、厂商微信公众号、厂商的 App 等。厂商通过这些方式，与客户就产品和服务的各个方面进行讨论和交流，从中了解客户的需求、偏好等，最终提供给客户满意的产品和服务。在这个过程中，客户深度参与了产品和服务的设计、生产和交付，厂商和客户共同创造价值。

理论界的研究认为，价值共创是指消费者共同参与企业产品生产消耗全流程，以提高企业产品的效用和价值的过程。传统价值创造理论认为，消费者不会参与商品的价值创造过程，是价值的消耗者。价值共创理论与传统基于商品交换逻辑（Good Dominant Logic）的价值创造理论不同，价值共创理论认为消费者是企业创造价值各个流程中的参与者，而不是价值的消耗者。在价值共创模式中，参与价值共创的企业和消费者是价值共创的核心，以企业—消费者导向的价值共创决定了价值共创模式能否顺利推进和取得成功。

价值共创的参与主体，在价值共创出现的早期更多地发生于企业与消费者的二元互动，但近几年随着竞争的加剧和越来越多的企业采取价值共创的做法，价值共创的主体也发生了变化。随着很多企业进入新的市场，以消费者为中心，价值的创造与获取也越来越需要生态系统中更多的参与主体，理论界对价值共创主体的研究，逐渐由企业与消费者转移到更广泛的服务系统以及利益相关者之间的互动，并进而认为一切利益相关者也属于价值共创的参与者。

（二）运营体系

在数字化时代，产品数字化基因的发展导致产品的形态和特征发生了巨大的改变，这使产品运营的范畴更加广泛，也意味着我们应该构建跨越产品全生命周期、具备应变能力的运营体系，才能顺应数字化时代的发展。

同时，数字化产品特征的改变对产品运营提出了新的要求，即产品运营需要具备应变能力。之所以这么说，是因为在数字化时代，产品的特征呈现出生命周期变短、极简与个性化需求并存、多样化、融合化等特点，这些特点对数字化产品运营的核心需求就是能应变。例如，产品生命周期变短，就对快速引入新产品及支持产品快速、有序、体系化地退出的运营支撑能力提出需求；数字化产品快速迭代的特性，需要支撑 Software-based 产品对版本控制的要求，需要构建开发运维一体化的体系；简化及个性化的产品需求，要求产品能够按需而变。同样，营销、生产等运营也要按需而变，产品的融合化要求构建打破组织壁垒的融合运营能力与机制，数字化产品的多样化要求实现多态的数字化产品管理的需求，以及多态的产商品目录管理和多态灵活的订购支撑。

那么数字化时代“跨越产品全生命周期、具备应变能力”的产品运营内涵有哪些？可以总结为两点：第一，从对外的角度来看，产品运营是能够连接产品和用户的一切手段。对于不同的业务形态、产品形态及产品生命周期阶段而言，产品和用户之间的关系是不一样的，产品的“大运营”应该协同企业市场、研发、产品、运营、商务、销售等各部门，贯穿从产品创意到产品退出的整个生命周期，建立产品与用户间的连接，与用户在多个环节进行互动，打造满足用户想法和需求的产品。第二，从企业内部管理的角度来看，产品运营是产品的管理机制，通过该管理机制来保障敏捷、柔性、有序的产品创意、规划、设计、研发、生产、营销、交付、服务等。

1. 不同类型的产品形态有不同的运营要求

不同形态的产品，如内容类应用产品、工具应用产品、电商应用产品、物联网应用产品、终端硬件产品、通信连接产品、平台服务产品等的运营策略是完全不同的。产品运营的策略应该以提升内容的质量、增加内容的数量、引发内容热点讨论为重点。例如，除了通过专业编辑生成内容，运营策略还可偏向于引导用户生成优质内容并自发传播，或通过合作引入外部内容等手段来丰富内容。

2. 在不同的产品生命周期阶段，差异化定义运营目标

正如一个人在成长的不同阶段会有不同的生活状态一样，产品在不同的生命周期阶段其运营的目标存在差异，需要有适合其阶段的运营方式，所以在考虑运营策略时一定要结合产品的实际发展阶段。

在产品规划阶段，产品需要有与企业发展愿景相匹配的清晰明确的定位和发展路线规划。规划需要考虑解决用户的哪些核心需求，如何与用户互动获取用户的创意，需要考虑产品附加什么数字化特性来适应时代的发展和满足用户的期待，需要割舍哪些传统产品、发展哪些数字化产品，等等。

在产品研发阶段，用户不仅是产品的用户，更是产品创新的参与者。这个阶段的运营目标是让用户深度参与设计，持续获取用户已知的和潜在的需求。用户与企业交互，即与企业的市场营销、研发、生产等人员协同进行产品的创新。

在进入市场后，探索期的产品上线时间短，还处在快速迭代的产品打磨阶段，运营需要挖掘种子用户并让其反馈体验，贡献好的创意，推动传播，帮助产品成长；成长期的产品需求已得到验证，需要快速占领市场，跑赢竞争对手，运营要主攻用户增长，“拉新”是关键；成熟期的产品已初步站稳市场也获取了大批量的用户，运营要做好用户留存和维系，同时着力完成商业变现、赢利；衰退期的产品已走到生命周期的尾声，替代品出现，用户流失，运营要做好流失用户挽回和尽量延长产品生命周期。不同的市场阶段产品的运营策略要随着阶段目标而加以调整。

3. 基于产品需求场景制定差异化运营策略

产品的诞生是为了解决用户的某个需求痛点，运营人员需要思考这些需求会

出现在哪些场景下，产品和用户又会在什么场景下产生联结，在制定运营策略时可以充分考虑在既定场景下如何引导用户完成转化。例如，租车 App 主要场景包括短途周边自驾游、异地租车自驾游、旅游爱好者长途川藏青海游、商务出行、新手练车、春运回乡用车、出险替代用车等很多场景，运营人员可以基于不同的场景主推车型、营销活动等差异化运营，如全家周边游主推轿车并支持打折、赠送户外帐篷等活动。

借助内容运营提升产品运营。前文提到，数字化产品包括数字内容、应用软件、实物终端、通信连接、平台服务，产品间的差异使每一类产品都有其特有的运营内容。在这个以内容为王的时代，除了内容主导型数字化产品重视内容，一些技术型产品的企业也已经开始逐步重视产品的内容运营，因为用户的时间是有限的，只有深度的内容才能吸引用户关注产品，所以运营人员巧妙地将内容准确、有效地呈现给用户。这一点对各类数字化产品的运营都很重要。

不同的内容应用的内容类型各有差异，可以是资讯内容、视频内容、音乐内容、阅读资源，等等，但内容类应用的产品运营不外乎内容生产、内容入库管理、内容展现推荐、内容的热点运营。

内容生产的来源可以大致分为三类：UGC、PGC、外部转载。UGC（User Generated Content），即用户生成内容，目前典型的 UGC 产品是小红书、知乎、Facebook 等；PGC（Professional Generated，Content），即专业人士（机构）生成内容，例如，门户网站、视频节目、优质电台节目、大众音乐平台等内容都是由专业团队生成的；外部转载是通过正规渠道联系授权，得到作者许可转载外部的内容。

如果没有良好的结构把海量内容保存起来，则海量的内容无法使用。与实物相同，内容同样需要入库管理。入库管理第一步要做内容的结构化信息处理，以音乐为例，音乐的直观表现形式是一首首歌曲；进一步分解之后，一首作品的结构化信息有演唱者、唱片公司、专辑名称、发行日期，等等。同时，针对内容需要构建内容的分类体系，当内容多的时候，用户必定只选择自己感兴趣的内容来消费，分类就是提供一个选择的入口。此外，还需要构建灵活的标签体系。相比分类，标签会更加灵活，就好比一本书放在一个书架上，但是可以往上面贴上多个标签如作者、中文、小说、当代文学等。电脑在搜索的时候，只要命中其中一个标签就可以找到。

内容展现推荐是直面用户的一道程序，常见的推荐形式包括热门、排行榜、编辑推荐内容、个性化智能推荐。目前流行的个性化推荐系统，如豆瓣 FM 的

"猜你喜欢"、亚马逊的"为你推荐"，几乎都基于标签系统。

内容的热点运营能直接为内容带来阅读量、粉丝量、转发率，进而增加产品的下载量、用户数、商品的销售量等。做内容热点运营，首先要能发现热点。热点包括可预测的热点，如年节假日、马拉松大事件等；也可以通过百度指数、微博热门话题排行榜发现热点；还可以根据产品的用户群、不同的用户群体来发现不同的热点，比如针对母婴类，发现热点是孩子成长相关的内容，因为妈妈们是女性，则还可关注时尚、情感等。发现热点后如何利用热点？主要考虑的是热点事件运营要贴近自身产品和用户，通过多角度拆分热点事件内涵，挖掘自身产品和用户与热点的关联，通过撰写图文资讯、微博、微信公众号、网络社区、合作媒体等渠道传播该热点相关信息。

【案例】

数字化运营助推朝阳大悦城

大悦城位于北京朝阳区，商业面积 23 万平方米，2010 年 5 月开业。在大型零售企业销售增长放缓甚至出现负增长的环境下，它一直以高于行业平均水平的速度增长，2011 年销售额为 10 亿元，此后逐年增长，2016 年为 35 亿元；租金收入也是持续增长，2016 年达到 5.2 亿元，未来仍然呈增长的态势。尽管其高速增长有着开业初期基数低的原因，但是 2016 年其开业已经超过 5 年，基数低的红利已有所消失，其销售增长仍然是同规模购物中心中最高的，单位面积销售绩效也在全国同规模购物中心中位居前列，最为重要的原因是，从开业至 2015 年，经过 5 年的变革，它逐渐成为一家数据驱动型零售企业，大数据已经成为企业整体营销决策的多方面的重要依据。

朝阳大悦城的数字运营经历了以下几个阶段：

1. 认知阶段

认知阶段是从 2010 年 5 月开业至 2010 年底，当时高层管理者工作的重点是保证购物中心的开业和稳定运营，关注购物中心的出租率和营业额，应用的主要数据是入驻商铺的营业额和租金。利用有限的数据进行商铺贡献分析和商铺调整就取得了明显效果，朝阳大悦城的管理者也因此开始认识到数据决策的重要性。

在认知阶段，大悦城依序、循环地进行了数据采集、数据分析和数据应用三个环节工作。

认知阶段三个环节有三个特征：第一，在数据采集环节，由于该阶段出租率和营业额成为管理工作的重点，因此采集的数据是为招商和提高销售额服务的，数据的深度和广度非常有限，主要包括某类（或某个）商铺的租赁面积和位置、租期、租金、扣率和营业额，大悦城将其简称为“店数据”。第二，在数据分析环节，目的是通过调整入驻的商铺，提升销售额以及租金收入，因此选择了商铺成长性（各家店铺不同季度每天每平方米的销售额的变化）和租金贡献率（各家店铺不同季度每平方米的固定租金和提成的变化）两个指标，仅应用了增长率和占有率等简单的统计分析方法。第三，在数据应用环节，主要用于入驻商铺调整，部分用于各商铺促销推广而非为目标顾客选择、营销定位和整体营销要素组合等营销决策服务。除了购物中心商铺调整之外，更多的营销决策不是依赖于数据分析，而是依赖于经验和感觉。因此，此阶段的数据应用程度可以概括为“微程度数字+大程度感觉+大程度经验”的决策模式，应用范围可以概括为“个别营销决策”（主要商铺或商品结构调整）。

2. 尝试阶段

管理者开始尝试更多的数据决策，向购物中心整合数据，也尝试突破购物中心的标准配置和习惯做法。尝试阶段是从 2011 年至 2012 年，在该阶段，管理者仍然有着较大的业绩压力，市场也竞争激烈，前一阶段使他们认识到迅速提升或改善业绩的重要路径是科学的数据决策，于是他们开始进行拓展和提高数据决策的范围和程度。

尝试阶段三个环节有三个特征：

第一，在数据采集环节，管理者开始关注顾客整体行为与商铺绩效之间的关系，因此采集的数据向顾客行为、客流和车流进行拓展。包括三大类型：一是销售信息，包括商品名称、单价、销售时间、销售店铺（名称、业态、面积、位置、租期）、销售数量、购买者信息等（这是一般购物中心都有的信息）；二是客流信息，包括购物中心中某一个时间点进店顾客数量，以及在各个楼层，甚至店铺中的分布情况；三是车辆数据，包括某一个时点的车流数量、车牌号、车辆类型、进场时间、出场时间、停车时长、从哪个出口出停车场等。这三类数据也被大悦城称为 KPI（关键绩效指标）数据或“场”的数据，本质上属于小数据。

第二，在数据分析环节，具体分析指标有总量分析、对比分析和相关性分析：一是总量分析，包括各个时点的销售额、客流量、车流量总量；二是按日、周、月、年、楼层、店铺等维度进行销售额、客流量和车流量的对比分析；三是销售额、客流和车流之间的相关性分析。此阶段在前一阶段应用简单的统计分析方法的基础上，增加了相关分析的方法，但是还没有使用模型分析。

第三，在数据应用环节，主要用于入驻商铺调整、各商铺促销推广、店铺环境改善等方面，而非为营销定位和整体营销要素组合等营销决策服务。一是精准地用于商铺调整。建立并应用商户评价体系（选取日均销售、销售坪效、日均租金坪效、租售比、日均笔数五个指标），通过商户分类、选择评价维度、确定权重、评价和分析等几个步骤，形成商户评价分级报告。二是尝试精准营销的管理，根据消费需求情况，尝试进行顾客细分实验。例如，在服务设施方面，车流分析数据显示，开车来的顾客是购物中心销售额的主要贡献者，平均每部车每次产生的销售额达到700元，并且发现购物中心销售额与车流变化具有近92%的相关度，进而对停车场进行了改造，增加进出坡道，升级车牌自动识别系统，改善车位导识体系等，吸引了更多驾车顾客的光顾。

3. 创新阶段

进入创新阶段，管理者和骨干积累了许多经验，开始建立相对完整的数据转化为营销决策的体系，数据规模向客户数据拓展。创新阶段是从 2013 年至 2014 年，该阶段具有创新阶段的特征，也是数据转化为营销决策体系（模式）的形成阶段。管理者发现，精准营销是提升绩效的关键，但是精准营销必须渗透到营销决策的每一个环节，同时必须对顾客进行细分，单体顾客的数据采集、数据分析、数据应用就非常有必要，而现有实体店铺并没有成功模式可以模仿，只能自己创新。

创新阶段三个环节有三个特征。第一，数据采集环节延伸至单体的会员客户，是“人”的数据，形成了较为全面的数据结构。“人”的数据采集主要是会员的相关数据，包括每一位会员客户的基本特征（会员卡号、姓名、性别、年龄、职业、学历、婚姻状态、车牌号、住址、手机号、微博号等），以及相应的购买行为（光顾的店铺、商品类别、数量、价格、是否使用了优惠券、总金额、购买频次、购买时间等）。这阶段采集的数据也被大悦城称为客户数据，本质上属于中数据，也初步具有了一些大数据特征（已经包含有场外数据的采集）。

第二，数据分析由单纯效率要素分析转变为会员信息的分析，也是由店铺的分析转为对“人”的分析，更加关注消费需求的满足。具体方法是对会员进行聚类分析，本质上是对顾客进行再细分，这是精准营销的基础和依据。在分析中应用 REM 模型工具进行顾客价值聚类分析，将最近一次消费、消费频率和消费金额综合评价，为每一位会员打出分数并进行相应聚类分析，得出相应的群体贡献及消费特征，然后进行有针对性的策略调整。

第三，数据应用环节中数据应用程度和范围进一步拓展，几乎应用于营销管理的各个方面的决策，涉及目标顾客选择与细分、产品策略、服务策略、价格策略、店铺环境、沟通策略等。例如，在价格促销方面，在 2013 年 9 月 19 日的店庆促销活动中，IT 信息部根据前三年的销售数据分析，确定销售额目标为 1500 万元；又根据会员行为分析发现实现目标的关键因素是增加客单价和提升上午时段的销售量；接着，再根据 100 万条会员刷卡数据的购物篮清单，进行客户细分，有针对性地选择促销措施，加大上午促销力度，个性化地发出促销信息。结果，上午销售额占到全天销售额的 3%，会员客户平均消费将近 2000 元，全天实现销售额达到了 1715 万元。

4. 提升阶段

进入提升阶段，管理者掌握了利用数据进行营销决策的一些规律，开始对已经建立的数据转化为营销决策的体系进行完善，数据规模向个体客户数据拓展。提升阶段是从 2015 年开始。该阶段的特征为数据转化为营销决策体系或模式。

提升阶段三个环节有三个方面的特征。首先，数据采集。在前三个阶段分别形成了单店（店）数据、购物中心（场）数据和会员（人）数据，这些数据在购物中心发生，属于自有数据。进入第四阶段又新增加了第三方的互联网数据，这些数据从另一个侧面记录了顾客的购买过程的完整信息，能够更加生动地刻画出顾客的消费偏好和购买行为特征。网上数据包括自我采集和向第三方购买两种方式，内容包括顾客产生购买动机、选择商品、支付、接货、使用、评价等全过程信息，顾客范围涉及大悦城的现实顾客和潜在顾客。

其次，数据分析。由拓展数据规模转向对数据的深入分析，核心工作是通过标签体系标定聚类信息后，对品牌或消费者进行统计分析，获取品牌和客群的全方位画像。另外，该阶段拓展了更多模型工具的使用，深化和细化顾客消费和购买行为。一是建立标签体系。大悦城根据未来潜在用途、分析模型细化、消费者个性化营销等应用场景，进一步完善了数据分析的标签，形成了相对完整的体系。二是 RFM 模型的深化。该模型基于顾客对购物中心的综合价值贡献（包括最新的贡献、光顾频次贡献和总金额贡献）进行分类，将会员价值进行了量化处理，管理者可以了解每一类甚至每一位会员对购物中心贡献的销售额或利润，这为精准营销带来了重要依据。三是 NESS 模型的应用。该模型通过界定会员在一定生命周期内的活跃状态来划分客群，共包括新增会员（New）、活跃会员（Existing）、沉默会员（Silence）和睡眠会员（Sleeping）四种类型。通过对四种会员总数在连续月份中的变化，可以直接观察出各类会员的积累过程，识别出活动带动或商户经营中的问题节点；描绘会员的活跃度变化，观察新增会员客群对大悦城的认知和接受程度、活跃会员客群的忠诚度变化、沉默会员客群的沉默和唤醒情况、睡眠会员客群显著增加对会员流失现象的警示作用。四是购物篮分析的应用。主要分析某一类顾客的后项、前项、支持度和置信度四项指标。顾客购买信息中的每一个物品被称作一个项，支持度是指购买某一项物品的会员数量占全部会员数量的比例，置信度是指同时购买了前项、后项物品的会员数量占购买前项会员的比例。

最后，数据应用。利用综合的会员数据进行目标顾客细分，根据细分顾客的行为特征进行更为精准的营销活动。基本方法是通过 RFM 模型三个指标的分析，按顾客生命周期，将现有会员分为三个类，然后针对不同的类别，采取不同的营销方式。购物篮分析的应用也使购物中心的营销活动更加具有针对性，不会对顾客造成骚扰。购物篮分析的应用对线下推广以及招商工作也有极大的指导作用。

虽然朝阳大悦城的例子不能作为当前零售企业、商贸企业数字化运营的样本，但在当时，朝阳大悦城作为零售行业进行数字化运营转型的排头兵，做出了开创性的探索，不失为企业数字化运营的典型案例。

（资料来源：闫岩，刘卓澜．朝阳大悦城 2019 年销售额超 45 亿元　疫情下发力数字化突围［EB/OL］．https：//www.bbtnews.com.cn/2020/0429/351517.shtml.）

【本章思考】

1. 传统运营向数字化运营转型有哪些关键因素？
2. 数字化运营的核心是什么？
3. 一家面向校内师生的咖啡馆，其数字化运营要点有哪些？

第八章　企业的数字化转型

企业数字化转型是必然之路，应该关注管理提升、业务转型而不仅是技术概念。要基于自己的业务逻辑逐步探索转型，而不能照搬。

——翟林勇

浙江舜云互联技术有限公司

【学习目标】

1. 理解传统企业在数字时代的局限和面临的挑战
2. 理解数字化管理的思想
3. 了解数字化转型的一般过程
4. 了解数字化转型的两个阶段

【章首案例】

陕鼓的数字化转型

陕西鼓风机（集团）有限公司（以下简称陕鼓），是企业数字化转型中一个非常典型的例子。陕鼓的领头人印建安在2001年上任伊始就提出，在工业领域，专业化系统服务将成为消费趋势，制造企业要向用户提供完整的解决方案。

于是，陕鼓改变单一服务观念，转变为透平机械系统的供应商和服务商。通过“交钥匙工程”，解决整个风机系统的问题，甚至是整个流程的问题，最大限度地实现客户的需求。陕鼓的旋转机械远程在线监测及故障诊断系统，通过互联网传输系统运行的数据，由技术专家诊断，全天24小时为用户提供在线技术支持，大大降低了用户维护检修成本。

目前，陕鼓已为全国58家用户的200余台（套）产品提供远程检测的服务。陕鼓还牵头成立了由56家企业组成的成套技术协作网，对产业链和配套资源进行优化整合管理，大大强化了服务能力。

陕鼓在智能化、数字化转型方面，通过“一机两翼”把智能制造数字化、智能化提升到企业发展的战略高度，以体制机制的改革为“发动机”，智能制造和资本金融为“两翼”，推动企业向世界一流智慧绿色能源强企迈进。

陕鼓副总经理、总工程师贾亚妮介绍，面对新时代，陕鼓不断基于客户需求，探索陕鼓的转型之路，从单一产品制造商向分布式能源领域系统解决方案提供商和系统服务商转变，尤其在智慧能源方面取得了非常不错的成绩。多年来，陕鼓通过持续创新的分布式能源节能环保技术和方案，累计回收及输出的能源总功率达20.5GW，每年节省原煤4500多万吨，减少二氧化碳排放1亿吨。与此同时，陕鼓通过产品智能化、服务智能化、过程智能化，为流程领域用户装置的长周期运行提供安全可靠的保障服务。陕鼓建立的全生命周期智能化远程故障服务监测系统和服务智能化平台，已实现了对石油、化工、空分、冶金、电力等多个领域用户大型装置机组的故障实时监测、诊断、维修、服务，不仅为用户节约成本，创造价值，也助推行业的转型升级和高质量发展。

此外，贾亚妮介绍，陕鼓结合新时代企业智能化的发展需求，设置了数字化事业部等部门及智能化数字化业务总监岗位，从组织机构和人员配备确保智能化转型。未来，陕鼓将紧跟时代步伐和社会需求，在智能化、数字化方面不断地探索和努力。

（资料来源：17家企业制造业数字化转型成功案例［EB/OL］. https://www.sohu.com/a/270138428_468706.）

第一节 数字化管理思想的建立

一、数据价值观的建立

数字化管理思想的前提是建立起对数据的正确理解，即数据价值观。对这一问题，常见的答案有两个：一是数据就是信息。这没错，但过于抽象。数据和信息都是非常抽象的概念，两者的相互定义，并不能给人以清晰的认识。二是数据就是数字。这个回答看似有理，因为数字是一种最典型的传统数据。例如，GDP，股市的指数，人的身高、体重、血压、血样指标等，都是数字，也都是数据。但根据本书前文的论述，数字的严格定义其实是表述数量多少的符号。例如中国著名田径运动员苏炳添，他在 2021 年 8 月 1 日，在东京奥运会男子 100 米半决赛中，跑出 9 秒 83 的好成绩，创造了新的亚洲纪录！他的这一历史性成绩，可以表达为 9 秒 83、九秒八三、9. 83 秒、0. 16183 分钟等。其中，多样化的是形式、是数字，而不变的是这一数据。因此，可以说，数字是表达数据的一种载体或方式，但不能说数据就一定是数字。

结合数字技术的发展，相对全面、完整的说法是：凡是可以电子化记录的都是数据。这里的记录不是靠人的大脑，而是通过必要的信息化技术和电子化手段。因此，数据的范畴变得很大。同时，既然涉及电子化记录，就要涉及记录数据的技术手段，如手机、数码相机、各种工程设备上的探头等，都是记录的技术手段。

例如，在很久以前，声音并不是数据。因为当时没有任何技术手段能够把它记录下来。既然不能记录下来，更谈不上分析，因此无法说声音就是数据。但是在今天，音频设备可以采集声音，然后转化为音频数字信号，进而支撑很多有趣的应用，如声音输入法、语音翻译等。由此可以看出，在可以记录声音的时代，声音是一种数据，而且是一种具有强烈时代特征的数据。

又如，生物信息技术的进步产生了 Microarray 数据，社交网络的兴起产生了社交链数据，物联网技术的成熟产生了车联网数据。所有这些都是电子化的记录，都是数据。所有这些数据的产生都依赖于一定的技术手段，都有强烈的时代特征。因此，数据价值观应当思考：第一，在当前以及未来可预见的时间内，数据采集的基础技术是否会有一些突破性的变革？如果有，这些变革发生在哪些方面？进而能带来哪些新的数据？第二，通过对这些新的数据进行分析，能够回答哪些之前不能回答的重要问题？是否可以产生一些增量的商业价值？

二、数据的价值

（一）数据价值的概念

在商业活动中，企业的生存、成长和可持续发展有三个关键要素。第一是收入，包括主营业务收入、其他业务收入和营业外收入，如资本性收入等。第二是支出，包括人力、物力、时间、空间等。第三是不确定性。没有任何企业可以对自己未来的收入和支出是100%确定的，因为存在很强的不确定性，而不确定性带来的是什么，这是一种超出计划、不可预测的变动状态。这种超计划、不可预测的变动既可以带给企业机会，如新冠疫情初期对口罩的巨大需求，而给口罩企业带来的巨大商业机会；也可以带给企业风险，如一些跨国企业离开某国，使为该公司服务的该国的供应链企业失去商业机会等。

对于数据和任何数据产品，如果可以帮助客户，在这三个方面中的任何一个方面实现可量化的改进，那么这个数据的商业价值就比较清楚。

（二）数据带来价值的特征

1. 相关性

所谓相关性，是指在企业运营和管理过程中，由于数据的研究、开发、设计、取得、测量和分析，以及投入企业运营和管理过程，使企业的运营和管理活动在效率和效果方面得到改善。这种改善是由于数据的使用而带来的，与数据相关。

2. 增量性

增量性又可称为“额外性”，是指企业运营和管理过程中，会由于各种情况的变化、措施的采用，甚至某种意外的机会等，带来企业运营绩效的改善，带给企业额外的价值。但增量性要求在这种企业绩效改善中，去除掉其他非数据因素的作用，而只留下由于数据的分析、应用等带来的价值提升。换句话说，增量性是指只有由于数据的设计、采集、分析和应用后，基于数据分析的结论做出决策才带来企业价值的提升。

三、基于数据进行管理的思想

（一）数据能揭示企业运营和管理的本质

当牛顿用微积分和数学公式描述和表达清楚运动，建立了万有引力定律、牛顿运动三定律的数学表达式之后，才有了后来第一、第二、第三宇宙速度，有了运载火箭突破地球引力，在太空翱翔的过程。

对于企业运营和管理规律的探究、了解、应用，是企业管理永恒的追求。这其中，对于企业运营规律的探索和表达是关键。只有用一定的方式把企业运营的规律探索清楚，并且用一定的方式表达出来，才有了后边应用规律，通过管理决策，最终促进企业发展的动作。

人们对企业运营规律的探索，经历了一个漫长的认知过程。例如，最开始，人们甚至分不清楚企业的收入、成本和费用，后来在会计理论的帮助下，才用“主营业务收入”“其他业务收入”“营业外收入”等指标区分清楚了企业的收入，用“主营业务成本”“其他业务成本”“管理费用”“销售费用”“财务费用”“营业外支出”等指标区分清楚了企业的成本费用，形成了全面描述企业收入、支出的数据体系，才有了后面的企业报表、报告，为企业管理决策提供了支持。企业管理也由此进入了现代管理阶段。

在数字化转型过程中，企业要牢固树立以数据表达企业运营管理规律的理念，为后续的数字化管理奠定基础。

（二）企业运营的未知领域，是因为缺数据

管理学者德鲁克曾说过，如果一个领域没有特定的目标，这个领域必然会被忽视。借用德鲁克的这个思想，结合数字时代信息通信技术的发展和应用，现在可以说，以前认为未知或不可知的企业运营领域，都是因为没有数据；而现在有了相关技术后，以前这些未知的企业运营领域，才可以可纳入管理。

例如，在制造业企业中，设备的维护、保养是企业持续经营的一个重要方面，维保管理是运营管理的重要内容。但以往的设备维保管理都是根据设备说明书、在经验判断的基础上进行的。实际上，每年企业设备运行的时间、强度、材料损耗程度、零部件配合的效率等方面都是不知道的。现在有了传感器、材料科学、数据采集、存储和传输，以及数据分析技术后，可以在设备运行时，实时采集、存储和分析设备运行情况，及时传递出设备状态信息，这就为设备的精准维保提供了依据，据此进行设备维保决策，就可以做到既保证设备正常运行，支持企业运营，又可节省设备维保的物料、人员等成本。

因此，随着用数据科学和技术开拓企业运营未知领域，人们对企业运营的认知会越来越深刻，由此为后续的管理决策提供了依据。

（三）无数据，不决策

1978 年获得诺贝尔奖的著名管理学者赫伯特・A. 西蒙曾说过，管理就是决

策。企业运营的本质是不同部门、不同人员，在不同领域，对不同活动进行的无数决策。决定决策质量高低的要素之一就是是否拥有数据，是否拥有相关的数据、足够的数据。

例如，企业中的销售运作事关企业的收入，决定企业的命脉，是任何一个企业最重要的运营领域。在销售领域能否取得数据并且依据数据决策，直接决定了决策质量的高低，决定了企业的销售情况，最终决定了企业的生死。

销售数据可以显示客户在什么时间购买了什么产品。商家能据此更准确地预测未来销售活动。客户关系管理（CRM）、网站、营销和社交媒体数据也揭示了很多信息。了解客户的年龄段、性别、平均收入、家庭规模和互联网使用情况等，可以让企业根据目标人群做出更具战略性的决策。

但销售数据的巨大作用远不止于此。销售数据提供了一个视图，企业可以从中了解销售量以及销售时机，这样就可以更有效地管理时间。因为这些信息经过优先级划分处理，所以企业不必在其上浪费较多时间，工作效率由此得到提升。企业可以了解到客户所购买的产品和购买时间，然后利用这些销售数据预测他们何时会回购。此外，这些细节可以帮助确定是否适合向客户推荐互补产品，以制造交叉销售机会。利用销售数据，企业的销售部门和团队可以回归到高价值的任务上，并将注意力集中在客户身上。

（四）凡是可电子化的都是数据

对于企业运营和管理领域中，哪些是数据、哪些能变成数据，要建立一个标准，即凡是可以电子化的才是数据。凡是不能电子化的就不是数据。这个主题前文已论述，在此不再展开。

（五）业务数据化，数据业务化，以数据指导企业运营

未来，所有的企业都会“沉浸”在大数据中，所有的企业都会是大数据企业。

业务数据化，就是企业在数字化转型过程中，要对每一项业务进行数据的开发和提取，用数据描述业务，通过各种指标及其指标值，从不同侧面表达出业务的关键特征，以利用各种信息通信技术对数据——实质是业务——进行在线实时分析，为业务发展服务。数据的特点包括：第一，数据是实时的；第二，数据是在线化的；第三，数据是全数据的。例如，作为供应链的一端，物流企业根据数据的分析来决定怎样把货、物、人放在最合适的地方以提升物流效率，同时物流

企业还需要可以预测什么时候可以提前进行备货。目前，国内外的大型电子商务企业都有这样的技术来计算货物应该什么时候放在哪里。今天，一个人如果购买产品，企业就可以预测明天或者下个月他有可能购买什么产品，即利用大数据的力量。即使不知道原因，但是企业也可以预测结果。就好像一个著名的例子说：为什么男人会在买尿布的时候顺手拿一罐啤酒，企业可能也不知道为什么，但大数据的分析能让企业知道男人会在买尿布的时候顺手拿一罐啤酒。

数据业务化，就是利用各种数据的收集、分析技术，充分发掘数据的价值，并以此来设计业务、优化业务，推动企业发展。在业务数据化的基础上，对于企业积累的大量数据，从中发现业务特征和规律；利用数据分析的结论，开发产品和服务，引导业务流程和管理流程的改进和优化；用数据提升供应链、产品品质，提高对客户的响应速度。

第二节　数字化转型的思路与阶段

一、数字化转型中的基本矛盾

（一）基本矛盾

数字化转型的进程中，企业会面对各种问题和挑战，很多学者、学术机构和机构，如各种国际咨询公司等对这一话题做过多轮调查，其结论都差不多。他们发现的问题和挑战包括：系统分割、“数据孤岛”、遗留系统、IT 与业务融合等。

如何正确认识并面对这些问题和挑战，企业需要思考三个基本问题：

第一，这些问题是不是新问题？实际上，10 年前、15 年前，企业就面临这样的问题。其实再过 5 年，这些仍然会被大家反复讨论。

第二，系统分割、“数据孤岛”等问题是不是只有某一个行业才有？很明显不是这样的。事实上零售、物流、制造、金融、政务、教育、医疗等几乎所有行业都面临同样的问题。

第三，这些问题是不是只有某个区域的企业才会具有？很明显也不是。事实上，全球的企业都面临同样的问题。德国工业 4.0 提出解决横向集成、纵向集成、端到端集成三个问题，本质上就是要解决跨系统数据互联互通互操作问题。

今天企业需要思考的是，“企业数字化转型的进程中，面临的基本矛盾是什么”。

国内专家安筱鹏认为，数字化转型的基本矛盾是：企业全局优化需求与碎片化供给之间的矛盾。对于企业而言，数字化转型的核心问题，不在于是不是沿着自动化—数字化—网络化—智能化的路线图演进，核心问题在于企业如何从局部优化走向全局优化。

企业全局优化为什么重要？基于对领先的 10 万家企业数字化转型投入和收益价值分析，得出一个规律：企业数字化投入和数字化收益之间不是一个线性关系，企业数字化收益只有跨越了某个系统集成拐点之后，才会呈现指数级增长。也就是说，只有实现更多业务系统之间数据的互联互通互操作，企业收益才会呈现指数级增长；只有实现全局优化，才能创造更大的价值。

德国工业 4.0 提出三个集成：纵向集成、横向集成、端到端的集成。我们国家讲“两化”融合，并把“两化”融合分成四个阶段：基础建设、单项应用、综合集成和创新引领。从单项应用到综合集成是从低级阶段走向高级阶段的标志。

集成的本质就是数据的互联互通互操作，跨系统的、跨场景、全生命周期的互联互通互操作。

但实际情况是，现在企业的解决方案都还是停留在碎片化供给阶段，无论是 CAD、ERP、CRM，还是 MES、WMS 等系统，尽管这些软件和解决方案提供商都在努力拓展覆盖的环节、领域、范围，但相对企业的诉求仍然是在一个局部方案。今天的工业 4.0、工业互联网、“两化”深度融合，其本质就是要解决在企业内部集成、产业链集成和产业生态集成问题。

在企业数字化转型进程中容易面临“集成陷阱”的问题，即企业从财务管理、客户关系管理、企业资源管理、供应链管理等单项应用，跳跃到全流程、全场景、全生命周期应用，非常困难，且容易功亏一篑。因此，数字化转型过程中，集成是基本矛盾，也是转型的重点和难点。

（二）矛盾的形成

从企业运营和管理来看，50 年前企业思考的仅仅是如何解决物料相关的问题，后来演进到产供销协同，再到企业内部经营管理（ERP）；从研发数字化看，一个产品全生命周期管理，伴随着研发工具从基于图纸、二维（2D）、三维（3D）到基于模型的企业（MBE）等演进，研发实现了从对单一零部件、整机管理到产品全生命周期的数字化管理；从生产环节来看，从过去关注单机设备、单一生产线到整个制造运营体系的效率提升。

回顾信息通信技术的发展，以及其在企业中的运用，可以看到这些技术供给都是从企业原有的职能式的组织结构出发，从解决某个部门的、具体的“点”的问题出发，例如，在财务部门的账务核算方面引入信息技术，实现一定程度的自动化数据管理，然后从点向线拓展，但整体上技术的供给仍是“碎片化”的，其实施应用的过程必然带来系统封闭、“数据孤岛”。

二、解决矛盾的两种思路

数字化转型中解决集成应用问题有两条思路：渐进路径——基于传统 IT 架构局部完善方案；激进路径——基于云架构的整体优化方案。

关于渐进路径，人们正通过各种技术手段，以“搭配”的方式，实现传统信息系统数据的“打通”，正像德国工业 4.0 所要追求的横向集成、纵向集成和端到端集成，“两化”深度融合所要实现的管控衔接、产销集成、业务和财务无缝接等一样。因此，在相当长的时间内大部分的业务系统的集成是通过传统业务系统打通实现的。

关于激进路径，数字化转型中，人们面对的是技术架构不统一、维护高成本，烟囱式系统建设、数据共享困难，业务响应周期长，以内部资源优化为主、无法满足外延客户运营。从传统的 IT 架构向云架构迁移，是基于云计算、边缘计算、新型数据库等新技术的发展以及软件开发体系的持续迭代。传统应用软件加快向云端迁移，可以构建基于云架构的数据集成解决方案，更容易实现数据的集成、业务集成，实现技术架构统一、自动化运维，加速能力沉淀，快速敏捷响应客户需求，构建以用户运营为导向的新架构体系。这可以看作数字化转型的第二阶段。但是，这并不意味着“云化”后就自然解决了数据集成问题，“云化”只是为集成问题创造了一条更加高效、低成本的解决思路。

三、数字化转型的两个阶段

（一）数字化转型的初级阶段

在过去几十年，企业信息化主要通过在企业内部执行基础管理的软件体系来实现，如办公系统（OA）、财务管理、人力资源管理、客户关系管理（CRM）、企业资产管理（ERP）等。可以把这一基于传统 IT 架构的解决方案定义为数字化转型初级阶段。

在数字时代，面对商业系统的复杂性，企业以前所形成的传统 IT 架构以及基于这套架构所形成的解决方案，越来越难以适应商业系统复杂性需求，响应的周期、成本、效率难以满足客户的需求。但当前仍有众多企业的数字化转型都处于这一阶段。

（二）数字化转型的高级阶段

在当前的实践中，有一部分信息化已经成熟的企业正处于数字化转型的高级阶段，已构建基于云端协同的解决方案和新的技术体系，即前述的系统应用集成。数字化转型的高级阶段是基于创新导向的，通过云技术，将信息化时代购进的企业内部各个孤立的“数据孤岛”，按照企业业务流连接起来，在通过人工智能、大数据分析、物联网等技术实现数据的全域贯通、实时搜集和分析、形成实时的决策方案。

（三）数字化转型初级阶段和高阶阶段的比较

一是从技术体系看，**实现从 IT 到 DT 的转变**。数字化转型初级阶段是基于“传统架构+桌面端”；数字化转型高级阶段是“云端+AIOT”等为代表的新技术群落。技术架构体系的背后是系统开发流程、逻辑、工具、方法的迁移，以及商业模式的重构。

二是从需求特征看，**企业从面对确定性需求到不确定性需求的转变**。在企业数字化转型的初级阶段，无论是客户关系管理（CRM）、企业资源管理（ERP），还是排产计划、工艺设计等，都是基于规模化导向的确定性需求，企业思考如何在确定性需求背景下，降低成本、提高效率；在数字化转型的高级阶段，面对不断变化的客户需求、市场竞争环境的快速变化，企业须思考面对不确定性业务需求，如何实现业务创新、产品创新、组织创新。高级阶段的一个优势体现在，企业面对跨部门、跨企业、跨场景、多业务等复杂需求时，越发能发挥出协同优势。

三是从核心诉求看，**企业主要诉求实现从如何提升效率到如何支撑创新转变**。传统企业资源管理、制造执行系统等，更多的是面对确定性需求，如何提高生产效率、管理效率。数字化转型解决方案，面对的是不确定性需求，是如何通过构建面向需求、面向场景、面向角色的开发体系，支撑企业的业务创新、管理创新、组织创新。

四是从核心目标看，**实现从企业内部管理为主向以客户运营为主的拓展**。数字化转型的初级阶段，产品供给方更多的是提供一套基于“硬件+软件”的解决方案，核心是如何解决企业内部的管理问题；数字化转型的高级阶段，技术产品供应方不仅提供“硬件+软件+解决方案”，更重要的是提供一套以消费者为核心的运营方案。

五是从技术体系看，**实现从封闭技术体系向开放技术的转变**。数字化转型的初级阶段，企业更多的是考虑面向内部资源优化，如何构建一套封闭的技术体系；数字化转型的高级阶段，企业思考的问题是，如何面向全局优化，实现与供应商、供应商的供应商、代理商以及客户的数据集成，构建基于全局优化的开放技术体系。

【案例】

美克家居牵手华为实施传统制造业企业数字化转型

2019 年 10 月 20 日，美克国际家居用品股份有限公司（以下简称美克家居）与华为技术有限公司（以下简称华为）签订战略合作协议，双方将致力于在智慧门店、智慧物流、智能制造等领域加强合作，推动美克家居数字化转型升级。当前，以大数据、云计算、物联网、人工智能等新技术所推动的数字化管理正迅速改变着制造业企业的研发设计、生产制造、运营管理等各个业务环节。其巨大的影响力已经从量变转到质变，对消费者行为、外部商业环境，以及企业自身的运作模式产生了革命性的影响。

美克家居牵手华为推动数字化转型背景分析

提升用户体验，构建多元运营模式。通过数字化管理技术驱动，传统的家居企业美克家居可以融合线上线下，形成数据闭环。在数据闭环中，用户可相互分享交流、能参与产品研发、可以享受更快捷的服务、无缝融合不同场景、方便灵活支付、满足个性精准需求。数字化让用户获得的不再是单一的产品，而是“产品+体验”。数字化管理变革了用户互动、内容、连接、体验，形成了新的运营模式，从单点营销向多元系统的营销运营转型。提升用户参与度，更好地促进数据交互，创造更大的价值。

降低企业信息传递成本，优化管理模式。美克家居牵手华为推动数字化连接代替了传统的串行物理连接，构建各环节、各要素之间的串联关系，确保各个企业要素之间的价值发挥，成为相互支撑的重要基础。数字化管理模式下，企业各部门针对需求分析、结构设计、工艺设计等多个环节实现并行推进，改变了纸质办公模式的信息串联传递，更高效地实现了各环节、各要素之间的信息流通，降低了企业信息传递成本，从本质上打破了“信息孤岛”。数字化管理打破了以往的管理体制、管理模式，重构新的运营体系。借助新的数字化信息技术体系，企业可达到减少层级、提升效率、降低成本的企业管理目标。管理者在具体项目中，可以直接对接各个环节的工作人员，省去了传统管理模式下信息的逐层传递，提升了管理效率。

推动供应链上下游联动，优化产业生态。通过大数据分析、信息共享、数据透明化，联结供应商、专营商、销售终端、用户等相关方，美克家居形成了生态链互通模式，构建了“订单即运单”的快速响应机制，实现了高效管控。越来越精细化的数字化管理，有助于供应链上下游统筹管理云仓库、获取更多实时数据、及时做出应对，实现供应链上下游联动。数字化管理体系中，将研发设计、生产制造、运营管理等各个业务环节的信息，转化成可以自由流动的数据，实现制造商、运营商、用户等诸多角色之间的互联互通。通过互联协作打通供需上下游，扩大数字化资产的使用范围，站在行业角度通过在研发、生产、交易、流通和融资等各个环节的网络渗透，提升运营效率，优化资源配置、提高资产使用价值。

由美克家居牵手华为带来的四点思考

数据驱动企业的研发设计流程向并行方式演进。通过牵手华为，美克家居的数字化转型实现了研发流程的显性化、规范化、科学化，有效地提升了研发活动的状态可知、可管、可控水平，也向僵化的研发流程注入创新活力。1988 年，美国国家防务分析研究所完整地提出了并行工程的概念，随着 CAD、CAM、CAPP 等新研发工具大规模使用，通过建立高度集成的数字化模型及研发工艺仿真体系，将传统独立、顺序、碎片化的研发工作在时间和空间上交叉、重组和优化，将原本在产品生命周期下游的开发工作提前到上游进行，有效整合了跨区域、跨企业、跨行业的研发设计资源，推进了研发流程从串行向并行演进。

数据驱动重建制造效率、成本、质量管控体系。数据驱动的本质是企业通过支撑设计、生产、采购、销售、经营及财务等部门的业务系统，对生产全过程、产品全生命周期、供应链各环节的数据进行采集、存储、分析和挖掘，确保企业所有部门以相同的数据协同工作，通过数据价值再造实现生产、业务、管理和决策等过程的优化，提升企业的生产运营效率。面对工业领域总量大、种类多、情况复杂的大数据，数字化管理软件作为虚拟空间中承载、管理、挖掘数据的核心载体，美克家居将从原来的以流程为中心向以数据为中心转变，形成数据驱动型企业。

数据驱动生产模式从规模生产到定制生产。在当前全球产能过剩的大环境下，企业面对的产品和服务需求日益呈现差异化、多元化趋势，这大幅增加了研发设计、生产制造、产品服务等过程的不确定性、多样性和复杂性，规模化、标准化、预制化的传统生产方式已无法满足日益增长的定制化需求。智能制造的关键在于承载着信息和知识的数据能够沿着产品价值方向自由流动，从而解决制造系统的不确定性、多样性和复杂性等问题。

数据驱动制造系统从封闭体系走向开放体系。伴随制造业的数字化，各种制造资源逐步形成一个相互作用的复杂系统网络，制造业也正在构造一个复杂系统。制造系统的演进将经历从单个系统、局部系统向全局系统拓展，从企业内部、产业链延伸到全社会，不断突破地域、组织、机制的界限，实现对人才、技术、资金等资源和要素的高效整合，从而带动产品、模式和业态创新。数字化软件的功能沿着“点—线—面—体”的思路不断丰富和完善：人们为解决工业设计问题开发出了 CAD、CAE 等研发工具，为解决生产工艺问题开发出了 CAPP，为解决经营管理问题开发出了 MRP、ERP，为解决车间生产管理问题开发出了 MES，为解决产品数据管理问题开发出了 PDM。制造业在数字化转型中不断催生出各种开发工具、数字化管理软件、业务系统，树起了一座座“烟囱”“数据孤岛”，而数字化价值实现了跨部门、跨系统的数据互联、互通、互操作，实现了纵向集成、横向集成、端到端集成，实现了制造资源从局部优化到全局优化的演进。

（资料来源：《通信产业报》2019 年 12 月 2 日第 016 版。）

第三节 数字化转型的策略

中国学者安筱鹏曾说，数字化转型最本质的一个含义是，在“数据+算法定义”的世界中，以数据的自动流动化解复杂系统的不确定性，如何对外部的环境变化做出响应，最终的目的在于提高资源配置的效率。

本节从战略、数据驱动、业务和生态体系方面阐述企业数字化转型的策略。

一、数字化转型战略：业务导向，数据驱动

（一）业务转型推动数字化转型

中国数字化转型的先进企业对于数字化战略与自身业务发展战略的强耦合有深刻的理解。它们一方面依照整体业务发展战略制定其数字化转型的策略与规划，使其与企业的整体战略高度契合；同时，将其数字化战略作为企业战略的重要组成部分，确保其获得领导层支持与足够的资源投入。

对此，白色家电巨头——美的集团的观点很有代表性。美的集团认为，企业的转型是一把手工程，有企业转型才有企业的数字化转型，企业转型是数字化转型的前提。美的集团董事长方洪波主导的转型，涵盖了产品升级、营销模式转型，以及客户运营的提升，这些都是美的集团数字化转型的前提和基础。美的集团数字化转型的核心诉求是实现企业精益和敏捷运营。

数字化转型与业务转型的深度融合，主要体现在如下方面：

1. 支持企业增长：海外市场拓展与多元化

在很多场合，企业的数字化战略成为其实现/保持业务增长动力的重要途径。例如，作为全球家电行业巨头的海尔，就将其数字化转型战略与企业发展战略实现了无缝融合，将其作为拓展海外市场、实现全球化运营的重要手段。海尔将“企业无边界”作为数字化战略的目标之一，致力于汇集全球资源支持其全球运营，并通过数字化转型强化基于平台的全球研发。

2. 推动业务转型，实现制造业服务化

今天的中国，随着经济增长模式的转型，越来越多的企业把业务转型作为持续价值创造的战略重心。如知名的激光加工设备生产商大族激光，把推动企业从产品制造向服务提供的业务转型，作为其数字化战略的核心内容。为了推动企业从单机提供商向智能设备、解决方案乃至智慧工厂服务商转型，大族激光通过研发创新与工厂生产流程的数字化，借助云平台打通企业运营的上下游，实现了业务创新与运营优化。

3. 提升竞争力，实现可持续发展

在一些行业，中国企业在技术与产品等方面与全球巨头的差距不断缩小，甚至实现赶超。此时，企业的战略重心转移到如何打造持久的竞争优势，实现可持续发展的轨道上。对于这类企业而言，数字化转型成为其实现可持续发展、打造“百年老店”的重要途径。经历了南北车合并和中国高铁建设高潮，目前已经成为轨道交通领域世界级企业的中车集团，已经把“高端、智能、绿色、服务”作为未来企业发展的方向。通过发力“互联网+高端装备+制造服务”、建设“数字化中车”的数字化战略，中车集团希望通过数字化运营获得持续发展动力，抢占未来竞争制高点，实现永续经营。

（二）数据驱动的运营：目标与路径

数据驱动的运营，是企业数字化战略的核心目标，已成为众多数字化运营践行者的共识。白色家电巨头的美的充分肯定数据资产的价值，认同数据驱动运营在其数字化战略中的核心地位：数据是改变的考量依据，流程的优化、产品的创新、商业模式的变革都由数据驱动。

在确定了数字化战略之后，企业将制定数字化转型路径和数字化战略的总体目标，转化为一系列先后有序、分步实现的具体目标。数字化战略践行者的数字化转型之旅，都遵循了从基础建设到应用部署、从内部实施到外延推广的路径。

【案例】

美的集团实现数字化转型“三步曲”

（1）2012 年至 2015 年，搭建基础信息平台，实施“632”战略：六大运营系统、三大管理平台，以及门户和集成两大技术平台。实现“一个美的、一个体系、一个标准”。

（2）2015 年至 2017 年，战略升级，集团“三大战略主轴+双智战略”出炉，融合智能制造、移动化、大数据技术推进“632+”，支撑美的向数字化企业转型。

（3）2017 年至今，以数字化 2.0 实现全价值链卓越运营，构建大规模柔性化定制（C2M）能力，实现全流程的可视化和数字驱动。

（资料来源：9 年 120 亿，美的数字化转型纪实［EB/OL］. https：//cloud. tencent. com/developer/article/2246568？areald = 106001.）

二、数字化基础设施与能力：实现数据资产全生命周期赋能

物联网、大数据、云计算、社交网络和人工智能等一系列数字技术，成为数字化运营的赋能工具。它们的不断发展和融合，使企业数字化转型的内涵不断拓展。

（一）拥抱产业物联网，强化数据资产的生成与利用

产业物联网凭借其广泛多样和海量的连接对象，以数字化方式统筹工厂车间、实体产品、厂内员工以及企业各部门和流程，释放巨大的潜在价值，激发数字化运营的强大动力。实时且更广泛的连接，使运营与流程更加透明可控；以物联网为核心的工业物联网的推广，展现了在工业制造领域“复制”2C 数字经济辉煌的光明前景。工业物联网平台的部署，多种传感器的应用，使企业生产制造流程中数据的生成量呈几何级增长。这些都使生产制造流程更加透明，实时监控与管理能力大大增强。

例如，国内工程机械“领头羊”徐工集团所搭建的 Xrea 平台，具有机械制造领域非常广泛的连接范围，并由此产生了相关流程的海量数据。目前，Xrea 平台累计接入设备数量超 45 万台，连接数据种类超过 7000 种，设备种类超 1000 种，覆盖全球 20 多个国家和地区。国内汽车企业吉利集团通过物联网平台实现了工厂各项数据的实时获取与传递，几乎所有生产现场的信号、程序都可以实时反馈到监控室里面，让监控室实时地对生产现场环境进行模拟监控。同时，吉利还十分注重系统的移动性：各项系统同时通过 Android 和 iSO 系统来进行开发，使相关员工可以实时对吉利数字化系统进行访问。

（二）行业平台推动场景应用

工业物联网可连接设备、产品、流程和人员，使其具备了实现行业运营整合，推动基于场景的行业应用的巨大优势。以轨道交通装备巨头中车为例，借助以物联网为核心的数字技术，通过资源虚拟化、能力服务化和过程协同化方式打造工业云服务平台，实现整个轨道交通装备产业链的资源共享与协同。中车工业云平台成为涵盖轨道交通装备全生命周期的智能化平台，包括了智能制造、智能

物流、智能质量管理、智能产品、智能服务等不同场景的数字化应用内容，将产品研发、制造和运营过程中的所有数据以平台方式呈现，并实现接口之间的互联互通，直接面向生产制造的终端——工位，实现人、机、信息、网络的深度融合，从而大幅提高了生产效率，减少了成本，提高了产品质量。“中车云”所有的数据均来自生产一线，所有指令与控制都由平台自动发出，彻底改变了传统制造过程中各系统单独运行却又相互缠绕、边界不清的状况。

随着制造业与互联网融合发展向纵深推进，App 模式也向工业领域快速渗透。工业互联网 App（以下简称工业 App）的发展与繁荣，对于产业物联网的发展有重要意义，代表着制造业数字化、网络化、智能化转型升级的新路径。工信部印发《工业互联网 App 培育工程实施方案（2018-2020 年）》中，将工业互联网 App 定义为“基于工业互联网，承载工业知识和经验，满足特定需求的工业应用软件，是工业技术软件化的重要成果”，并把促进工业 App 的发展作为推动工业互联网应用生态加快发展的重要推手。

当前，整体而言，国内工业 App 的发展尚处于初始阶段。相较于移动终端上的 App，工业 App 开发的门槛更高，难度更大：工业 App 需要通过数据交换与设备互动。先行企业已经开始在不断摸索中前进。以工程机械巨头徐工集团为例，徐工集团通过工业 App 把工业技术、工艺经验、制造知识和方法这些“工业智慧”加以数字化、软件化复用，力图解决工业企业核心技术创新能力不强等问题。目前，在徐工集团所搭建 Xrea 工业互联网平台上已经有超过 5000 个工业 App，并且已经被 50 多个行业，350 多家客户应用。

工业 App 促进了知识与经验共享，加速了创新移动互联时代基于智能终端的移动 App 的发展，催生了繁荣的开发者经济和应用商店等新的商业模式。

（三）云架构与平台模式

当前，云架构逐渐成为企业 IT 基础设施主流。知名研究公司 IDC 在 2017 年完成的调研表明，超过一半的受访中国企业已经开始部署云架构的基础设施：52%的企业部署了私有云解决方案；在公有云方面，54%的受访企业已经开始使用基础设施即服务（IaaS）。对于大型企业而言，兼顾公有云的灵活性和私有云的数据安全可控的混合云，正成为主流的云架构部署模式。

海尔在迈向云端的过程中，便采用了兼顾私有云和公有云的混合云架构：以私有云为基础，伴随着工业园区的扩张，海尔以十多个数据中心为基础搭建私有云环境；以公有云为辅助，出于经济性的考虑，海尔就将一部分涉及弹性计算和前端的 Web 应用放在公有云上。出于数据安全考虑，海尔还在公有云应用上拥有一套完善的定级机制，主要合作对象也是 3A，即 AWS、Azure、阿里巴巴。

多个云平台组成行业云集群，增强了产业链协同基于云架构的行业应用，因其快速部署、高效运营和极佳的可扩展性，为越来越多的企业所采纳。随着越来越多的应用被部署于云端，以及应用使用者由企业内部拓展到行业内价值链的上下游，行业云已初具雏形。企业在打造行业云、连接整个行业价值链的过程中，不断赋予行业云更多的功能，拓展行业云所覆盖的流程，使行业云逐渐发展成为由多个不同场景的功能性云平台集群，对于增强产业链上下游协同、共同创造客户价值的作用不断增强。

白色家电巨头美的集团打造了由多个流程云组成的全价值链企业云，包括：

- 美的智造云：聚焦交付精准、效率提升、品质改善和数字化透明的智能制造信息化及工业以太网集成解决方案。
- “协作云”：将带动企业拥抱互联网，将采购寻源，以及供应商订单管理、执行和采购分析变得高效、透明。
- “美云智数”：将自主研发的信息化和智能化解决方案落地执行，拉动整个价值链，构建透明可视的智慧工厂。
- “美信云”：通过端到端的连接，打造全价值链的企业移动信息化解决方案。
- “慧享云”：塑造赋能型后台职能（人力资源、财务等）。
- “营销云”：包括三大模块，即涵盖整个客户生命周期的“慧销云”、聚焦线下渠道数字化营销的“渠道云”，以及实现全方位电商管理的“电商云”。

国内知名服装服饰企业报喜鸟集团，通过部署云翼互联智能，创建了云翼智造“三朵云”的架构体系：

- 透明云工厂：通过智能制造，实现产品的柔性化生产，并通过数据驱动的运行，优化资源分配，提高运营效率，并实现生产全过程的透明可视。
- 定制云平台：构建客户信息集成管理系统，实现线上线下协同和“一人一版、一衣一款”的模块化全渠道服务模式。
- 数据云中心：整合服装行业大数据，打通上下游生态产业链，实现与关联方的互联互通与合作共享。

能力输出与交付平台、加速新技术与能力推广云平台，具备应用快速部署以及可扩展的特征。SDK 和 API 等开发工具及其带来的创新的应用开发模式，使其成为大数据：AI 等新技术实现快速部署与推广的模式与通道，加速了新技术与能力的推广。

华为所打造的 HiAI 平台，是面向移动终端的 AI 计算平台，提供云、终端、芯片三层的 AI 能力开放平台，让华为的开发人员能够基于 HiAI，开发各种人工智能的手机应用，优化消费者体验。具体而言，云端的 HiAI 服务，能够根据用户所需，实现服务的智能推送；终端层面的 HiAI 引擎，将 AI 能力与 App 集成，提高 App 的智能水平；芯片端的 AI 基础，能够快速转化和迁移既有模型，借助异构调度和 NPU 加速获得最佳性能。其中，HiAIAPI 是平台中的人工智能计算库，能让开发者便捷高效地编写移动设备上的 AI 应用程序，专注于开发新颖的 AI 应用程序，而不用关注针对计算的性能调优。它提供了包括人脸识别、图片识别、语义分析和码识别等多项功能，目前已经有快手、抖音、京东、美团、Prisma 等第三方应用接入。

（四）数据分析与 AI 应用，完成由数据到洞察的转变

更智能的人机交互，提升用户体验。深化用户洞察的人机交互作为人工智能的重要领域，正在受到越来越多的重视。语音识别、语义分析、文字识别等相关技术的发展，使人机交互更加自然和智能。人机交互在产品端和服务端的应用，将为客户带来更优的体验。而交互过程中产生的数据，又成为企业实现客户画像、深化客户洞察的重要途径。

以海尔的智慧家庭语音助手“U+”智慧家庭语音助手——“小优管家”为例，作为基于海尔“U+”人工智能平台和物联网技术研发的分布式语音交互系统，它能够提供包括语音识别、语义解析、语音合成在内的全流程语音交互体验。依托海尔智慧家庭，小优管家能够提供深度定制的智能家电语音交互服务。同时，利用海量用户交互数据，对用户进行画像，在所形成的用户洞察支持产品与服务创新的同时，也开放大数据应用，使生态增值，共同提升用户体验。

1. 预测性分析，提高运维科学性

预测性维护就是从运行中的设备中采集数据，预测未来的维护需求，即从传感器反馈的数据中预测某个机械组件会发生的故障，或是提高组件质量，从而彻底避免故障的出现。其中，对于制造业而言，无论机械电子类的产品，还是工厂和物流系统中的生产和运输设备，预测性维护在缩短宕机时间，提高设备利用率的同时，避免不必要维护产生的零配件及人工耗费。经验表明，预测性维护技术能为企业节省近 12%的维修成本和近 30%的整体维护成本。

以徐工集团为例，借助于 Xrea 工业互联网平台，徐工集团为某手机壳生产厂商的数控加工中心刀具进行了预测性维护：通过机床作业过程和本身特性的分析，得出机床的声音、震动和电流与刀具的损坏程度具备较强的相关关系。借助边缘计算、人工智能技术，结合工业机理模型，徐工集团开发了刀具寿命预测工业 App，最终的预测准确效果接近 100%，在降低维护费用的同时，帮助其良品率从 87%提到 99%。

2. 实现自我优化，迈向智能运营

相较于人机互动和决策分析支持等单项应用，实现整个业务流程的自我优化和自主运营意味着更高的难度，同时也会带来更大的收获。在达成这一目标的过程中，数字化统筹的智能运营流程将进一步向纵深和精细化发展，员工参与会降至最低水平。系统的自我优化则是实现自动运营之后的新突破。借助于强大的分析能力，系统将不同传感器中汇集而来的运营状态信息进行分析，自动识别运营中的薄弱环节和改进空间，并通过控制系统发出指令完成修正，实现运营的自我完善。

华为运营商业务群利用 AI 技术提高网络的智能水平，实现了网络“自动驾驶”，为运营商带来更加高效和安全的网络。通过把 AI“注入”SoftCOM 的架构和解决方案中，形成新一代的架构 SoftCOM AI，借助于架构创新，实现了电信网络的“自动、自治、自愈、自优”，提升了网络的利用率和运维效率，构建了一个“自动驾驶、永无故障”的网络，给包括最终用户、运营商和设备商在内的全产业链带来价值。

（五）技术融合，低代码数字孪生与数字主线赋能端到端智能运营

低代码、物联网、云计算、大数据与人工智能等数字化技术，其单独应用已经给企业的数字化运营带来巨大价值。这些技术的整合应用将产生的巨大颠覆性力量，作为多项技术（低代码、物联网、传感器、数据分析与人工智能、云计算等）融合的更高级别的应用，低代码数字孪生和数字主线代表了企业数字化运营的较高水平。低代码数字孪生作为物理产品的数字化表达，以及数字主线作为涵盖整个产品生命周期环节的流程的数字镜像，正在给制造业企业包含研发、生产以及售后服务等的整个产品生命周期带来价值。

美的集团运用低代码数字孪生理念开发数字样机，加速了研发进程，降低了研发成本，避免了传统的研发流程下，大量的样机测试和不断的结构修改。针对

样机的不断迭代直至达成开发目标的模式所带来的产品研发周期较长、成本较高且难以精确定位产品的市场需求等的痼疾，数字孪生模式通过数字样机和数字实验循环优化产品设计，让样机变成最终方案的一种验证方式。在这一模式下美的对于油烟机产品的研发，提高了研发资源利用效率和产品创新速度，并以设计优化带来消费者体验升级。

而快速崛起的国内汽车制造商吉利，则其利用数字主线理念加速了整个制造流程的优化。通过对冲压、焊装、涂装和总装等车间和流程工序的 3D 仿真，吉利实现了生产流程的虚拟世界和物理世界的高度一致：首先是仿真数据跟现场数据的误差只有 13 毫米；其次是所有的 CT 节拍误差控制在了 0.5 秒；再就是所有机器人在仿真系统的数据跟现场实际完全一致。于是，吉利生产车间的监控人员在控制室里可以控制现场任何一台机器人的启动、停止，可以调动现场任意一个程序。整个流程的高精度数字化镜像，使现有流程的优化，以及新产品上线时生产线的调整等，都可以在仿真系统中进行设计和预演，大大缩短了实体工厂的调整时间，提高了生产线的利用效率，降低了单车成本。在两个制造基地的试点成功后，吉利正将这一实践迅速推广到集团其他工厂。除此之外，吉利作为一家集团型企业，仍然需要大量的技术人员来满足各事业部门的日常数字化需求，例如，引入了“织信 Informat”低代码平台，通过其高效的低代码开发能力，赋能技术与业务人员，大大提升了需求交付效率，解决了长年堆积的需求难题。

三、业务系统推进企业数字化转型，优化生态体系的价值创造

企业整个价值创造流程的数字化，将带来效率提升、质量改善以及客户关系深化，以差异化产品拓展新市场实现增长等“有形”价值。国外的测算表明，对于一家年营收 500 亿美元的汽车制造商而言，数字化运营所带来的潜在价值可超过息前利润的 35%。同时，数字化技术的应用为新的商业模式与运营模式赋能，将是企业实现可持续运营所需要面对的更深刻的变革。

（一）优化既有业务运营，提高效率与质量

对企业而言，运营优化与效率提升是永恒的主题。不同于先前机械化和信息化浪潮所带来的效率提升，数字化运营的贡献，其核心在于更加广泛的连接和无处不在的分析能力所带来的更广泛更紧密的协同。基于数字化生态体系的开放协同，将带来提升效率与优化运营，而这将贯穿于整个价值创造流程，并为众多的

协同价值创造参与者所共享。

1. 数字化研发协同

研发流程的数字化，尤其是数字孪生模式下的数字样机以及仿真代替实际实验的盛行，使跨地区跨企业的研发协同更加易于实现。而基于数字化平台的协同工具与工作流，进一步提高了研发协同的效率。基于这一模式，中国领先的工业企业纷纷建立并强化其全球研发网络，汇集不同地区、不同领域的人才等资源优势，加速全球范围内的产品研发。

全球家电巨头海尔在世界范围内已经构筑起“十大研发中心、五大创新中心、一个社群平台”的三层研发体系，利用全球研发中心的辐射力，创建全球创新合伙人社群平台，根据不同的用户痛点，24 小时开放连接无上限的诸多全球研发力量，直至开发出最佳解决方案。

除了促进企业内部不同研发中心之间的协同之外，中国企业也在开放创新方面不断向前。不同企业之间在新产品开发方面的合作，各取所长，带来创新性的产品。中国乘用车巨头上汽与阿里巴巴在互联网汽车研发方面的合作即是很好的例子。基于双方所签署的“互联网汽车”战略合作协议，上汽和阿里巴巴联合组成了一个 200 多人的研发团队，双方约定硬件研发由上汽负责、软件研发则由阿里巴巴负责，双方各自承担研发费用，知识产权共享。其所开发出的上汽首款互联网汽车上汽荣威 RX5 获得市场好评，推动了上汽自主品牌 SUV 的快速发展。

2. 智能工厂

今天，劳动力和土地成本飙升的压力以及自身转型升级的迫切性使中国制造业企业纷纷把智能工厂作为制造业转型的重要领域，以期获得更高的效率和更稳定的质量。“无人工厂”、互联工厂等实践在各地纷纷展开。

对于中国制造业企业而言，建设数字化工厂的首要目标即是效率的提升，以便应对不断上涨的运营成本，以及激烈市场竞争带来的利润率的侵蚀。在这一领域，机器人的大规模应用发挥了重要的作用。以国内重要的电子零部件厂商长盈精密技术为例，为了完成工厂的智能改造，其累计投入机器人 2000 多台、自动机 1500 多台，生产能力、产品品质、生产效率、安全性大幅提升；并通过实施能源监控，实现了节能降耗、绿色环保。“无人工厂”自动化系统使用智能管控系统和机械手臂从事生产制造工作，大幅提高工作效率和产品质量，其目标是建成后缩减 90%的人工数量。

3. 工业物联网平台打通流程，迈向柔性精益生产

新一代消费者对于个性化、定制化产品的需求越来越高，加之企业为满足不同细分市场需求而不断扩充产品种类，企业基于大规模制造的精益生产已经不足以赢得竞争所需的能力，迈向柔性精益生产成为企业提升竞争力的重要领域。位于青岛的海尔中央空调互联工厂，通过 RFID 等技术实现了员工与设备之间、设备与产品之间、设备与用户之间互联互通：在这座工厂里，安装有 6 万个探测器，每天记录大量的生产数据。通过这些数据，企业可以很快了解到制造过程中的具体问题，实现了生产量的增加和不良率的下降，实现了中央空调这样的大型商用设备柔性制造和大规模定制化生产。每一名员工都被鼓励创新，都可能成为工厂的“创客明星”。

以工业物联网为基础的数字化工厂的发展，使新的数字化生产系统与企业既有的 MES 等应用的连接与配合成为重要课题。两者的互联互通与协同，在使企业应用系统获得更加实时和准确的数据的同时，也提升了数字化工厂在支持企业决策方面的价值。大族激光通过 MES 系统的升级与建设，整合物流、信息流、计划等生产前端要素，把控生产制造过程，通过数据采集分析，为后续生产体系的改善提供最真实、最有效的保障。通过制造管理、生产调度管理、库存管理、质量管理、采购管理等管理模块，为企业打造一个扎实、可靠、全面、可行的制造协同管理平台。

4. 数字化供应链

传统制造业企业组织层级化严重，企业通常呈线性结构，各部门各自为政；其供应链聚焦实体产品的高效运转，不擅长建立灵活的生态系统关系。供应链的数字化变革，将打破条块分割的部门窠臼，重新梳理目标的优先级，打造协同的供应链计划和交付能力。

对制造业企业而言，借助数字化电商平台对于供应商和采购流程管理的优化是易于实现和迅速见效的。中车集团开发的供应链电子商务平台“中车购”，是面向轨道交通行业的供应链协同电子商务平台。它提供了涵盖采购招标、供应链协同、市场营销、物流、金融等一体化服务，其主要模块包括：为全球客户提供统一的数字化客户服务的“中车售”，以一体化的创新业务模式提供贸易、物流、金融、租赁服务的“中车金”“中车运”，面向中车全球化采购业务提供透明高效的数字化采购服务的“中车采”，以及实现中车的供应商体系统一的数字

化管理的“中车信”。

物流环节的数字化，将为企业带来更高的效率和成本优势，助力企业实现精益生产。物联网、大数据分析以及机器人技术的不断推广，为物流数字化提供了强大的技术支持。越来越多的企业在自动化物流中心、运输车队管理等方面投入资源，提升物流数字化水平，在透明可视、实时监控以及精准预测计划等方面取得进展。随着数字化水平的不断提升，物流在客户价值创造中也逐渐走向前台，差异化的服务逐渐成为优化客户体验的重要领域，并完成由成本中心向利润中心的进化，而物流交付环节与客户的数字化互动，也是其成为收集用户数据、完善用户画像拼图、积累用户洞察的重要环节。

华为的智慧物流与数字化仓储项目对其高效与智慧化运营发挥了重要作用。利用物联网、大数据、IT 服务化平台等技术，结合业界的数字化转型领先实践经验，华为与整个物流生态链伙伴一起，在物流领域开展物流对象过程数字化、资源规划智能化、实物履行自动化等方面的建设。通过实时可视、安全高效、按需交付的物流服务能力构建，保障交付，提升客户体验，改善物流运营效率。在物流的关键节点，智慧物流可依据不同节点类型及场景优化流程，并匹配最适宜的自动化工具和设备，从而实现小时级的履行能力。

以华为位于深圳松山湖的自动物流中心为例，该物流中心采用射频（RF）、电子标签拣货系统（PTL）、货到人挑选（GTP）、旋转式传送带（Carrousel）等多种技术，集物料接收、存储、挑选、齐套、配送功能于一体，按功能模块分成不同区域，包括栈板存储区及料箱存储区、货到人拣选区、高频物料拣选区、集货区等，以“多位一体”的模式，实现物流端到端业务可视及业务智能处理，提升物流各环节协同运作效率。

众多企业的实践经验表明，借助数字化平台实现供应链的高效协同，是供应链环节数字化转型的重要方面。随着中国企业国际化运营的不断深化，全球范围内的供应链协同成为其运营全球化的重要推手。借助多年的“一个美的、一个体系、一个标准”的企业数字化转型实践，美的集团实现了供应链环节以软件、数据驱动的全价值链运营，使供应链与研发计划、品质跟踪、客服安装等全价值链的各个环节无缝整合，实现了端到端的协同。数据驱动的供应链平台，使美的集团全球多个基地能够高效服务其全球客户网络，提升了全球化运营的效率。

（二）创新与差异化体验创造客户价值

对于致力于数字化转型的中国企业而言，效率的提升与成本的降低更多地来自对既有业务的优化，从而为企业带来利润率的改善。

1. 数字化/智能化产品与服务

产品与服务的智能化与数字化，是企业数字化转型的重要领域。首先是互联产品，这是产品数字化与智能化的前提。一方面，遥控和实时的运行状态信息获取，能够改善用户体验，创造客户价值；同时，产品的联网也使用户使用行为等数据能够实时传回，加深用户洞察。另一方面，数据分析与人工智能的应用，将是产品与服务具备自动运营的能力；同时，越来越多的产品功能通过软件的应用，使产品的升级可以通过软件的迭代实现，大大加速了产品创新的速度，降低了个性化与定制化的成本。

智能化产品自动感知客户需求，强化客户洞察。以全球家电巨头海尔为例，其“U+”智慧生活 X.0 平台，以“U+”大数据为基础，借助知识图谱为核心的“U+”云脑，实现了家电的自感知、自适应、自学习，通过对网器行为、用户行为的感知，分析用户生活轨迹和生态服务喜好，自动感知用户习惯和需求，让智慧家庭的服务变被动为主动，将定制权交给用户。海尔持续迭代 UHome OS 系统，提升“U+”智慧生活平台智能化和升级用户体验，实现了智能家电销量、“U+”平台用户数以及用户大规模定制产品的同步高速增长。

数字化服务提升客户价值。华为全球技术服务（GTS）部门打造的“数字化 GTS”，形成了平台和人才两大支柱。在平台方面，华为 GTS 将充分利用云、人工智能以及大数据等技术打造新的数字化平台，并在平台中整合华为在网络、流程、技术支持等领域积累的经验和数字化资产，为客户提供智能化服务，帮助客户提升效率和投资回报率。在人才方面，针对企业数字化转型对人才的要求有其特殊性，华为重新定义了企业数字化转型人才的类型，在其中增加了业务架构师（BA）、系统架构师（SA）和数据科学家等新的类型。

2. 数字化营销与个性化用户互动优化用户体验，加速营销循环

数字化营销和个性化的用户互动，一方面是基于用户洞察的用户数字化体验的创造，另一方面是营销和互动过程中也在不断产生新的客户数据，使用户画像和用户洞察不断深化和更新。美的集团拥有近 1.5 亿带手机的唯一身份用户，并且用户数据每天以至少 12 万的速度在递增，但同时美的实现了用户购买的记录、购买渠道、地域、使用偏好等信息全部标签化：一条用户记录可以打上近 600 个标签和多级标签属性，形成完整的 360 度的用户画像。这些用户洞察被用于精准

营销和商品推荐等，例如，用户画像推荐模型会帮助一线导购和售后，从线上到线下整个立体空间对用户的了解和定位。

（三）迈向新的商业模式与运营模式

制造业企业的数字化转型，在实现既有业务的提效和增长的同时，赋能新的商业模式和运营模式，助其跨越产品与行业生命周期，实现永续运营。平台化运营、制造业服务化以及数据变现的商业模式，正成为众多数字化转型先行者们新的“竞技场”。

1. 工业云推动平台化运营，能力开放创造新商机

打造数字化平台，形成数字化生态体系，是企业平台化运营的核心。根据行业特点和企业自身条件可选择建设或参与不同模式的平台。平台模式下，除了既有的通过向客户提供产品和服务并以此获取收入之外，企业将获得新的营收渠道：通过数字化平台的能力开放，并以此收取相关资源与能力的使用费，将成为新的营收来源。行业云发展初期，为了吸引更多生态体系伙伴参与进来，平台运营者多采用了能力免费开放的促销手段。但长远来看，平台能力与资源使用的付费化将不可避免。

2017 年，中国家电行业一些大型企业相继实现智能制造能力的输出，虽然内容迥异，但都通过提供智能制造解决方案开启“第二跑道”。以海尔为例，其相继发布智慧家庭人工智能解决方案，以及涵盖人工智能交互系统、基于深度学习的智慧家庭解决方案两大平台级应用落地成果，并联合搜狗、中科院、先声互联、阿里巴巴、灵隆科技、出门问问等共同启动海尔“U+”智慧家庭“+AI Family”计划，共建智慧家庭领域的人工智能开放生态，推动人工智能与智慧家庭的融合。

2. 大规模定制与 C2M：迈向体验经济与成果经济

作为数字经济孕育的新模式，大规模定制将颠覆传统的大规模生产，然后通过以营销手段向用户销售的模式带来根本性变化。从非差异化产品的大规模生产，到客户分群后基于客户群共同特征的差异化产品，再到大规模定制这一最终模式，消费类产品生产商在满足用户需求，提升用户体验方面走过了漫长道路。基于用户数据和柔性生产技术相结合的大规模定制，使原先仅有高端客户专享的定制化产品与服务走入寻常百姓家，提升了用户体验。

以知名服饰企业报喜鸟为例，其服装定制通过“三化”得以实现：首先是数据化，就是把传统的客户需求转换为体型、版型、工艺、面辅料四大数据，存储在智能衣架的 RFID 芯片中，进行工序生产，客户信息录入后可直接下单，实现了成衣库存从 50%到 0 的转变；其次是部件化，就是将一件衣服拆分成若干部件，通过智能排版，个性化流水线以及手工制作的融合，提升客户个性化定制服装的效率和品质；最后是智能化，通过六大系统集合的生产过程智能控制系统，以自动化传感技术整合吊挂系统和显示系统，实现对 396 道工序的管控，最终实现部件化生产和人机协同，成为数字化驱动工厂。

3. 数据资产变现，迈向数字经济新天地

随着产业物联网和大数据分析，人工智能等技术的应用不断推广，企业运营的数字化程度不断加深，企业所积累的客户和运营等方面的数据资产不断增多，如何将这一规模日益增长的资产变现，则成为企业数字化转型继续深化所面临的重要课题。

数据资产变现领域，制造业企业尽管远远落后于新型数字平台型企业，但仍有可供借鉴的案例。例如，海尔涉足消费者金融，即是将其多年积累的海量用户数据变现的有益尝试。依托海尔集团 1.5 亿实名用户大数据和 3 万多家线下网点，先后推出了海尔家电“零首付、零利息、零手续费”的“0 元购”消费金融新模式，取得了良好的市场反响。海尔消费金融在不断寻求跨产业战略合作，拓展消费场景，将分期业务全面覆盖家电、家装、家居、教育、健康、旅游、数码 3C 等领域。海尔消费金融有限公司上线了“够花”“嗨付”两款 App，并在 2017 年实现了 132.16%的总资产增长，与海尔云共同成为海尔集团消费者金融业务的主力。

【阅读材料】

国有企业的数字化转型

数字化转型正成为建设一流国企的重要方式

目前，我国经济正处于转变发展方式、优化经济结构、转换增长动力的攻关期，而数字化技术的应用与发展，是目前推动中国经济向好发展的重要途径。

我国基于14亿人口和由此形成的巨量市场规模，通过20多年的快速发展，目前在电商等消费端的数字化领域走在了世界的前列。但供给侧、管理侧方向的数字化转型发展的短板也非常明显。

随着“数字中国”“网络强国”“新基建”等国家重大战略部署加快推进，国有企业积极推进数字化转型同样成为大势所趋。加快国有企业数字化转型，是建设一流国有企业的重要方式。

2020年6月13日，国务院国资委印发《关于开展对标世界一流管理提升行动的通知》，明确提出要加强国有重点企业相关管理理念与方法，全面提升管理能力和水平，将部分国企打造成世界一流企业。国有企业方方面面的管理能力提升，需要依靠数字化转型的力量，依靠数字化手段与工具才能真正实现。

国有企业数字化已进入全面转型的重要时期

随着云计算、大数据、人工智能、5G网络的发展应用，数字技术正加速向各行各业渗透，数字经济的发展趋势愈加明显。中国信通院发布的《中国数字经济发展白皮书（2020年）》显示，2019年，我国数字经济规模达到35.8万亿元，占GDP比重达到36.2%，同比提升1.4%，数字经济在国民经济中的地位进一步凸显。

中国外部的市场环境压力的与日俱增，也让国有企业数字化转型需求变得迫切。近两年，中美博弈竞争升级，美国在全球范围内接连制裁华为、中兴等企业，直接导致中国加快核心技术自主可控、国有企业软件国产化的整体步伐。

另外，2019年底蔓延的新冠疫情，也给诸多企业造成了巨大冲击。而通过各种数字化手段来进行业务自救，成了诸多企业在2020年的共同选择。

我国正加强推进国企数字化转型基础设施建设

2020年8月21日，国务院国资委印发了《关于加快推进国有企业数字化转型工作的通知》，就推动国有企业数字化转型做出了全面部署，其中明确提出要着力夯实数字化转型基础设施建设。

1. 建设基础数字技术平台

运用5G、云计算、区块链、人工智能、数字孪生、北斗通信等新一代信息技术，探索构建适应企业业务特点和发展需求的“数据中台”“业务中台”等新型IT架构模式，建设敏捷高效可复用的新一代数字技术基础设施，加快形成集团级数字技术赋能平台，提升核心力量。

架构自主研发水平，为业务数字化创新提供高效数据及一体化服务支撑。加快企业内网建设，稳妥推动内网与互联网的互联互通。优化数据中心布局，提升服务能力，加快企业上云步伐。

2. 推进用户服务敏捷化

加快建设数字营销网络，实现用户需求的实时感知、分析和预测。整合服务渠道，建设敏捷响应的用户服务体系，实现从订单到交付全流程的按需、精准服务，提升用户全生命周期响应能力。动态采集产品使用和服务过程数据，提供在线监控、远程诊断、预测性维护等延伸服务，丰富完善服务产品和业务模式，探索平台化、集成化、场景化增值服务。

新一代信息技术创变新消费触发国有企业全链路数字化转型

在技术的推动下，人们日常生活消费的供给端和需求端都发生了巨大变化。这些变化进一步促进了国有企业全链路数字化转型。在人口和消费红利，以及技术与数据红利的双重作用下，国企数字化转型出现新理念与新格局。

关键变化一：

重新定义价值链，从以产品为中心的传统单向链式价值链重构为以消费者为中心的环式价值网。过去，中国消费市场的商业价值链是以产品为中心进行的单向传导。而在数字经济时代，这种价值链正在演变成以消费者为中心的价值网，一切产业板块与企业管理都围绕消费者展开。

关键变化二：

重新定义人货场，消费互联进化为产业互联，驱动产业全链路数字化进程。重新定义“人货场”对产业供给端效率的拉动价值，提升组织内资源效率和能力。

传统互联网视角下通过“人货场”的构建，提高营销精准性和售卖效率，提高前端资源效率。产业互联网视角下强调需求对供给的拉动效应，提高供给资源的精准性和效率，以及内外部生态组织共同面向消费者的协同能力提升。

关键变化三：

重新定义技术价值，从支撑企业业务优化提效进化为数字化业务创新，实现新增长。技术对企业的价值也在发生变化。以生产制造等线下业务为核心的传统企业，正在借助5G、人工智能、大数据、云计算等新一代技术，优化调整自身业务比重，从以往利润率低、“红海竞争”的产品、解决方案、服务业务，转向利润率高且“蓝海竞争”的平台业务和数字业务，完成数字化转型。

（资料来源：《国企数字化转型白皮书》，2021年3月31日。）

【延伸阅读】

企业做数字化转型失败的四个原因

数字化转型为什么失败了？

如今很多公司都在进行数字化转型，但麻省理工学院数字经济研究专家乔治·韦斯特曼（George Westerman）在《哈佛商业评论》英文网站上写了一篇文章，给数字化转型泼了一盆凉水。

这篇文章探讨了一个现象：很多非常伟大的公司，在富有开拓精神和领导力的CEO的带领之下，野心勃勃地进行数字化转型，但它们最后却失败了。

在这篇文章中，乔治·韦斯特曼为我们举了通用电气的例子。通用电气是全球最知名的公司之一，在数字化转型方面也是非常积极的探索者。

早在2011年，通用公司着手对公司进行一系列数字化改造，例如：通过在产品上植入传感器、搭建物联网平台，来改变工业产品的传统销售模式；在公司内部引进数据化系统，更好地促进销售和供应商之间的联系；等等。

这些做法虽然得到了媒体和专家的肯定，但是投资者并不买账，因为公司的股价一直持续低迷。

通用电气并不是第一家在数字化转型过程中栽跟头的大公司。玩具公司乐高就宣布放弃了数字设计师的计划；运动品牌耐克则早早裁撤了自己的数字硬件设备部门；奢侈品牌巴宝莉打出的口号是“要成为全球最佳的数字奢侈品牌”，但是业绩没有任何起色；福特公司重金投入的数字化转型，导致公司成本大幅增加，股价表现也因此受到了拖累。

像这样的公司还有很多。问题是，我们能够从这些案例中汲取到哪些有价值的经验？为什么这些很能干、很有愿景的企业家没办法带领公司进行成功的数字化转型呢？企业还要不要投入重金去数字化呢？

其实，只要我们注意到了这背后的四个深层原因，企业就有可能避免数字化转型失败：

第一，这些公司数字化转型不成功，有可能跟行业大环境和整体的经济情况有关，这些因素往往比数字技术对公司的影响更大。所以，对于CEO们来说，数字化转型不是“万金油”，它不能“包治百病”，公司业绩下滑的原因有很多，不能仅仅依靠数字化转型来扭转困局。

第二，数字化并不是一个具体的产品，不是你把它买来往公司里一放，就万事大吉了。数字化不仅是一个技术，而且是对公司全方位、多维度的改造和升级，只是升级一个 IT 系统是完全不够的。除此之外，还需要以 CEO 为代表的领导层不断地推动和做工作，尤其是打通数字部门和非数字部门之间的交流、配合。

第三，推动数字化需要抓住时机，要看到你的行业和你的客户是否已经准备好了。转型太晚，我们都知道肯定会在竞争中落于下风，但是转型太早，往往也得不偿失。例如宝洁公司，在 2012 年和 2013 年大力推动数字化，并且在数字化这件事上领先全行业。不过，宝洁为此付出了高昂的代价，收效却并没有预想得那么好。所以，今天宝洁的数字化策略就是，数字化转型和创新还要持续，但是必须跟公司战略相关，必须要带来公司价值的提升，而不是盲目地为数字化而数字化。

第四，为了数字化而忽略了原有的业务，也是转型失败的重要原因之一。对于公司的 CEO 来说，推出一个看上去很时髦的数字化转型战略，设立一些首席信息官、首席数字官等职务，能够获得来自媒体、咨询专家、行业同行等各方面的赞誉，这就导致 CEO 们会过度重视新业务，而忽略了对传统业务的支持和投入，往往后者才是公司最重要的业务部门。

当然，并不是所有的公司在数字化转型的时候都失败了，其中有很多非常成功的案例，很多传统企业在数字时代焕发出了更强大的生命力。

综上所述，我们要从更多元的视角来看待那些数字化转型成功的企业。它们仅仅是引入了数字化就成功了吗？有没有其他更重要的因素？它们是如何兼顾数字新业务和传统业务的？它们的转型是一蹴而就，还是经过了一系列艰苦的试错过程？有了这些新的视角，你可能会对数字化转型有更多的思考。

【本章思考】

1. 数字化转型的基本流程或步骤是什么？
2. 企业数字化转型中需要建立的新思想有哪些？
3. 请罗列企业数字化转型的关键要素，并排序说明理由。

第九章　数字化企业模型

用先进数字技术对自身进行全方位、立体化的改造，以使自身更加智能和更具竞争优势的企业，即为数字化企业。

——佚名

【学习目标】

1. 了解模型的概念
2. 理解企业模型的概念
3. 掌握数字化企业模型概念和特征

【章首案例】

海尔：数字化企业

在 2022 世界工业互联网大会上，国务院发展研究中心副主任余斌强调："工业经济稳定发展面临许多新的挑战，根本出路在于加快以工业互联网为核心的新型基础设施建设和普及应用，在推动数字化转型中重塑中国工业竞争新优势。"

一、海尔的成就与战略

国内大多数传统制造企业的数字化转型意识才刚觉醒，如何通过数字化战略的实施来驱动生产、服务与业务增长等难题都亟须行业"领头羊"的成功案例来提供行动路径参考。

海尔作为制造业数字化转型最成功的代表企业之一，通过梳理海尔在转型过程中的重点、难点，可以为更多传统企业在数字化转型之战中早日突围带去启发。

海尔如今在全球有十大研发中心、108 个制造工厂、65 个营销中心，已然成为全球领先的家电品牌，跻身世界 500 强、连续九年蝉联“全球大型家用电器第一品牌”、连续十次获“全球大型家电品牌零售量第一”，这些都是海尔率先实行数字化转型的成果。

从 1984 年创业以来，经历了五个战略阶段：名牌战略、多元化战略、国际化战略、全球化品牌战略、网络化战略。

二、海尔的数字化发展进程

海尔的数字化进程，从 1995 年服务运营的线上化探索起，到 2007 年的信息化，2012 年搭建互联工厂，2017 年卡奥斯平台的上线，始终富有前瞻性。其以智能家庭转型实践为核心，从产品设计、智能制造、销售及售后服务、物流服务等全过程进行数字化转型。

阶段一：1995—2006 年

海尔早在 1995 年就开始了线上化运营的初步探索，这一年其正式提供跨国服务，并创建售后服务信息化系统，开创了行业先河。

除此之外，海尔引进了基础网络、电算化和智能化办公技术，随后在 1998 年加速了企业供应链、现金管理、物流服务以及客户服务一系列系统的完善和升级，极大地提升了公司运营、管理效率，为企业后期信息化建设到全面数字化转型打下了坚实基础。

阶段二：2007—2017 年

2007 年，海尔开始致力于通过全面信息化完成制造业向服务业的跨越。

2008 年，海尔上线 HGVS 系统，完成了 ERP 系统的搭建，对关键业务流程进行了整理、对重要的信息系统进行了改革，高度整合了企业各项资源，将烦琐的业务项目与流程简单化。

阶段三：2017 年至今

2017 年，海尔正式推出卡奥斯平台，它是一种更契合数字化时代的工业互联网平台。在这基础上，海尔对智能工厂进行改进升级，将人工智能与 5G 移动通信技术紧密结合，2019 年全球范围内第一个“智能+5G”海尔互联工厂成功问世。

在数字化生产方面，海尔大力搭建智能化制造体系，智能工厂运行的生产信息化管理系统，同时包含了工业化控制、物流、CAD和CAPP等系统，搭配大量智能传感器，实行生产线柔化，构建了智慧生产模式，使人、设备、产品和订单高效交互联结。对信息化、自动化技术的全面应用，也使海尔大大缩短了产品生产过程、丰富了产品工艺、降低了生产成本。

在互联工厂的基础上，海尔率先完成了企业全业务流程的数字化转型。

数字化时代，服务转型是大势所趋。海尔以服务起家，最早的信息化建设也是从服务系统开始，始终围绕着用户体验开展数字化服务。2015年，海尔打造了“U+”智联平台，对内从对售后问题自动分析，到抢单、用户沟通、费用结算、用户评价反馈，实现了服务全流程透明化管理，消除了客户售后问题上报难、收费有误差、缺乏回访机制等弊端；对外上架“U+”智慧生活App，变被动维修为主动服务，为客户创造了极致服务和无忧体验。

（资料来源：数蚕科技．数字化成功案例：制造业领头羊的数字化转型实践［EB/OL］. https：//zhuanlan. zhihu. com/p/559775336. ）

第一节　企业模型概述

企业现象是一个历史范畴，也就是说，企业是在历史进程中的某一个阶段，当一些条件具备后，才出现萌芽、雏形、成型，然后继续发展的。

便于叙述，本书以数字技术为界，将在数字技术出现、获得快速传播和应用前的企业，称为传统企业；将以数字技术为基础，来构建企业组织、运营和管理的企业，称为数字企业或数字化企业。

本书选取世界经济发展过程中，尤其是工业革命前后，科学技术、商业快速发展时期的不同企业作为观察对象，考察不同时期、不同地区的企业模型。

一、模型概述

（一）模型的概念

模型是指对于某个实际问题或客观事物、规律进行抽象后的一种形式化表达方式，是指用一个较为简单的东西来代表另一个东西。

模型属于认识论的范畴。人类对客观世界事或物的认知是通过回答三个问题来完成的，即什么（What）、怎么（How）、为什么（Why），简称3M认知模型。“什么”是关于事物本质的问题，事物的本质是该事物区别于其他事物的内在规定性。要说清它，就不能不分析它的性质、属性、特征、表现形式等与本质直接相关的各种问题。“怎么”则是为人们“应该怎么做”而提供的指导。“为什么”是对事物问题发生原因的探讨。任何事物的存在或现象的出现都不可能没有原因，只有正确认识事物发生的原因，认清其因果联系，才能真正认识此项事物。

人类通过模型去掉对象无足轻重的细节，保留对象最重要、最本质的内容，以达到通过简化的模型来获得对对象的认知。

（二）模型的种类

1. 数学模型

数学模型是指在对实际问题进行分析和高度抽象基础上建立起来的一组数学表达式（公式）。它是客观事物运行规律和变化发展趋势的反映。在信息处理系统中，通过对数学模型的处理，可以实现人类控制客观事物发展变化规律的目的。

2. 程序模型

程序模型是指对实际问题求解的一种形式化的表达方法。它可以是一组有序的求解问题的公式，也可以是一个问题的处理流程（如框图、步骤），甚至可以是我们常用来解决某个实际问题的计算机语言程序模块等。下面简要地叙述一下这几种程序模型：

（1）一组固定求解顺序的组合数学模型。严格地说，它应属于数学模型中的一种，但又不同于简单的数学模型。它很难用一个数学公式来表达。一般来说，它是一组数学公式按某种顺序求解的有序集合，如多方案、多准则决策中的逼近法就是一个典型的例子。

（2）处理流程。即处理某个客观事物过程的形式化表达的结果。这种形式化的表达方式可以是一个个先后有序进行的步骤（如前例所示）；也可以是一组有序的流程图，例如，信息系统分析中常用的数据流程图和业务处理流程图等，就是以框架和连线的方式来表示数据在处理过程中的实际操作过程。

（3）计算机语言程序。即用规范化的计算机处理指令代码（即计算机程序设计语言）将实际问题的处理模型编写成相应的计算机处理模型。这就是计算机语言模型。程序处理模型是信息系统的最终实现形式。

3. 逻辑模型

逻辑模型是指我们在实际描述某类管理问题时的逻辑表达方式。这种逻辑表达方式的内容不外乎是：

条件……结果……、if … then … else …、and、or、not、大于（gt）、小于（lt）、等于（eq）、所有（∀）、存在（∃）等。

逻辑模型可以通过表达式、图和关系表等几种形式来表示。

4. 结构模型

结构模型是指系统按一个个子系统有序构成的结构形式。结构模型可分为两类：一类反映逻辑关系的为逻辑结构模型；另一类反映实际物理构成关系的为物理结构模型。

第一，逻辑结构模型。例如，信息系统中表示计算机及网络设置的总体逻辑关系、子系统中各模块调用关系、数据库中数据的总体结构形式、系统的总体方案和其实现的方案处理模式等，都是常用的逻辑结构模型。

第二，物理结构模型。例如，一个计算机网络系统的实际结构图、程序或软件的实际结构和数据在实际存储介质中存放的结构模型等。

值得注意的是，在某些情况下逻辑结构和物理结构的概念是可以相互转换的。

5. 方法模型

方法模型是指在求解某一问题的众多方法中，拟采用的方法以及这种方法求解问题的基本形式。在开发一个信息系统过程中，常用的方法模型有：

（1）系统开发策略模型（如委托开发、购买软件、自行开发等）；

（2）系统开发方法模型（如结构化方法、原型方法、面向对象方法、案例教学方法等）；

（3）分类和编码方法模型（如线分类、面分类、数字码、字符码、混合码等）；

（4）管理决策知识和相应的推理模型（如谓词逻辑方法、产生式规则方法和语义网络方法等）。

在信息系统开发过程中方法模型的选定是客观的、战略型的，它的好坏（即是否适用于本单位情况）直接关系到系统开发工作的效率。

6. 分析模型

分析模型是对管理问题分析的方法。一个分析模型可以是一组用于分析问题的数学模型加上图表等软件工具，也可以是某个分析问题的方法、思路、工具和经验等。

7. 管理模型

管理模型是对某个问题和业务管理控制方式的统称。一个管理模型可以是一个定量化的管理方法（即数学模型），或一套规范化的管理过程或规章制度等。

8. 数据模型

数据模型一般多指在设计和建立数据库时，用于提供数据表示和操作手段的形式构架。数据模型是严格定义的概念集合，这些概念精确地描述了系统的静、动态特征和完整性约束条件。因此，数据模型通常由数据结构模型、数据操作模型和数据的完整性约束模型三部分组成。

9. 系统模型

系统模型一般多指系统内部的结构形式以及各部分之间的连接方式。在信息系统开发方法中所讨论的系统模型不同于在系统工程中所说的系统模型（一个反映特定物理问题的数学模型）。它一般是指一个信息系统的结构模型，故常用结构图来表达。

（三）模型的作用

第一，有助于提取认知对象的信息。由于认知对象本身的复杂性，使用模型可以在不同细节层次上来描述认知对象。

第二，有助于厘清认知思路。建立模型的过程能帮助人们厘清思路，获得对认知对象的合理认知路径。

第三，有助于认知对象的分解和集成。认知对象往往是多面的、复杂的，对认知对象建模有助于问题的形象化，使认知过程一次只集中在认知对象的一个或几个方面上，以及在此基础上获得全局认识。

第四，有助于把握相关细节。模型的建立可以凝聚认知对象庞大的信息，有助于把握认知对象的细节。

二、企业模型

（一）企业模型的概念

企业模型是指对于企业在实际运作中所展示出来的具体过程、具体动作、具体行动、具体问题和具体领域等，从某个角度或从全局进行抽象后，以一种形式化的方式，表达出企业运作规律和本质，以供人们了解和研究。

（二）企业模型的种类

1. 企业的商业模型

商业模型，常被称为商业模式，是对一个组织如何行使其功能的描述，是对其主要活动的提纲挈领的概括。它定义了公司的客户、产品和服务。它还提供了有关公司如何组织以及创收和盈利的信息。商业模型与战略一起，主导了公司的主要决策。商业模式还描述了公司的产品、服务、客户市场以及业务流程。随着电子商务和网络技术的发展，商业模型及程序在理论界和实践界成为越来越热门的话题。

保罗·帝莫斯（Paul Timmers）（1998）是最早研究商业模型的学者之一，但他并没有给出商业模型的定义。他认为，商业模型是一个包含多方面内容的复合概念，如关于产品、服务和信息流的体系结构，包括对各种商业活动参与者和他们所扮演角色的描述，对各种商业活动参与者潜在利益的描述，对收入来源的描述。应该说，这个描述很有创意。随后，很多学者开始对商业模型展开研究，形成了价值创造说、价值交换说、网络运营结构说、交易结构说、业务活动系统和治理结构说等，如表 9-1 所示。

表 9-1　商业模型的研究发展

作者（年份）	商业模型定义
林德尔、坎特雷尔（2000）	组织创造价值的核心逻辑
戈尔迪恩、艾克曼斯（2000）	关于商业活动参与者之间的价值交换

续表

作者（年份）	商业模型定义
威尔、维泰尔（2001）	对客户、同盟者和供应商之间的关系、利益的描述
艾米特、佐特（2001）	由公司、供应商、候补者和客户组成的网络运营结构
阿普盖特（2001）	研究商业结构和各元素之间的关系
彼得罗维、基特、泰克斯腾（2001）	商业系统创造价值的逻辑
霍金斯（2001）	企业构造各种成本和收入流的方式
荆林波（2001）	企业在某一领域的市场定位和赢利目标的战略组合
玛格丽特（2002）	从系统角度描述商业各部分如何组合（不包括实施和竞争）
拉帕（2002）	企业借此生存、产生收入的商业运作方法，说明其在价值链的位置，阐述如何赚钱
奥斯特沃德（2004）	描述了企业如何创造价值、传递价值和获取价值的基本原理，包括一组元素和它们之间的关系，并可以表示公司获利的逻辑
魏炜、朱武祥（2007）	企业与其利益相关者的交易结构
佐特、艾米特（2008）	企业的业务活动系统及其治理结构
魏江（2012）	描述价值主张、创造和价值获取等活动连接的架构

综上所述，本书认为，商业模式是连接价值主张、价值创造和价值获取等活动的架构，该架构涵盖了企业为满足客户价值主张而创造并获取价值，是企业与利益相关者的交易结构。

商业模型的要素包括：

（1）客户价值主张。所谓客户价值主张是指，简单地说，就是企业客户要求的价值点所在，即客户的需求所在。这里面有两个要点：一个是“客户”，一个是“价值点”。客户指现实的或潜在的企业产品和服务的使用者、购买者；价值点是指这些客户认为什么是对他们有价值的，例如，对于一个饿了一天的普通客户而言，大排档提供的便宜、量大的菜食的价值，要远远超过高档餐厅中蜡烛配红酒的浪漫晚餐。

随着时代的发展，主要指国民收入水平的提高，和其他一些文化因素，会影响客户的价值点不断转移。例如，20 世纪 80 年代，中国刚刚开始改革开放，餐饮业客户的价值主张是“吃得饱”，到了 20 世纪 90 年代，客户价值主张就变为了“吃得好、吃味道”，而 2000 年后，餐饮业客户的价值主张又变成了“吃环境、吃健康”。很明显，不同时代的不同客户价值主张要求企业具有不同的商业模型。

（2）交易结构。交易结构是指企业在其商业活动中，与其利益相关者，即客户、供应商、渠道商、金融机构等，形成的交易关系的形态。

（3）交易治理。交易治理是指，在企业的商业活动中存在大量的利益相关方，企业和这些利益相关方之间形成了一个交易网络，即交易结构。在这个网络中，各个利益相关方做的事情不同，起的作用不同，因此，他们承担的责任不同，享受的权利不同，得到的利益不同。对这些“不同”进行的概括所形成的、大家都能接受的、用一定的合同等法律文件约束的规则体系，即交易结构。

2. 企业的决策模型

（1）决策模型的概念。企业的决策模型指在企业中，负有决策责任的人，包括各级管理者、操作者，其决策的本质特征和遵循的共同的标准化决策流程。虽然企业的行业不同、业务各异，所处地域和发展阶段不同，但由于企业文化、最高管理者背景等因素的影响，其决策表现出一些特定的特征，构成了企业的决策模型。

（2）决策模型的作用。决策模型要使企业达到以下目标：

- 每个团队成员都清楚在企业中一项决策是如何做出的。
- 每个决策当事人都清楚决策中的不同角色和所承担的各自不同的责任。
- 每个决策当事人都知道谁拥有最终“拍板”的权力。

从以上可以看出，决策模型可以使管理团队、企业的运营团队，为每个决策过程做好计划，这种对于决策过程和合作过程的理解，可以帮助每一位团队成员理解在达成组织、企业最终目标的过程中，其他成员能提供什么样的支持。

3. 企业的结构模型

企业的结构模型是指企业的组织整体采取什么样的结构，包括有多少层次、部门的设置情况、直线权威与参谋权威的设置等。企业的结构模型好比动物的骨架系统。通过企业的结构模型，就可以了解总体编排和布局架构。

4. 企业的运营模型

企业的运营模型，是指企业在具体的运作过程中，其所拥有的人、财、物、信息等，按照一定的规定、流程、制度等有序运行的系统描述，如企业的业务流程和管理流程。企业的运营模型描述了企业是如何运转的、运行的、运动的。

5. 企业的财务模型

企业的财务模型分为广义和狭义两种。广义的企业财务模型是指将企业的各种信息按照价值创造的主线进行分类、整理和连接，以完成对企业财务绩效的分析、预测和评估等功能。狭义的企业财务模型是指，根据企业所处的行业、所具有的独特的资源和优势，以及劣势和不足，通过记录、分析企业主要的财务指标，如收入、各项成本费用、利润、税费，以及概括、拟合等技术，所建立起来的企业的收入、成本费用、利润等的关系式。

（三）企业模型的作用

1. 反映企业运作的规律

俗话说："有同行，无同利。"这反映出即使是看起来一个行业、本身很相似的企业，其运作、财务表现等也会差异巨大。导致这种表面类似、实则差异的原因，其实就是各个企业的企业模型不同。

从某一个侧面反映企业运作的企业模型，可以帮助人们从这一侧面了解企业运作的实际情况、本质和规律等。例如，企业的决策模型可以帮助人们了解企业是如何进行决策的，包括决策前提、决策问题的提出、决策目标的确定、决策过程的环节、决策质量的影响因素等。通过这些，可以很好地了解企业决策过程，为后续的改进打下基础。再如，企业的财务模型中的本量利模型，可以从事关企业最重要的收入、成本、利润指标之间的关系，反映出收入和成本费用是对企业利润影响的方向、程度，为后续改进奠定基础。

2. 改进企业绩效

通过企业模型，除可以了解企业的运作过程外，更重要的是，在了解企业运作过程的基础上，发现企业运作的各个环节之间的关系，发现企业运作中的薄弱环节和关键因素，寻找企业目前运作中存在的问题、导致问题的主要成因或因果链条，从而为寻找解决的办法和方向提供帮助，进而通过后续的分析和决策，改进企业运行，改善企业运行绩效。

1981 年 4 月，杰克·韦尔奇成为美国通用电气公司历史上最年轻的董事长和首席执行官。上任不久，杰克·韦尔奇就感觉到通用电气存在明显的官僚主义、"大企业病"，尤其是组织架构存在问题。为了搞清楚事情真相，他让他的管理团队和顾问共同提炼出了当时通用电气的结构模型和决策模型。这一企业模型的提炼，立刻把通用电气存在的深层次问题暴露在管理团队面前：通用电气组织高耸、结构臃肿，决策效率低下，决策效果无法保证。由此揭开了杰克·韦尔奇对通用电气实施扁平化“手术”的序幕。

第二节　传统企业模型

一、商业模型

商业模型是随着商业活动的演变而变化的。在商业活动演化、发展、进化的过程中，随着技术因素的加入，使企业商业模型的现象本身及其演进变得更为复杂。在此，本书试图从不同角度概括出企业商业模型的演变，使读者能够对企业的商业模型有一个大体的了解。

（一）按所处行业分类

从企业商业活动所处的行业角度，企业的商业模型大体可以分为第一、第二和第三产业商业模型。第一产业商业模型是指企业从事种植业、养殖业、林业、畜牧业和渔业等的商业活动中形成的企业模型。

根据社会生产活动历史发展的顺序对产业结构的划分，产品直接取自自然界的部门称为第一产业，初级产品进行再加工的部门称为第二产业，为生产和消费提供各种服务的部门称为第三产业。这是世界上通用的产业结构分类，但各国的划分不尽一致。

在我国，第一产业包括农业、林业、畜牧业和渔业；第二产业包括采矿业、制造业、电热气水业、建筑业；第三产业包括范围最广，主要包括批发和零售业、交通运输仓储和邮政业、住宿和餐饮业、信息相关行业、金融业、房地产业等。

一般来说，服务业的商业模型要比制造业的商业模型复杂。因为服务业的项目千变万化，各种各样，并且用到的场地、技术、设施设备、人员截然不同。

（二）按企业资产财务性质分类

从企业资产财务的性质的角度，商业模式可分为重资产、轻资产。

在财务学上，企业的资产指一个企业通过交易或非交易事项所获得的经济资源，能以货币衡量，并预期未来能提供效益。资产，就是能够为个人或企业带来收益的东西。在财务会计中，资产是企业拥有的任何资源，如机器、厂房、商誉、专利等有形资产与无形资产。一般来说，资产体现了一种所有权，货币可以兑换商品体现了选择权。

在企业运营中，其拥有的土地、厂房、码头、大型设备、生产线、矿藏、仓库等有形资产，因为其价值高、所占空间巨大、使用和服务年限长、不容易变现等特征，常被称为“重资产”。而企业拥有的现金、专利、商标和商誉、技术、债权、特许权等资产，由于其没有有形的物理形态、容易变现和为企业服务期限相对较短等特征，故而常被称为“轻资产”。

以重资产作为企业运营主要资源的企业，其商业模型表现为初始投资高、经营周期长、投资回报率相对较低、所处行业相对稳定，不容易更换产品和服务，其收益主要靠长时间地在其领域中持续运营获得。以轻资产作为企业运营主要资源的企业，其商业模型表现为初始投资低、经营周期短、投资回收期相对较短、投资回报率短时会较高、企业容易改变其产品和服务甚至改变其行业。

（三）其他传统商业模型

随着时代进步，商业模型也变得越来越多样、细化和精巧。“饵与钩”模型，也称为“剃刀与刀片”模型，或是“搭售”模型，出现在20世纪早期。在这种模式里，基本产品的出售价格极低，通常处于亏损状态，而与之相关的消耗品或是服务的价格则十分昂贵。例如，剃须刀（饵）和刀片（钩），手机（饵）和通话时间（钩），打印机（饵）和墨盒（钩），相机（饵）和照片（钩），等等。这个模式还有一个很有趣的变形：软件开发者们免费发放他们的文本阅读器，但是对其文本编辑器的定价却高达几百美元，如Adobe公司的PDF阅读器Adobe Reader和编辑器Adobe Acrobat。

在20世纪50年代，麦当劳和丰田汽车创造了新的商业模型；20世纪60年代的创新者则是沃尔玛和混合式超市（指超市和仓储式销售合二为一的超级商场）；到了20世纪70年代，新的商业模型则出现在联邦快递和玩具反斗城玩具商店的经营里；20世纪80年代是家得宝、因特尔和戴尔；20世纪90年代则是西南航空、奈飞、eBay、亚马逊和星巴克咖啡。

每一次商业模型的革新都能给公司带来一段时期内的竞争优势。但是随着时间的推移，公司必须不断地重新思考它的商业设计。随着（消费者的）价值取向从一个工业转移到另一个工业，公司必须不断改变它们的商业模型。一个公司的成功与否最终取决于它的商业设计是否符合消费者的优先需求。

今天，大多数的商业模型都要依赖于技术。互联网上的创业者们创立了许多全新的商业模型，这些商业模型完全依赖于现有的和新兴的技术。利用技术，企业们可以以最小的代价，接触到更多的消费者。

二、决策模型

传统的企业决策模型主要有两种：一种是经济理性模型，另一种是有限理性模型。

（一）经济理性模型

经济理性模型，简称理性决策模型（Rational Decision-making Model），起源于传统经济学的理论。传统经济学理论是以“经济人”的假设为前提，舍弃了一些次要变量，使问题的分析得以简化，形成有效的分析框架，能用来解释经济中的诸多现象。理性决策模型共有六个步骤，分别为界定问题所在、确定决策标准、分配标准权重、开发备选方案、评估备选方案、选择最佳方案。

主要内容包括：

（1）决策者面临的是一个既定的问题。

（2）决策者选择决定的各种目的、价值或目标是明确的，并且可以依据不同目标的重要性进行排序。

（3）决策者有可供选择的两个及两个以上的方案，面对着这些方案，通常在逐一选择的基础上，选取其中一个。假如方案基本是相同的，通常会作相同的决定。

（4）决策者对同一个问题会面临着一种或多种自然状态。它们是不以人们意志为转移的不可控因素；或者可以说决策者的偏好会随着时空的变化而变化。

（5）决策者会将每一个方案，在不同的自然状态下的收益值（程度）或损失值（程度）计（估）算出来，经过比较后，按照决策者的价值偏好，选出其中最佳者。

理性决策在实际中必须具备以下基本条件：

（1）决策过程中必须获得全部有效的信息。

（2）寻找出与实现目标相关的所有决策方案。

（3）能够准确地预测出每一个方案在不同的客观条件下所能产生的结果。

（4）非常清楚那些直接或间接参与公共政策制定的人们的社会价值偏向及其所占的相对比重。

（5）可以选择出最优的决策方案。

理性决策的分析方法和流程包括：

（1）建立一套完整的操作目标，并赋予权重。

（2）准备一套完整的被选方案。

（3）建立一套价值与资源的完整清单，并赋予权重。

（4）对每一方案的成本/效益进行完整预测。

（5）对每一方案进行净期望值计算。

（6）比较各净期望值，选取期望值最高的方案。

从理论角度看，最优决策并不是不可行的，然而社会现实不等于理论假设，理性决策模型的假设条件遭遇到诸多障碍，人们逐渐发现政策实践中的许多现象都难以解释。其原因不在于它的逻辑体系，而在于其前提假设有问题。因此，它遭到了许多学者的强烈批评。其中最突出的是查尔斯·林德布洛姆与赫伯特·西蒙。

林德布洛姆指出，决策者并不是面对一个既定问题，而只是首先必须找出和说明问题。问题是什么，不同的人会有不同的认识与看法，例如，物价迅速上涨，需要对通货膨胀问题做出反应。

首先，明确这一问题的症结所在，往往十分困难。因为不同的利益代表者，会从各自的利益看待这些问题。例如，围绕着通货膨胀存在不存在的问题，若存在，其程度和影响怎样，以及产生通货膨胀的原因是什么等问题，人们都会有不同的回答。

其次，决策者受到价值观的影响，选择方案往往会发生价值冲突。比较、衡量、判断价值冲突中的是与非是极其困难的。靠分析是无法解决价值观矛盾的，因为分析不能证明人的价值观，也不可能用行政命令统一人们的价值观。

再次，有人认为“公共利益”可以作为决策标准，林德布洛姆批判了这种认识，认为在构成公共利益要素这个问题上，人们并没有普遍一致的意见，公共利益不表示一致同意的利益。

最后，决策中的相关分析不是万能的。决策受时间与资源的限制，针对复杂决策，不会做出长时间的，甚至无穷尽的分析，也不会花费太昂贵代价用于分析，或者等待一切分析妥当再作决定。

西蒙进一步补充，决策过程中要收集到与决策状况有关的全部信息是不可能的。决策者处理信息的能力十分有限，不可能对信息做出最优的处理与分析，因而不能获得百分之百的最佳决策。

尽管理性主义在一定程度上带有“乌托邦”色彩，我们也欢迎对它的批判，但是过于简单和绝对的否定态度也是不可取的。不能实现不代表没有意义，人们总是在追求尽善尽美中得到“较善较美”的。正因为如此，传统理性决策模型的思想价值一直受到理论界的肯定。

（二）西蒙的有限理性模型

20 世纪 50 年代之后，人们认识到建立在“经济人”假说之上的完全理性决策理论只是一种理想模式，不可能指导实际中的决策。赫伯特·西蒙（Herbert Simon）提出了满意标准和有限理性标准，用“社会人”取代“经济人”，大大拓展了决策理论的研究领域，产生了新的理论——有限理性决策理论。

有限理性模型，又称西蒙模型或西蒙最满意模型。这是一个比较现实的模型，它认为人的理性是处于完全理性和完全非理性之间的一种有限理性。

有限理性模型的主要观点如下：

（1）手段-目标链的内涵有一定矛盾，简单的手段-目标链分析会导致不准确的结论。西蒙认为，手段-目标链的次序系统很少是一个系统的、全面联系的链，组织活动和基本目的之间的联系常常是模糊不清的，这些基本目的也是个不完全系统，这些基本目的内部和达到这些目的所选择的各种手段内部，也存在着冲突和矛盾。

（2）决策者追求理性，但又不是最大限度地追求理性，他只要求有限理性。这是因为人的知识是有限的，决策者既不可能掌握全部信息，也无法认识决策的详尽规律。例如，人的计算能力是有限的，即使借助计算机，也没有办法处理数量巨大的变量方程组；人的想象力和设计能力是有限的，不可能把所有备选方案全部列出；人的价值取向并非一成不变，目的时常改变；人的目的往往是多元的，而且往往互相抵触，没有统一的标准。因此，作为决策者的个体，其有限理性限制他作出完全理性的决策，他只能尽力追求在他的能力范围内的有限理性。

（3）决策者在决策中追求“满意”标准，而非最优标准。在决策过程中，决策者定下一个最基本的要求，然后考察现有的备选方案。如果有一个备选方案能较好地满足定下的最基本的要求，决策者就实现了满意标准，他就不愿意再去研究或寻找更好的备选方案了。

这是因为，一方面，人们往往不愿发挥继续研究的积极性，仅满足于已有的备选方案；另一方面，由于种种条件的约束，决策者本身也缺乏这方面的能力。在现实生活中，往往可以得到较满意的方案，而非最优的方案。

根据以上几点，决策者承认自己感觉到的世界只是纷繁复杂的真实世界的极端简化，他们满意的标准不是最大值，所以不必去确定所有可能的备选方案，由于感到真实世界是无法把握的，他们往往满足于用简单的方法，如凭经验、习惯和惯例去办事，因此，导致的决策结果也各有不同。

三、结构模型

随着英国工业革命的爆发以及公司法的施行和发展，企业的组织结构模型也逐渐发展、完善起来。梳理工业革命以来的企业组织结构模型，大体上有如下几种：

（一）直线制组织结构模型

直线制组织结构的主要特点是，命令系统单一直线传递，管理权力高度集中，实行一元化管理，决策迅速，指挥灵活，但要求最高管理者需通晓多种专业知识。这种形式适用于规模较小、任务比较单一、人员较少的组织。直线制组织结构如图 9-1 所示。

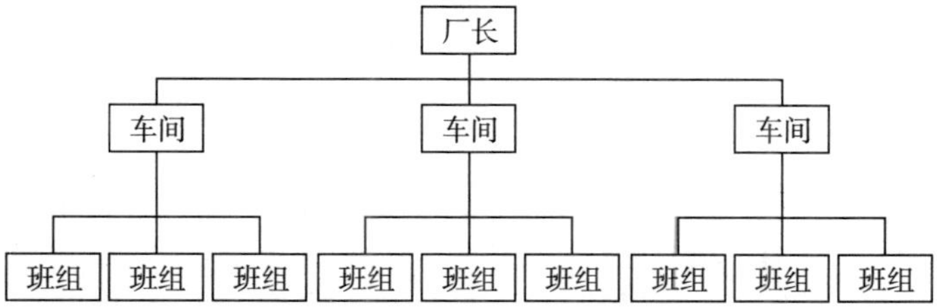

图 9-1　直线制组织结构示意图

（二）职能制组织结构模型

职能制组织结构的特点是，在组织中设置若干职能专门化的机构，这些职能机构在自己的职责范围内，都有权向下发布命令和指示。其优点是能够充分发挥职能机构的专业管理作用，并使直线经理人员摆脱琐碎的经济技术分析工作。其缺陷是“多头领导”，违背了统一指挥原则。这种组织适用于任务较复杂的社会管理组织，以及生产技术复杂、各项管理需具有专门知识的企业管理组织。职能制组织结构如图 9-2 所示。

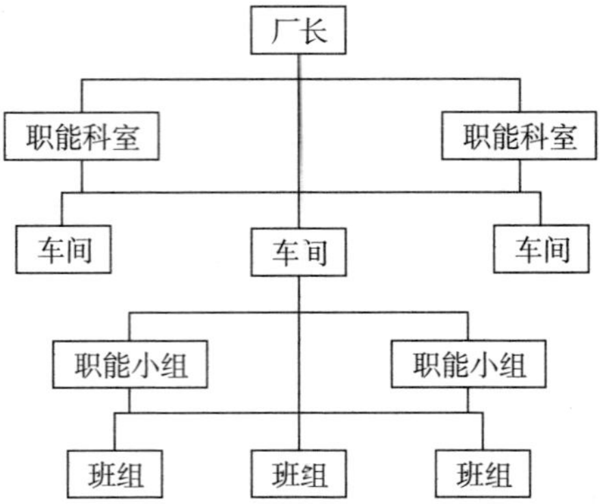

图 9-2　职能制组织结构示意图

（三）直线-职能制组织结构模型

直线-职能制组织结构是一种综合直线制和职能制两种类型组织特点而形成的组织结构形式。这种组织形式保持了直线制集中统一指挥的优点，又具有职能分工专业化的长处。但这种类型的组织存在着职能部门之间横向联系较差、信息传递路线较长、适应环境变化差的缺陷。直线-职能制是一种普遍适用的组织形式，我国大多数企业和一些非营利组织经常采用这种组织形式。直线职能制组织结构如图 9-3 所示。

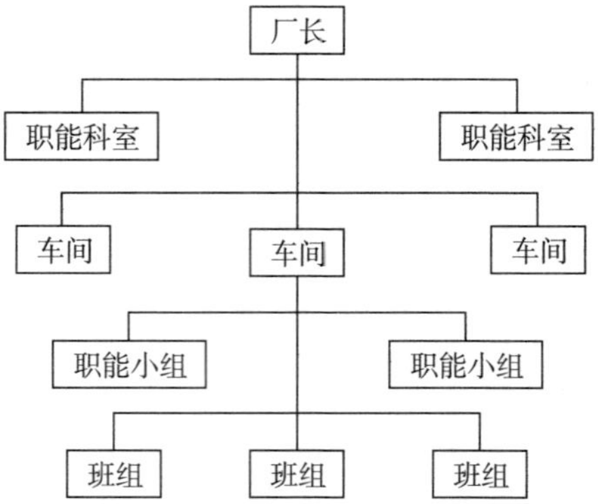

图 9-3　直线职能制组织结构示意图

（四）事业部制结构模型

事业部制结构的特点是，组织按地区或所经营的各种产品和事业来划分部门，各事业部独立核算，适应性和稳定性强，有利于组织的最高管理者摆脱日常事务而致力于组织的战略决策和长期规划，有利于调动各事业部的积极性和主动性，有利于公司对事业部的绩效进行考评。其主要缺陷是，资源重复配置，管理费用较高，且事业部之间协作较差。这种形式主要适用产品和市场多样化和从事多元化经营的大型和巨型企业。事业部制组织结构如图 9-4 所示。

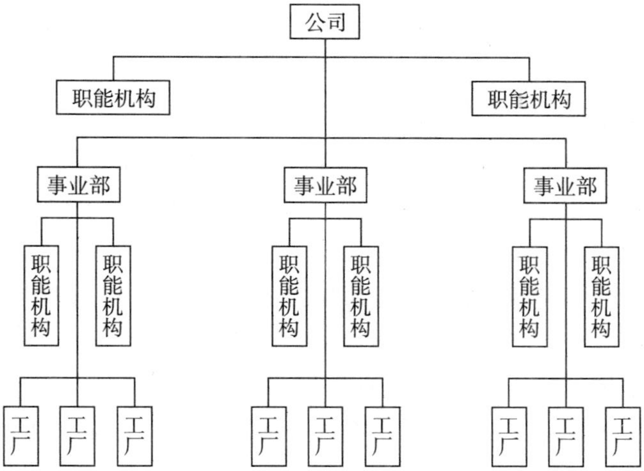

图 9-4 事业部制组织结构示意图

（五）矩阵型组织结构模型

矩阵型组织结构是一种按职能划分的部门同按产品、服务或工程项目划分的部门结合起来的组织形式。在这种组织中，每个成员既要接受垂直部门的领导，又要在执行某项任务时接受项目负责人的指挥。可以说，矩阵结构是对统一指挥原则的一种有意识的违背。这种结构的优点是灵活性和适应性较强，有利于加强各职能部门之间的协作和配合，并且有利于开发新技术、新产品和激发组织成员的创造性。其缺陷是组织结构稳定性较差，双重职权关系容易引起冲突。这种组织形式主要适用于科研、设计、规划项目等创新性较强的工作或单位。矩阵型组织结构如图 9-5 所示。

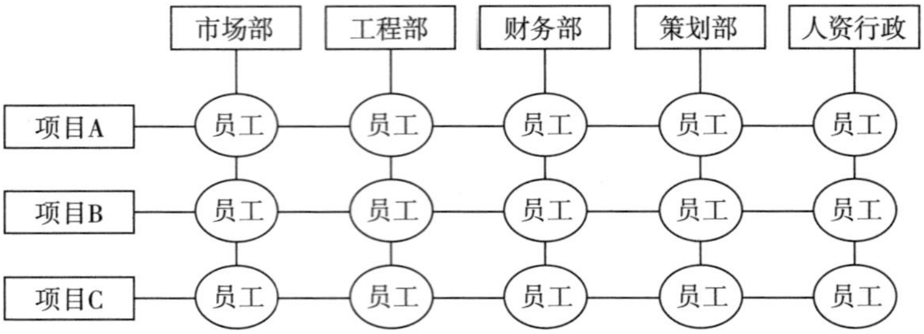

图 9-5　矩阵型组织结构示意图

（六）网络型组织结构

网络型组织是利用现代信息技术手段建立和发展起来的一种新型组织结构。网络型组织与独立的制造商、销售代理商及其他机构达成长期协作协议，使它们按照契约要求执行相应的生产经营功能。由于网络型组织的大部分活动都是外包、外协的，因此公司的管理机构就只是一个精干的经理班子，负责监管公司内部开展的活动，同时协调和控制外部协作之间的关系。网络型组织结构的优点是具有更大的灵活性和柔性，可以更好地结合市场需求来整合各项资源；另外，这种组织结构扁平化程度高，效率较高。网络型结构的缺点是可控性差，由于存在道德风险和逆向选择，一旦组织所依存的外部资源出现问题，如质量问题、提价问题、交货问题等，组织将陷入非常被动的境地；另外，外部合作组织都是临时的，若网络中的某一合作单位因故退出且不可替代，组织将面临解体的危险；此外，员工对组织的忠诚度也比较低。网络型组织结构如图 9-6 所示。

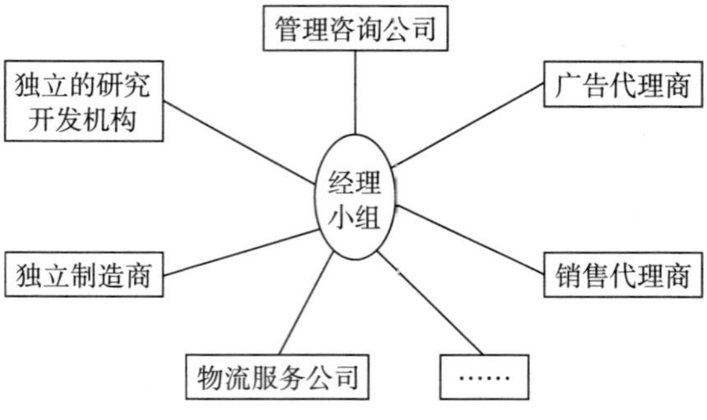

图 9-6　网络型组织结构示意图

四、运营模型

企业的运营模型，是指企业在具体的运作过程中，其所拥有的人、财、物、信息等，按照一定的规定、流程、制度等，有序运行的系统描述，以及企业的业务流程和管理流程。

传统上，按照企业所在的产业划分，可以将企业的运营模型分为农牧业企业运营模型、制造业企业运营模型、服务业企业运营模型。

以制造业为例，早期的制造业运营模型的形态，是由传统手工艺工作者从事产出的行为，学徒会跟随匠师并担任其助手，以师徒制的方式传承技艺，在日常工作中学习手工技术和知识。这种引导、传承技术信息的方式，也使其商业秘密得以受到保护，从而保有特许的制造权利。

工业革命前，大多数制造生产是指在郊区、乡村地带，以家户为基本单元的经济活动，利用自然资源自给自足或提升生活生计的农业生产活动。此时的资本家、企业家通过委托包买的方式，集中数个分散的制造事业单位（即小生产者），并提供原料、生产工具以及统一的产品规格与品质要求，借由购买“劳动力”组织成企业形态，以雇佣关系打破生产者专门出售自己产品的传统限制。

工业革命后，第二产业大量出现，各种制造业利用机器自动化量产取代以往家庭手工业式的生产，生产线生产力提高也带动人类生活水平迅速提升。

“委托制造生产”是制造业专门化的新形态，也称为“委托加工”“代工”，与一般制造业合约承包内容不同的地方是，拥有特定专用生产设备的甲公司，依照乙公司的设计要求处理原物料或半成品，制作乙公司所需的半成品或零部件。

现代制造业普遍性生产方式还有：存货生产（BTS）、接单生产（BTO）、自有品牌生产（OBM）、原厂委托设计代工（ODM）、代工生产（OEM）、电子专业制造服务（EMS）。

五、财务模型

（一）财务模型的概念

所谓财务模型就是将企业的各种信息按照价值创造的主线进行分类、整理和连接，以完成对企业财务绩效的分析、预测和评估等功能。在实际操作中，财务模型既可以通过 Excel 办公软件也可以借助专业的财务模型软件来协助完成。

建立财务模型是专业投资者了解企业、制定投资决策最核心的工作，任何对公司前景的判断，如销售额、利润率、负债状况都需要量化到财务模型中，这样才能将判断转化为具备操作性的数据，如预期的每股收益、未来的现金流和股利，以及估值结果等。财务模型可以提供完整的公司和股票分析框架，任何有关公司基本面的变动都有对应的会计科目和财务指标的变动，并最终影响公司的净利润和现金流。

（二）财务模型的内容

一般来说，一个完整的财务模型至少应该包含三个基本的组成部分：首先是对企业历史经营绩效的全面分析以及横向和纵向的比较，从而了解影响企业历史绩效的各类因素、影响方式和影响程度等；其次是依据企业特定战略、发展规划、外界环境变化等对企业未来的绩效水平进行预测，包括企业未来的资本支出、市场规模、价格趋势、成本结构等，并最终生成预测的企业资产负债表、损益表以及现金流量表；最后是计算企业的自由现金流量、估计企业的各类估值参数，选择适当的估值方法并对企业当前的价值做出判断。

只有通过这样一个完整的财务模型才可能完成价值评估中对企业运营状况的定量化和系统化分析。价值评估必须最终落实到定量分析，没有定量分析，估值工作根本无法做到清晰和深入。而定量分析显然绝不是得到最后关于股价的数值，而是整个分析过程的定量化，只有财务模型才可能满足这种数量化的要求。另外，在价值评估中，任何因素都必须被放置于企业的整体系统中看待。单独地分析某一个事件、某一项指标、某一对要素之间的关系都无法完整、客观、合理地展现企业价值变化的全貌。例如，在房价上涨期，部分房地产开发商囤积已经开发的房源，以谋取将来更大的收益，但这种举措也会导致企业的资金占用量增加，降低资金使用效率。因此，简单地考虑企业下一个年度的项目结构，或者简单地通过资金周转效率去衡量企业的运营状况都会有失偏颇。所有这些因素的影响都必须放在一个统一的体系内整体考虑才有意义。在财务模型中，企业永远是一个完整的系统，而不是分割的报表或者指标。

（三）财务模型示例：本量利模型

在传统的财务模型中，最典型的是本量利模型，也叫盈亏平衡分析模型。

追求营利性目标的企业在决定行动方案时必须考虑利润的实现情况。利润是总收入减去总成本后的余额，而总收入等于销售价格（P）与产销量（Q）的乘积，总成本的高低也与产销量（Q）有密切关系。因此，为了研究企业的盈亏状况，必须分析产销量、成本和利润之间的变化关系，这种研究就称为本量利分析或盈亏平衡分析。

本量利模型中的一个重要概念是盈亏平衡点。在这一点上，企业生产经营活动正好处于不盈不亏的状态，也就是所得的收入恰好等于所耗费的成本的状态，这种状态亦被称作保本点。

企业生产经营的成本分为固定成本和变动成本两部分。固定成本（或称不变成本）是在一定期间内，当企业产销量变化时其总额保持不变的成本。它们通常是由一些不易调整、使用期限较长的生产要素引起的费用，如折旧费、租赁费、利息支出和一般管理费等。无论产销量多大，这些费用都是稳定不变的，只有当产销量跃升到另一个区间时才表现为另一个固定的数额。例如，钢铁厂的高炉有一定的生产量限制，超过了该界限就必须增添另一座高炉，由此引起固定成本的跳跃式变化，但在该界限范围之内的产量增减变动不会引起固定成本的变化。

与固定成本相反，变动成本是指随产销量的增加而同步增加的费用或成本，如直接人工费、原材料消耗等费用，当产量为零时，其数额也等于零，当产量增加时，变动成本额随之按比例增加，所以称之为变动成本。这里要注意的是，变动成本是就总成本而言的。若从单位产品成本的角度来考察，固定成本与变动成本的概念则恰好相反。因为固定成本总额（F）在一定的时间内总是不变的，单位产品的固定成本就会随产销量的增加而降低，这意味着产销量越大，对企业越有利；而变动成本总额是随产销量等比例变化，所以单位产品的变动成本值（C_v）则保持相对不变。据此，可以推算出如下公式：

利润＝产销量×单价－产销量×单位变动成本－固定成本

$$=QP-QC_v-F$$

$$=Q(P-C_v)-F$$

式中，$P-C_v$ 为单位贡献毛益，即产品销售单价超过单位变动成本的部分。欲计算保本销量，也就是盈亏平衡点产销量，只要取利润值等于零（即不盈不亏），即可由 $Q(P-C_v)-F=0$，推导求得：

$$Q=F/(P-C_v)$$

也即：

盈亏平衡点产销量＝固定成本/（单价－单位变动成本）

企业的生产经营规模必须达到保本产销量水平，才不至于发生亏损。之后增扩的生产只要能确保产品单位贡献毛益值大于零，即可为企业带来利润的增加。举例如下：

假设某电子器件厂的主要产品生产能力为10万件，产销固定成本为250万元，单位变动成本为60元。根据全国订货会上签订的产销合同，国内订货共8万件，单价为100元。最近有一外商要求订货，但他出的单价仅为75元，订量为2万件，并自己承担运输费用。由于这外销的2万件不需要企业支出推销费和运输费，这样可使单位变动成本降至50元。现该厂要作出是否接受外商订货的决策。

本例中企业的生产能力尚有富裕，可以考虑增加订货生产。是否同意接受该外商的订货，要看降低了售价后是否还能给企业带来利润。表面上看，外销价格明显低于内销价格，外销单位贡献毛益也比内销低（内销产品单位贡献毛益为100-60=40元，外销产品单位贡献毛益为75-50=25元）。但是，实际上这家企业生产所投的固定成本已在内销产品中得到全额补偿并有盈余70万元[8×40-250=70(万元)]，所以接受外商订货可使企业再净赚利润50万元[2×25=50(万元)]。可见，要是这家企业没有其他更好的销售机会，应该作出接受外销订货、增加产销量的决策。

第三节　基于DT的数字企业模型

随着移动互联网、云计算、大数据、物联网和人工智能等技术的发展，使用互联网、移动互联网的人飞速增加，基于以上技术的各种应用和场景越来越多，互联网和大数据能做的事情也越来越多。互联网和大数据渗透到人们的日常生活，已经彻底改变了人们的生活方式和交往方式，引起了人类社会的根本性改变。

（1）互联网。移动互联网技术，使人们能够随时随地地连接到网络，获取海量资讯和与别人交流；并且互联网技术是其后其他所有新技术的平台。

（2）大数据技术。通过大数据采集技术、预处理技术、存储及管理技术、大数据分析及挖掘技术的使用，可对纷繁复杂的海量数据价值加以提炼，进行预测性分析，即可以通过数据可视化、统计模式识别、数据描述等数据挖掘形式帮助人们更好地理解数据，根据数据挖掘的结果得出预测性决策。大数据存在的价值在于经过逻辑性的精密分析得出对路的应用举措，释放数据价值。

（3）云计算。云计算是分布式计算的一种，指的是通过网络“云”将巨大的数据计算处理程序分解成无数个小程序，然后通过多部服务器组成的系统处理和分析这些小程序，得到结果并返回给用户。云计算已不单单是一种分布式计算，而是分布式计算、效用计算、负载均衡、并行计算、网络存储、热备份冗杂和虚拟化等计算机技术混合演进并跃升的结果。

（4）物联网技术。物联网指的是通过射频识别、红外感应器、全球定位系统、激光扫描器等信息传感设备，按约定的协议，将任何物品与互联网相连接，进行信息交换和通信，以实现智能化识别、定位、追踪、监控和管理的一种网络技术。物联网技术的核心和基础仍然是互联网技术，是在互联网技术基础上的延伸和拓展的一种网络技术，其用户端延伸和拓展到了任何物品和物品之间，进行信息交换和通信。

一、决策模型

具体内容见本书“数字化决策”一章。

二、结构模型（正三角→倒三角；行政权威制→市场投资制）

（一）基于数字化工具的扁平化

随着互联网工具，尤其是移动互联网工具在企业生产经营中的应用，如钉钉协同工作系统，使企业的信息收集、整理、传递、沟通和经营手段变得全时、全员、全方位和全局，传统的类似金字塔式的层级结构正在向少层次、扁平化的组织结构变革。

在数字化工具普遍应用之前的 20 世纪八九十年代，减少中间层次，加快信息传递的速度，实现直接控制就是企业组织结构变革的一个基本趋势。一些跨国公司，如美国通用电气公司，过去从基层到最高层有十几个层次，杰克·韦尔奇上任后，层次精简为 5~6 个，大大提高了管理的效率，降低了管理费用。

随着数字化工具，如电子邮箱、微信、微博、QQ、电子地图、第三方支付、电子签名、加密等工具和技术的广泛使用，以这些工具为基础，拉近了管理者与一线员工的距离，在移动端上进行组织设定和管理、业务流程运作的组织形态正在变成现实。例如，很多企业利用阿里生态系统中的钉钉数字化管理工具，将各种沟通工具整合在一起，将支付、电子地图、社区、流程连接等功能以符合企业目标的最优方式整合在一起，形成了基于各种计算机端和移动端应用程序的数字化管理体系。

这个体系真正意义上打破了传统的多管理层级，实现了管理者——线员工的扁平化模式。

（二）阿米巴组织

阿米巴组织，是将企业分成一个个独立核算的小组织，小组织之间进行内部交易定价，每个小组织由自己的“巴长”经营。这种组织形式有如下优势：

首先，阿米巴组织形式不仅可以激发员工的主动性，管理者也可以从繁杂的事务中抽身，做好协调者，有更多时间考虑公司战略、方向等高层次问题。

其次，实现利润最大化、费用最小化。一般来说，一个集研、产、销为一体的制造企业，在传统金字塔式的组织架构下，利润增长30%已算很高了。但如果导入阿米巴组织形式，研发、生产、销售可单独成“巴”，各自成为一个独立核算的“小公司”，在满足内部交易的情况下，可对外接单（非同行业），形成自己单独的业务，并且非常有可能形成公司原来不曾想过的新的收入来源。

最后，培养公司具有经营意识的人才，形成人才梯队。导入阿米巴经营模式，公司的责、权、利都充分地下移了，每个组织要独立核算，这就要求“巴长”不仅要懂得管理，还要看得懂报表（阿米巴报表与传统财务报表有很大的区别），并且可以随时根据组织的经营状况做出决策。此外，阿米巴组织可分可合，企业还可通过阿米巴组织的合并，培养更高级别的人才，形成有层次的人才梯队。

（三）赋能型组织

赋能，顾名思义即赋予能力或能量，它最早出现在积极心理学中，旨在通过言行、态度、环境的改变给予他人正能量，以最大限度地发挥个人才智和潜能。

赋能是双向的，它包括了自我赋能和赋能予他人。在人力资源管理中，组织内的自我赋能是人才个体的自我驱动、自我激励、自我升华；而赋能予他人就是组织通过去中心化驱动组织扁平化，组织自上而下赋予人才开放创新的思想、锐意进取的动能、自主决策的权力、主动工作的态度、勇敢积极的行动，以及心情愉悦的氛围，以充分发挥人才的个人才智和潜能。

企业赋能就是充分满足人才的个性诉求、自我实现等需求，人才获取了“能量”，就能在企业运作过程中将能量转化成企业价值，即企业的产出。这与传统的激励有很大的区别。阿里巴巴集团学术委员会主席、湖畔大学教育长曾鸣指出，未来企业的成功之道，是聚集一群聪明的创意精英，营造合适的氛围和支持环境，充分发挥他们的创造力，快速感知客户需求，愉快地创造相应的产品和服务。

在建立赋能型组织方面，要遵循如下几点：

（1）建立健全任职资格管理体系或机制。所谓“任职资格”，“任”（胜任）加“职”（职责），再加上“资格”（资格资质，即能力素质），以此对应“胜任标准、关键职责、能力素质”三部分内容。与之对应的任职资格管理体系也包括了三部分内容：人才职业发展通道、任职资格标准、任职资格认证体系。任职资格管理体系是基于战略与能力的人力资源管理（人才运营）系统的基石，是确定企业培训开发需求的基本依据之一，它为企业设计分层分类的培训课程体系及确定课程的培训目标提供了基本思路，同时，它还为人才的等级晋升及职业生涯发展提供了制度支持。总之，任职资格管理体系为人才的企业内部赋能，包括授予人才自主工作的权利和人才发展空间，提供了制度保障。在这方面，往往大企业做得比较好；中小企业受限于资源，不能建立如大企业般完备的任职资格管理体系，但还是要有基本框架。

（2）在既定任职资格管理体系的基础上，建立与企业经营条件相适应的人才内部培训管理体系。传统的企业内部培训就是从多角度、多层面强化公司自我经营管理模式和市场发展思路，统一步调，统一认识，统一形式。而在信息时代，企业自上而下释放人才自主工作的权利后，培训旨在建立起学习型组织，化解管理中的问题，助推人才的“以赛代练”，启动人才的自我驱动力，为人才“蓄满”能量，让其自动自发地“跑”起来。当然，企业有大有小，产出有多有少，企业内部培训要结合企业自身经营状况量力而行，但赋能是必需的。

（3）构建企业知识管理系统。企业可以结合自身的实际情况，在培训工作中构建企业的知识管理系统，建立企业智本库，即企业的知识管理中心。将人才与其所需知识紧密结合，通过知识管理系统对知识的共享，将书本知识转化成实际工作中的技能，进而转化成企业价值，从而提高企业的效益和效率，增强竞争优势。

（四）平台型组织

说到平台型组织，要和“采取平台商业模型的企业组织”区别开。

互联网在商业领域最大的应用就是出现了电商企业，即采用平台商业模型的互联网企业。这些企业一边引入用户，一边引入资源方，利用供需之间的“对冲”来实现交易，并抽取佣金获利。这些企业实际上是利用了梯若尔等学者提出的“双边市场效应”，即用户的增加会引来更多的资源，而资源的增加又会引来更多的用户，由此，两端的市场相互强化。中国的淘宝、京东、拼多多等都是这样的企业。而往前回溯，在工业经济时代也能发现类似的企业。

平台型组织为了应对高度复杂的市场需求、不稳定/非理性竞争，以及知识型员工日益增长的自主管理需要，充分利用透明的数据化治理技术，将大公司专业资源集聚的规模优势和小企业敏捷应变的灵活优势进行集成，形成开放型组织模式。

为了同时实现资源规模聚集和柔性应变，平台型组织形成以平台治理层、中台资源层和前台创业层为基本架构的组织模式（见图 9-7）。

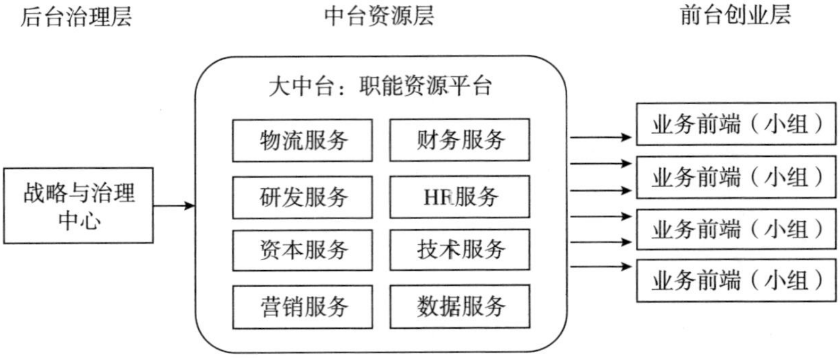

图 9-7　平台型企业结构模型示意图

（1）前台创业层。前台创业层是平台型组织应对市场竞争和满足客户需求的核心，在平台治理层的战略引导下，充分调用中台的资源和能力模块，通过高度扁平化的多职能混合“作战小组”的模式，被充分授权赋能的前台创业层将表现出极强的专业竞争力和高度的市场敏感度，为市场和客户即时提供恰当的产品和服务。

（2）中台资源层。中台资源层是企业内外部资源的集聚和标准化模块化平台。平台型组织将更多的资源和权力赋予前台创业层，中台体系主要承担内外部资源整合、基础技术攻关和一些整合性服务的提供，中台体系的责任在于根据平台的未来使命和目标，不断扩大和提升资源能力池，并将资源能力池进行标准化和模块化的改造，以备随时投入前端使用或接受前端的调用。

（3）后台治理层。平台治理层作为平台型组织的治理中枢，主要作用在于明确平台存在的意义和目标，确定中台和前台之间、前台创业体之间和中台各组成部分之间的协调和交易规则，并作为平台使命的受托者扮演平台的“守夜人”

角色。

平台型结构模型和传统结构模型的比较见表 9-2。

表 9-2　平台型结构模型和传统结构模型的比较

比较项目	传统组织	平台型组织
思维导向	内部资源和能力导向	外部客户导向
结构特征	垂直科层制	扁平、柔性
管控模式	行为管控	使命引导
责权利分配	集权集利	赋权能、共享利
开放程度	封闭边界	开放
员工和组织的关系	雇佣	合作共创
企业文化	忠诚保守	开放创新

三、运营模型

在传统企业的运营模型中，主要侧重于企业产品和服务的策划、设计、开发、生产、交付和客户服务，对数据的开发、产生、收集、分析处理、传输和应用等是欠缺的，数据在运营模型中起到的作用是不足的。基于数字运营的企业在其运营模型中，将更多地依据数据开展业务（见图 9-8）。

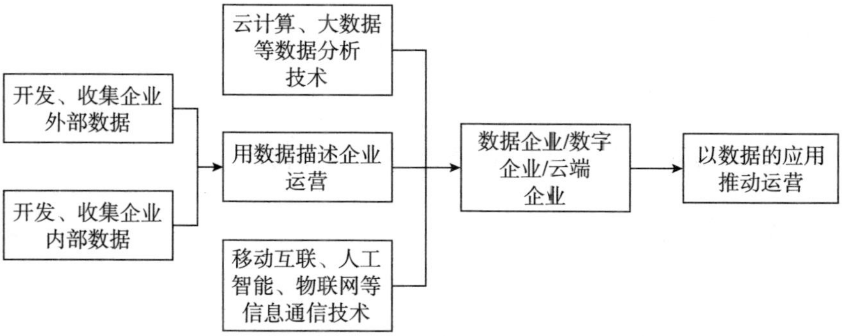

图 9-8　基于数字化的企业运营模型

第一，企业通过购买或自己收集市场、用户等的数据，构建自己的环境大数据库。

第二，利用大数据的分析技术，分析市场、分析客户，确定运营方向。

第三，提取企业自身的各种数据，利用移动互联、云计算、人工智能、物联网等技术，搭建其包括人、财、物，包括虚拟设计、办公流程、业务管理等在内的综合的业务数字系统。将企业所有的数据纳入云端、数据库，实现业务数字化。

第四，利用企业内外各种数据，进行市场开拓，用户运营，产品设计、生产、交付，客户服务，等等，实现运营的数字化。

四、财务模型

由于数据在企业的运营和管理中扮演越来越重要的角色。因此，围绕着数据的开发、设计、布局、取得、传输、存储、分析和应用等活动急剧增加，在企业财务模型的成本模型中，数据成本成为企业成本的重要组成部分。

在以提供数字类产品和服务为主要经营项目的企业中，如电子书、网络视频、电子纪念品及其他各种线上服务等，由于其产品和服务在一次性开发完成后，就可以零成本地无限次复制、提供，所以其产品只有固定成本，而变动成本将基本变为零。因此，其利润模型将变为：

利润=单价×购买量-固定成本

或：

利润=单价×购买量-固定成本-（极少量）变动成本

很多数字化制造业企业，将其产品从以往的一件普通的设备逐渐改造为智能产品，相应地，其以往的向客户销售产品的模式，改为用户租赁模式或根据用户从其使用该设备取得的收益中，划定一部分给企业的模式。此时，企业的收入模型也将发生变化。

以往：产品收入=产品单价×售出产品的数量

现在：产品收入=用户使用产品获得的收益×比例

【本章思考】

1. 传统的企业模型都有哪些特点？

2. 拥有数字技术的数字企业模型都有哪些特征？

3. 假如你是某大学的学生，你和你的伙伴获准经营校园内一家咖啡馆，可以提供咖啡、饮料、轻食，有一些场地和设施，可以举办一些学生活动，如生日聚会、观影会、研讨会等。你如何对其进行数字化的运营？

参考文献

[1] 钟峰，郭晓军．数字化管理及其实现构想 [J]. 重庆邮电学院学报（社会科学版），2005（4）．

[2] Simon, H. A. Theories of Decision-Making in Economics and Behavioral Science [J]. The American Economic Review, 1959, 49 (3): 253-283.

[3] Simon, H. A. Rational Decision Making in Business Organizations [J]. The American Economic Review, 1979, 69 (4): 493-513.

[4] Simon H. A. Administrative Behavior. 4th Edition [M]. New York: Simon and Schuster, 2013.

[5] Bernoulli, D. Exposition of a New Theory on the Measurement of Risk [J]. Econometrica, 1954, 22 (1): 23-36.

[6] Von Neumann, J. and Morgenstern, O. Theory of Games and Economic Behavior [M]. Princeton, NJ, US: Princeton University Press, 1944.

[7] Fishburn, P. C. Subjective Expected Utility: A Review of Normative Theories [J]. Theory and Decision, 1981, 13 (2): 139-199.

[8] Schoemaker, P. J. H. The Expected Utility Model: Its Variants, Purposes, Evidence and Limitations [J]. Journal of Economic Literature, 1982, 20 (2): 529-563.

[9] Tversky, A. and Kahneman, D. Prospect Theory: An Analysis of Decision Under Risk [J]. Econometrica, 1979, 47 (2): 363-391.

[10] Tversky, A. and Kahneman, D. The Framing of Decisions and the Psychology of Choice [J]. Science, 1981, 211 (4481): 453-458.

[11] Tversky, A. and Kahneman, D. Rational Choice and the Framing of Decisions [J]. The Journal of Business, 1986, 59 (4): S251-S278.

[12] Loomes, G. and Sugden, R. Regret Theory: An Alternative Theory of Rational Choice Under Uncertainty [J]. The Economic Journal, 1982, 92 (368): 805-824.

[13] Gigerenzer, G., Hoffrage, U. and Kleinbölting, H. Probabilistic Mental Models: A Brunswikian Theory of Confidence [J]. Psychological Review, 1991, 98 (4): 506-528.

[14] Simon, H. A. Models of Bounded Rationality: Economic Analysis and Public Policy [M]. Boston: MIT Press, 1984.

[15] Irwin, F. W., Smith, W. A. S. and Mayfield, J. F. Tests of Two Theories of Decision in an "Expanded Judgment" Situation [J]. Journal of Experimental Psychology, 1956, 51 (4): 261-268.

[16] Wald, A. and Wolfowitz, J. Bayes Solutions of Sequential Decision Problems [J]. The Annals of Mathematical Statistics, 1950, 21 (1): 82-99.

[17] Bellman, R. A Markovian Decision Process [J]. Journal of Mathematics and Mechanics, 1957, 6 (5): 679-684.

[18] Luce, R. D. and Raiffa, H. Games and Decisions: Introduction and Critical Survey [M]. North Chelmsford, Massachusetts: Courier Corporation, 1989.

[19] Arrow, K. J. Social Choice and Individual Values [M]. Boston: Yale University Press, 2012.

[20] Davenport, T. H., Barth, P. and Bean, R. How "Big Data" is Different [J]. MIT Sloan Management Review, 2012, 54 (1): 43-46.

[21] McAfee, A. P. and Brynjolfsson, E. Big Data: The Management Revolution [J]. Harvard Business Review, 2012, 90 (10): 60-66+68+128.

[22] Simon, H. A. Models of Bounded Rationality: Economic Analysis and Public Policy [M]. Boston: MIT Press. 1984.

[23] Hansson, S. O. Decision Theory—A Brief Introduction [M]. Stockholm, Sweden: Technical Report, Department of Philosophy and the History of Technology, Royal Institute of Technology (KTH), 1994.

[24] Simon, H. A. The New Science of Management Decision [M]. New York, NY, US: Harper & Brothers, 1960.

[25] Brim, O. G. Personality and Decision Processes: Studies in the Social Psychology of Thinking (Vol. 2) [M]. State of California, US: Stanford University Press, 1962.

[26] Mintzberg, H., Raisinghani, D. and Theoret, A. The Structure of "Unstructured" Decision Processes [J]. Administrative Science Quarterly, 1976, 21 (2): 246.

[27] Elzinga, D., Mulder, S., Vetvik, O. J., et al. The Consumer Decision Journey [J]. McKinsey Quarterly, 2009, 3 (1): 96-107.

[28] Wei, Q., Qiao, D., Zhang, J., Chen, G. and Guo, X. A Novel Bipartite Graph Based Competitiveness Degree Analysis from Query Logs [J]. ACM Transactions on Knowledge Discovery from Data, 2016, 11 (2).

[29] Ma, B., Wei, Q., Chen, G., Zhang, J. and Guo, X. Content and Structure Coverage: Extracting a Diverse Information Subset [J]. INFORMS Journal on Computing, 2017, 29 (4): 660-675.

[30] Karahanna, E., Xu, S. X., Xu, Y. and Zhang, N. The Needs-Affordances-Features Perspective for the Use of Social Media [J]. MIS Quarterly, 2018, 42 (3): 737-756.

[31] Wu, Y., Choi, B., Guo, X. and Chang, K. Understanding User Adaptation toward a New IT System in Organizations: A Social Network Perspective [J]. Journal of the Association for Information Systems, 2017, 18 (11): 787-813.

[32] He, J. and Liu, H. Mining Exploratory Behavior to Improve Mobile App Recommendations [J]. ACM Transactions on Information Systems, 2017, 35 (4): 1-37.

[33] Fang, B., Ye, Q., Kucukusta, D. and Law, R. Analysis of the Perceived Value of Online Tourism Reviews: Influence of Readability and Reviewer Characteristics [J]. Tourism Management, 2016, 52: 498-506.

[34] Tian, F. and Xu, S. X. How Do Enterprise Resource Planning Systems Affect Firm Risk? Post-Implementation Impact [J]. Management Information Systems Quarterly, 2015, 39 (1): 39-60.

[35] Pincus, M., Tian, F., Wellmeyer, P. and Xu, S. X. Do Clients' Enterprise Systems Affect Audit Quality and Efficiency? [J]. Contemporary Accounting Research, 2017, 34 (4): 1975-2021.

[36] Guo, X., Wei, Q., Chen, G., Zhang, J. and Qiao, D. Extracting Representative Information on Intra-Organizational Blogging Platforms [J]. MIS Quarterly, 2017, 41 (4): 1105-1127.

[37] Ho, J., Tian, F., Wu, A. and Xu, S. X. Seeking Value Through Deviation? Economic Impacts of IT Overinvestment and Underinvestment [J]. Information Systems Research, 2017, 28 (4): 850-862.

[38] Jia, N., Rai, A. and Xu, S. X. Reducing Capital Market Anomaly: The Role of Information Technology Using an Information Uncertainty Lens [J]. Management Science, 2019, 39 (3): 61-68.

[39] Lee, C. H., Geng, X. and Raghunathan, S. Mandatory Standards and Organizational Information Security [J]. Information Systems Research, 2016, 27 (1): 70-86.

[40] He, J., Fang, X., Liu, H. and Li, X. Mobile App Recommendation: An Involvement-enhanced Approach [J]. MIS Quarterly, 2019, 43 (3): 827-849.

[41] He, J. and Liu, H. Mining Exploratory Behavior to Improve Mobile App Recommendations [J]. ACM Transactions on Information Systems, 2017, 35 (4): 1-37.

[42] Liu, G., Fu, Y., Chen, G., Xiong, H. and Chen, C. Modeling Buying Motives for Personalized Product Bundle Recommendation [J]. ACM Trans. Knowl. Discov. Data, 2017, 11 (3).

[43] Wang, H., Guo, X., Zhang, M., Wei, Q. and Chen, G. Predicting the Incremental Benefits of Online Information Search for Heterogeneous Consumers [J]. Decision Sciences, 2016, 47 (5): 957-988.

[44] Yi, C., Jiang, Z. (Jack), Li, X. and Lu, X. Leveraging User-Generated Content for Product Promotion: The Effects of Firm - Highlighted Reviews [J]. Information Systems Research, 2019, 30 (3): 711-725.

[45] Zhang, Z., Chen, G., Zhang, J., Guo, X. and Wei, Q. Providing Consistent Opinions from Online Reviews: A Heuristic Stepwise Optimization Approach [J]. INFORMS Journal on Computing, 2016, 28 (2): 236-250.

[46] Gu, B. and Ye, Q. First Step in Social Media: Measuring the Influence of Online Management Responses on Customer Satisfaction [J]. Production and Operations Management, 2014, 23 (4): 570-582.

[47] Wen, Z. and Lin, L. Pricing or Advertising? A Game-Theoretic Analysis of Online Retailing [J]. Journal of the Association for Information Systems, 2019, 20 (7): 858-886.

[48] Kankanhalli, A., Ye, H. (Jonathan) and Teo, H. H. Comparing Potential and Actual Innovators: An Empirical Study of Mobile Data Services Innovation [J]. MIS Quarterly, 2015, 39 (3): 667-682.

[49] Wen, Z. and Lin, L. Optimal Fee Structures of Crowdsourcing Platforms [J]. Decision Sciences, 2016, 47 (5): 820-850.

[50] David J. Teece. Business Models, Business Strategy and Innovation [J]. Long Range Planning, 2010, 43 (2-3): 172-194.

[51] 原磊. 国外商业模式理论研究评介[J]. 外国经济与管理，2007，29（10）.

[52] 傅世昌，王慧芬. 商业模式定义与概念本质的理论体系与研究趋势[J]. 中国科技论坛，2011（2）：70-76.

[53] 魏炜，朱武祥. 发现商业模式［M］. 北京：机械工业出版社，2009.

[54] Ajay Agrawal, Joshua S. Gans, Avi Goldfarb. Exploring the Impact of Artificial Intelligence: Prediction Versus Judgment [J]. Information Economics and Policy, 2019, 47: 1-6.

[55] Richard P. Rumelt. How Much does Industry Matter? [J]. Strategic Management Journal, 1991, 12 (3): 167-185.

[56] Felin, T., Foss, N. J. Strategic Organization: A Field in Search of Micro-foundations [J]. Strategic organization, 2005, 3 (4): 441-455.

[57] Arntz, M., Gregory, T., Zierahn, U. The Risk of Automation for Jobs in OECD Countries: A Comparative Analysis [R]. OECD Social, Employment and Migration Working Papers, 2016.

[58] Michael G. Jacobides, Carmelo Cennamo, Annabelle Gawer. Towards a theory of ecosystems [J]. Strategic Management Journal, 2018, 39 (8): 2255-2276.

[59] Philipp C. Mosmann, Jennifer Klutt. Market, Hierarchy, or Clan? Types of Governance in the Sharing Economy [M]. Leeds, UK: Emerald Publishing, 2019: 25-54.

[60] Lanzolla, Gianvito Frankort, Hans, T. W. The Online Shadow of Offline Signals: Which Sellers Get Contacted in Online B2B Marketplaces? [J]. Academy of Management Journal, 2016, 59 (1): 207-231.

[61] Tim Meyer, Carmelo Cennamo. For Which Incumbents are Digital Platforms Really a Threat? The Role of Asset Ownership [C]. EventThe Academy of Management Annual Meeting 2019: Understanding the Inclusive Organization-Boston, United

States, Aug 2019.

[62] Li, X. Open Innovation and Business Model Design of Startups in the Digital Environment [J]. Academy of Management Proceedings, 2019 (1).

[63] Cennamo, C. Competing in Digital Markets: A Platform-based Perspective [J]. Academy of Management Perspectives, Inpress, 2019.

[64] Panico, C., Cennamo, C. What Drives a Platform's Strategy? Usage, Membership and Competition Effects [J]. Academy of Management Proceedings, 2015 (1).

[65] Miklós-Thal, J. and Tucker, C. Collusion by Algorithm: Does Better Demand Prediction Facilitate Coordination between Sellers? [J]. Management Science, 2019, 65 (4): 1552-1561.

[66] Hakanen, E. Why to Collaborate? Three Approaches to Innovation behind the Transition From Firms to Ecosystems[J]. Academy of Management Proceedings, 2019 (1).

[67] Foss, N. J. Research in the Strategic Theory of the Firm "Isolationism" and "Integrationism" [J]. Journal of Management Studies, 1999, 36 (6): 725-755.

[68] Ramus, T., Vaccaro, A. and Brusoni, S. Institutional Complexity in Turbulent Times: Formalization, Collaboration, and the Emergence of Blended Logics [J]. Academy of Management Journal, 2017, 60 (4): 1253-1284.

[69] Matt, C., Hess, T. and Benlian, A. Digital Transformation Strategies [J]. Business & Information Systems Engineering, 2015, 57 (5): 339-343.

[70] Carliss Y Baldwin, C. Jason Woodard. The Architecture of Platforms: A Unified View [J]. Harvard Business School Finance Working Paper, 2009 (9-34).

[71] David S. Evans. Some Empirical Aspects of Multi-Sided Platform Industries [J]. Review of Network Economics, 2003, 2 (3): 191-209.

[72] Gawer, A. and Cusumano, M. A. How Companies Become Platform Leaders [J]. MIT Sloan Management Review, 2008, 49: 28-35.

[73] Johannes Loh. Peer Recommendations, Consumption Variety, and Product Performance: Evidence from a Digital Music Platform [EB/OL]. 2019-01-29. http://dx.doi.org/10.2139/ssrn.3350524.

[74] Pouyan Tabasinejad. An Institutional Governance Perspective on Platform Strategy and Competition [EB/OL]. 2019-08-01. https://doi.org/10.5465/AMBPP.2019.17697abstract.

[75] Youngjin Yoo, Richard J. Boland Jr., Kalle Lyytinen and Ann Ma-

jchrzak. Organizing for Innovation in the Digitized World [J]. Organization Science , 2012, 23 (5): 1398-1408.

[76] Jennifer M. Logg A. , Julia A. Minson A. , Don A. Moore. Algorithm Appreciation: People Prefer Algorithmic to Human Judgment [J]. Organizational Behavior and Human Decision Processes, 2019, 151: 90-103.

[77] Arthur S. Jago. Algorithms and Authenticity [J]. Academy of Management Discoveries, 2017, 5 (1) .

[78] Jennifer L. Claggett and Elena Karahanna. Unpacking the Structure of Coordination Mechanisms and the Role of Relational Coordination in an Era of Digitally Mediated Work Processes [J]. Academy of Management Review, 2018, 43 (4) .

[79] Gonzalo Garcia de Lomanaa, Steffen Stresea, Jan Brickmannb. Adjusting to the Digital Age: The Effects of TMT Characteristics on the Digital Orientation of Firms [C] . Academy of Managememnt Annual Meeting , 2019.

[80] Ingmar Haffke, Bradley Kalgovas, Alexander Benlian. The Role of the CIO and the CDO in an Organization's Digital Transformation [C] . Thirty Seventh International Conference on Information Systems, Dublin , 2016.

[81] Elitsa R Banalieva, Charles Dhanaraj. Internalization Theory for the Digital Economy [EB/OL] . https: //doi. org/10. 1057/s41267-019-00243-7.

[82] Jay Barney. Firm Resources and Sustained Competitive Advantage [J]. Journal of Management, 1991, 17 (1): 99-120.

[83] Richard A. D' Aveni, Giovanni Battista Dagnino, Ken G. Smith. The Age of Temporary Advantage [J]. Strategic Management Journal, 2010, 31 (13): 1371-1385.

[84] Ron Adner , Phanish Puranam , Feng Zhu. What is Different About Digital Strategy? From Quantitative to Qualitative Change [J]. Strategy Science, 2019, 4 (4): 251-342.

[85] Youngjin Yoo, Richard J. Boland Jr. , Kalle Lyytinen and Ann Majchrzak. Organizing for Innovation in the Digitized World [J]. Organization Science, 2012, 23 (5): 1398-1408.

[86] Jonathan Zittrain. The Generative Internet [J]. Harvard Law Review, 1974 (2006): 119.

[87] Timmers, P. Business Models for Electronic Markets. Electronic Markets [EB/OL] . http: //dx. doi. org/10. 1080/10196789800000016 (1998) .